KB157473

태평양의 발견
대한민국의 탄생

태평양의 발견
대한민국의 탄생

고정휴 지음

국학자료원

"대한민국은 태평양국가인가?"

<한국근현대사의 이해>를 수강하는 학생들에게 묻는 질문 중 하나입니다. 열 명 중 두세 명만이 "그렇다"고 대답을 합니다. 이들도 어떤 확신을 갖고 있는 것은 아닙니다. 왜 이렇게 되었을까요. 해방 후 대한민국은 대륙과의 연결이 차단된 해양국가였는데도 말입니다. 우리의 핏속에 '대륙적인 유전성'이 있기 때문일까요.

가르치는 일은 늘 도전적입니다. 교수에게도 학생에게도 그렇습니다. 뚜렷한 문제의식을 갖고 새로운 관점과 해석을 내놓아야 하기 때문입니다.

이번의 역사 특강 또한 그러합니다. 한국의 근대사를 바다의 관점에서 바라보고 해석하려는 시도입니다. 그리하여 대한민국이 우리 역사에서 처음 보는 태평양국가로 태어나는 과정을 살펴보려고 합니다. 이러한 설명이 얼마만큼 설득력이 있는가는 이 강의를 듣는 사람들의 판단에 달려 있습니다. 나는 그들의 이해와 동의를 얻기 위하여 최선을 다할 뿐입니다.

지난해 여름이 끝날 무렵에 이 강의록을 구상하고 쓰기 시작했습니다. 올해 초에 끝낸 초고를 선배와 동료 교수들에게 돌리고 논평을 구했습니다. 그리고 다시 체계를 잡고 다듬는데 계절이 두 번 바뀌었습니다. 처음에 생각했던 것보다 훨씬 힘든 작업이었지만 보람과 재미는 있었습니다.

주위 여러 분의 도움을 받았습니다. 포스텍 융합문명연구원장인 송호근 교수께 먼저 감사의 인사를 전합니다. 3년 전 내 연구실 옆방에 둥지를 튼 그와 오간 이야기들은 이 강의록의 탄생 배경을 이룹니다. 오랜 동료인 조동완, 박상준 교수는 초고를 읽고 코멘트를 해주었습니다. 최용석, 박희규, 박우민 조교와 고우련 연구원은 처음부터 끝까지 내 특강을 준비하고 진행하는데 함께 했습니다. 연구와 강의에 필요한 자료들을 구할 때 기꺼이 도움을 준 도서관의 유상진, 유동훈 선생에게도 이 자리를 빌어 고마운 마음을 전합니다.

윤경로, 최덕수 선생님께 각별히 감사의 인사를 전합니다. 바쁜 와중에도 원고를 꼼꼼히 읽고 조언을 해주었습니다. 동학인 허동현, 임종명 교수의 날카로운 지적과 매서운 비판은 감당하기 어려울 정도였습니다. 남겨진 문제들에 대하여는 앞으로 찬찬히 생각해보겠다는 변명으로 대신합니다. 태평양 건너편 밴쿠버의 새벽 시간에 유튜브로 내 특강을 빠짐없이 듣고 격려해 준 백승군 형께도 고마움을 표합니다.

보잘것없지만, 그럼에도 정성이 담긴 이 강의록을 포스텍 구성원 모두에게 바칩니다. "그들은 진정 과학한국의 미래입니다."

2021년 6월
무은재에서 고 정 휴

차례

어떤 이야기를 할 것인가

"바다를 보라!"

대한제국의 멸망을 앞둔 시점에 10대 후반의 최남선이 외친 말입니다. 그는 러일전쟁 후 도쿄에 체류하면서 아시아의 신흥 강국으로 떠오른 '바다의 나라海國' 일본의 모습을 유심히 지켜봅니다. 그리고는 귀국하자마자 『소년』1908.11~1911.1이라는 잡지를 만들지요. 최남선은 이곳에 연재한 「해상대한사海上大韓史」에서, 지난 수천 년 동안 조선은 오로지 중국과의 교류에 의한 대륙문명에 안주함으로써 쇠잔해졌다고 한탄합니다. 그는 감수성이 예민하던 시기에 도쿄에서의 쓰라린 체험을 통하여 문명의 패러다임이 땅에서 바다로, 대륙에서 해양으로 바뀌고 있다는 사실을 깨닫습니다.

최남선이 도쿄에서 바라본 바다는 '태평대양太平大洋'입니다. 이 광활한 바다의 건너편에는 미국이라는 나라가 있었습니다. 최남선의 시선은 여기로 향합니다. 그는 메이지 시대 일본의 문명개화가 '신대륙'에 터 잡은 미국에 의한 개항과 그 영향에 따른 것임을 알게 됩니다. 따라서 일본은 미국의 아류일 수밖에 없다고 보지요. 최남선은 일본의 배후에 있는 태평양과 미국을 발견했던 것입니다.

최남선은 자기 또래인 대한의 소년들에게 이렇게 외칩니다. "태평의 저 대양 크나큰 물, 우리의 운동 터로 삼자!" 이 대양에 비한다면 한반도와 일본 열도 사이의 해협은 실개천에 지나지 않는다고 말하지요. 그의 머리와 가슴 속에는 일본의 국운 상승에 대한 경계와 부러움, 한국의 현실에 대한 분노와 안타까움이 복잡하게 얽히고 있었습니다. 자신이 할 수 있는 일이 없다는 데에 생각이 미치면 절망감에 빠져들기도 합니다.

도대체 무엇이 한국과 일본의 운명을 갈라놓았던 것일까요? 개국 초기부터 해금海禁 정책을 펴왔던 조선의 지배층은 1876년의 '개항'을 통하여 바닷길을 열었습니다. 그런데 이 바다를 통하여 아시아로 밀려오는 서양문명의 실체를 파악하고 대처하는 데 실패합니다. 일본이 재빨리 문명의 표준을 서양으로 바꿀 때 조선은 여전히 중국 중심의 세계질서와 문명관에서 벗어나지 못합니다.[1)]

그 결과가 망국이었지요. 단순히 지배층의 무능과 부패만으로 조선왕조/대한제국의 해체를 설명하는 것은 올바른 역사 해석이라고 볼 수 없습니다. 조선이 건국될 당시만 해도 동양은 결코 서양에 뒤지지 않았습니다. 아니 오히려 앞서 있었다고 보는 것이 요즈음 서양학계의 설명입니다.[2)]

20세기에 들어서면 세계는 제국과 식민지로 양분됩니다. 그 막바지에 제국의 대열에 올라선 나라가 일본입니다. 조선은 대륙과 해양 세력이 한반도에서 맞부딪친 청일전쟁 후 스스로 제국을 선포하지만, 그것은 국권 상실의 위기를 맞이한 상황에서 고종이 연출한 '극장국가theater state'에 지나지 않았습니다. 그러니까 현실성이 결여된 의례적인 제국이었지요.[3]

대한제국의 몰락과 식민지 시대의 도래, 이 문제는 또 어떻게 바라보아야 할까요? 한반도라는 영역에 갇혀서 보면 그것은 분명 역사의 단절입니다. 여기서 우리는 눈을 밖으로 돌려야 합니다. 대한제국의 멸망을 전후하여 해외로 이주하기 시작한 한인들, 이른바 한인 디아스포라에 주목해야 합니다.[4]

디아스포라diaspora라는 말은 원래 팔레스타인을 떠나 세계 각지에 흩어져 살던 유대인을 가리키는 용어인데, 그 후 의미가 확장되면서 조국을 떠나 타국에서 자신들의 규범과 관습을 지키며 살아가는 공동체 집단 또는 그들의 거주지를 가리키는 말로 사용됩니다. 그것을 우리말로 옮길 때에는 국경을 넘어 흩어진 사람들이라는 뜻을 담아 이산離散이라고도 합니다.

19세기 중엽 지구적 차원의 인구이동과 조선왕조의 해체가 맞물리면서 한인 디아스포라가 시작됩니다. 그 경로는 둘이었지요. 하나는 압록강과 두만강을 건너 간도와 연해주로 이동하는 것이고, 다른 하나는 태평양을 건너 하와이와 미주대륙에 정착하는 것입니다. 앞의 '월경'이 봉건적인 학정에 대한 소극적인 저항이었다면, 대한제국기에 공식화된 '이민'은 노동을 매개로 한 국제 계약의 형태를 띠게 됩니다. 월경이 같은 대류 내에서의 이동이었다면, 이민은 '구대륙' 아시아에서 '신대륙' 아메리카으로의 이동이었다는 점에도 주목할 필요가 있습니다.

해외로 이주한 한인들은 낯선 환경 속에서 집단을 이루어 살았습니다. 이런 가운데 자위와 자치의 개념이 생겨납니다. 아무도 그들을 보호해 주지 않았습니다. 그들은 스스로 단체를 만들고 신문을 발간하며 학교를 설립합니다. 한국의 말과 글, 역사와 문화가 보존됩니다. 20세기 초가 되면 해외 한인들 사이의 연결망이 만들어집니다. 그 거점은 세 곳입니다. 연해주의 블라디보스토크, 하와이의 호놀룰루, 미국 서부의 샌프란시스코입니다. 광활한 북태평양 위에 삼각 꼭짓점이 만들어졌던 것이지요. 놀랍지 않습니까!

그 세 곳에 거점을 둔 한인공동체에서 대한제국을 대체하는 새로운 형태의 국가 수립 구상이 싹틉니다. 그들은 오백 년을 지탱해 온 조선왕조가 한순간에 허망하게 무너지는 것을 밖에서 지켜보면서 이제 왕이 다스리는 나라가 아니라 국민이 스스로 주권자가 되는 공화제 국가를 꿈꾸게 됩니다. 이것이 바로 '나라 밖의 나라'인 외신대한外新大韓 이었습니다.[5]

그 출발은 샌프란시스코의 소규모 한인공동체였습니다. 그들은 스스로 신대륙의 신공기와 신문명을 받아들인 '한국의 필그림 파더스Pilgrim Fathers'라는 사명감을 갖습니다. 17세기 초 미국의 뉴잉글랜드로 처음 이주한 청교도들102명이 끝내 영국으로부터 독립하여 세계 최초의 공화제 국가를 세웠던 것처럼 미주 한인들 또한 그러한 과업을 이루겠다는 굳은 결의의 표현이었지요. 미주 한인의 공화제 정신은 그들이 발간하는 신문을 통하여 해외 한인사회뿐만 아니라 국내에까지 두루 영향을 미칩니다.[6]

그 후 한반도가 일본의 영토로 편입되자 하와이와 미주본토의 한인은 해외한인사회를 통괄하기 위한 대한인국민회를 결성하고 이렇게 선포합니다『신한민보』, 1910년 10월 5일자 「대한인의 자치기관」.

이제 형질상의 구한국은 이미 망하였으나 정신상의 신한국은 바야흐로 울흥鬱興, 부쩍 일어난다는 뜻 하기를 시작했다.

'구'한국을 대체하는 '신'한국, 그것은 곧 대한'제국'의 청산과 대한'민국'의 태동을 알리는 역사적인 선언이었습니다. 이러한 소명 의식이 3·1운동을 통하여 대한민국 임시정부의 건립을 낳고, 이 임시정부가 해방 후 영토와 주권을 회복한 대한민국을 탄생시킵니다.

어떤가요. 이제는 본 강의의 대주제가 <태평양의 발견, 대한민국의 탄생>이 된 이유를 짐작할 수 있겠습니까? 이 특강을 준비한 목적은 분명합니다. 그것은 한국 근대사에 대한 인식 체계를 새롭게 세워보자는 것입니다.

이 시기를 다룬 개설서들을 살펴보면 시기 구분부터 먼저 하고 들어가는 것이 일반적입니다. 이를테면 개항기/개화기, 식민지시대/독립운동기, 해방이후사/분단시대 등으로 말이지요. 분명 이러한 서술의 이점이 있습니다. 무엇보다도 연대기적인 이해를 쉽게 하도록 만들지요. 각 시기별 특징과 의미 또한 잘 드러낼 수 있습니다. 문제는 각각의 시기를 뛰어넘는 전체적인 줄거리와 맥락을 어떻게 이해시킬 것인가 하는 점입니다. 부분에 집중하다 보면 전체를 놓칠 수 있습니다.

역사는 하나의 흐름입니다. 한국 근대사의 경우에는 특히 그러합니다. 그리고 한반도 '안'에서의 변화 못지않게 그 '밖'에서의 변화를 바라보려는 시각이 중요합니다. 안팎을 함께 보아야 한다는 것이지요. 식민지 약소민족운동의 경우 더욱 그러합니다. 세계정세의 영향을 직접적으로 받기 때문이지요. 근대 시대의 가장 큰 특징은 세계가 하나로 움직인다는 것입니다. 시간의 흐름 또한 전통시대와는 비교할 수 없이 빠르게 흘러갑니다. 개항기 30년의 역사가 500년 조선왕조의 운명을 결정합니다.

19세기 중엽부터 20세기 중엽까지 전개된 한국 근대사를 어떻게 하나의 스토리로 만들 것인가 하는 고민이 본 강의에는 담겨 있습니다. 여기에서는 그 안에서의 시기 구분과 분절적인 이해보다는 한국의 '근대'를 꿰뚫는 세 가지 논점을 제시해보고자 합니다. 이것은 분명 새로운 시도로서 우리의 가까운 과거와 현재 그리고 미래를 함께 생각해보는 시간을 갖고자 합니다.

첫 번째는 공간혁명입니다. 15세기 말 콜럼버스의 '신대륙' 발견과 그 뒤를 잇는 마젤란 일행의 태평양 횡단은 근대 세계의 출현을 알리는 역사적 사건이었습니다. 그것은 진정한 의미에서 처음으로 완벽한 지구적 규모의 공간혁명이었습니다. 태평양의 발견으로 세계는 바다를 통하여 하나로 연결되고 유럽 주도의 자본주의 문명이 생성됩니다. 오늘의 세계는 이렇게 탄생한 것이지요.[7)]

　세계가 그러했던 것처럼 한국의 근대도 태평양의 '발견'에서 비롯됩니다.[8)] 여기서 발견이라 함은 단순히 지리상의 발견만을 뜻하는 것이 아닙니다. 그것은 태평양을 매개로 한 서양문명의 발견과 수용, 나아가 세계 패권적 질서에 대한 발견과 적응을 포괄하는 것입니다. 이제 한국인은 땅에서 바다로, 대륙에서 해양으로 눈을 돌리면서 '신대한'의 진로를 모색하게 됩니다.[9)]

　두 번째는 체제혁명입니다. 고조선의 건국 이래 우리의 역사는 왕조의 연속이었습니다. 그 막바지에 선포된 대한제국은 대일본제국으로 편입되면서 한국 왕조의 역사는 끝이 납니다. 그리고 1919년 3월 1일 '민족 대표'들의 독립선언 후 대한민국 임시정부가 탄생합니다. '제국'에서 '민국'으로 바뀐 것이지요.

　그 역사적인 의의를 임시정부는 스스로 이렇게 평가합니다. "우리나라의 독립선언은 우리 민족의 혁혁한 혁명의 발인이며 신천지의 개벽이니 … 동년[1919] 4월11일에 13도 대표로 조직된 임시의정원은 대한민국을 세우고 임시정부와 임시헌장 10조를 창조 발표하였으니 이는 우리 민족의 자력으로서 이족전제異族專制를 전복하고 오천년 군주정치의 구각

舊殼을 파괴하고 새로운 민주제도를 건립하며 사회의 계급을 소멸하는 제일보의 착수이었다.”[10]

　한마디로 3·1운동과 대한민국의 건립은 기존의 모든 체제를 뒤집어 엎는 혁명이었다는 것입니다.[11] 그 대상에는 한국민을 압박하던 이민족의 전제정치, 즉 일본의 천황제도 포함됩니다. 이로써 해방 후 영토와 국가의 주권을 되찾은 대한민국은 ‘황국신민’의 유산을 스스로 청산해야만 하는 과제를 떠안게 됩니다.[12] 해방공간에서 제기된 ‘친일청산’이란 과업이 단순히 민족정기의 회복에 그치는 것이 아니라 진정한 국민국가 수립을 위한 첫걸음이었음을 명확하게 인식할 필요가 있습니다.[13]

　세 번째는 세계관과 문명관의 전환입니다. 우리의 역사를 돌이켜 보면, 고조선과 고구려까지는 만주와 한반도의 북부를 아우르며 ‘중원中原’에서 발생한 국가들과 마찰을 빚었지만, 이른바 삼국통일 이후에는 대체로 중국적인 천하 질서와 문명 속에 안주하는 모습을 보입니다. 고려가 그러하고, 조선 또한 그러했지요. 이러한 중화주의적인 세계관은 청일전쟁1894 후 급격히 무너져 내립니다. 기원을 전후한 시기부터 동아시아를 지배해온 중화제국이 변방의 섬나라 일본에게 일방적으로 패배했기 때문입니다.[14]

　이때 중국 못지않게 조선의 지배층과 지식인들도 충격을 받습니다. 그들에게 일본의 승리는 곧 동양문명에 대한 서양문명의 승리로 받아들여집니다. 이리하여 폐쇄적인 조선에도 본격적으로 서양문명이 유입됩

| 서설 | 어떤 이야기를 할 것인가_“바다를 보라!”

니다. 그 핵심은 공화주의와 기독교개신교였지요. 주로 미국인 선교사들이 세운 학교와 교회를 통하여 그러한 사상과 신앙이 전파됩니다.[15] 이제 미국은 중국을 대체하는 문명의 중심이자 표준으로 한국민에게 서서히 각인됩니다. 문명의 패러다임이 바뀌기 시작한 것이지요.

그러한 현상을 아주 거칠게 말한다면 이렇습니다. 중국 중심의, 대륙 중심의, 유교 중심의, 그리고 자급자족적인 농경사회에 뿌리를 두었던 한국이 서양 중심의, 해양 중심의, 기독교 중심의, 그리고 상업과 산업 본위의 사회로 옮겨가는 것이지요. 고종을 비롯한 조선의 지배층이 이러한 시대 변화에 제대로 대처하고 적응하지 못했던 반면에 해외로 이주한 한인들은 개방적인 자세로 이질적인 서구 문명을 적극적으로 수용합니다. 그것은 자신들의 생존을 도모하기 위한 선택이기도 했지요. 일종의 망명정부인 대한민국 임시정부도 성립 당시에는 미국식 공화제를 이상적인 모델로 삼습니다.

이러한 미국 중심의 세계관과 문명관은 그 후 두 차례 도전을 받습니다. 첫 번째는 러시아혁명1917 후 시베리아의 한인사회와 일본 유학생을 통한 사회주의 사상의 유입입니다. 1925년에는 서울에서 조선공산당이 비밀리에 결성되지요. 두 번째는 미국에서부터 시작된 세계 대공황입니다. 1929년 가을 뉴욕의 증시폭락에서 촉발된 대공황은 자본주의의 몰락을 예고하는 것처럼 받아들여집니다. 시카고의 한인 유학생들이 재미한인사회과학연구회라는 단체를 만들어서 "우리는 세계무산계급의 부르

짖음에 보조를 같이해 약소민족의 설움을 위해 투쟁전선에 나아갈 것이다"라고 선언할 정도였지요.[16]

일본은 대공황에서 탈출하기 위하여 '만주사변'에서부터 중일전쟁, 이어서 태평양전쟁을 일으킵니다. 이른바 15년전쟁입니다. 일본은 이때 대동아공영권을 외치면서 그들 중심의 아시아질서를 만들려고 하지만 미국의 원폭 투하와 소련의 참전으로 참담한 실패로 끝납니다. 일본의 패전 후 한반도는 분할되고 미국과 소련의 군대가 각각 남한과 북한으로 진주합니다. 그들은 자국의 점령지에서 자국에 우호적인 정부가 들어서기를 원했고, 결국 한반도에는 체제와 이념을 달리하는 두 개의 국가가 성립됩니다. 그리고 한국전쟁이 발발하지요. 3년에 걸친 전쟁은 다시 38도선으로 돌아와 휴전이 성립됩니다.

북진통일만을 외치던 이승만 정부는 휴전에 동의하는 대가로 미국과 상호방위조약을 체결합니다. 이 조약은 1953년 10월 1일 두 나라 사이에 조인되고 이듬해 공식 발효됩니다. 그 요지인즉 태평양의 평화와 안전 그리고 지역 안보를 위하여 한국과 미국은 서로를 지켜준다는 것입니다. 이 조약을 체결할 때 서울에 왔던 존 포스터 덜레스 미 국무장관은 "이 조약은 우리 청년들의 피로 봉인되었다"고 선언합니다. 한국전쟁을 치르고 나서야 미국은 비로소 한반도의 전략적 가치를 인정하고 동맹 관계를 맺게 됩니다.[17]

이리하여 대한민국은 미국의 태평양방위선 안에 포함됩니다. '은둔국'

조선왕국이 '서양 오랑캐'인 미국과 충돌한 지 80년, 그리고 조미수호조약이 체결된 지 70년 만에 한국은 '자유진영의 맹주'인 미국 주도의 세계질서Pax Americana 속으로 편입된 것입니다. 이것은 한국이 역사상 처음으로 대륙이 아닌 해양국가, 즉 태평양국가로 새롭게 태어났다는 역사적 의의를 지닙니다.[18]

조선 지배층의 천하 인식과 문명관

— 대륙에 갇히다

"천하는 지극히 넓다.
안으로 중국에서 밖으로 사해에 닿아
몇천만 리나 되는지 알 수 없는 것을,
요약하여 두어 자 되는 폭에다 그리니
자세하게 기록하기가 어렵다.
... (중략) ...
내가 뒷날 은퇴하여 시골에 거처하게 되면
누워서 천하를 유람하고자 하는
나의 뜻을 이루게 됨을 기뻐하며
이 말을 지도 아래에 쓴다."

- 「혼일강리역대국도지도」의 발문 / 번역은 『조선 사람의 세계여행』에서

1. 동양과 서양의 세계 인식 :
「혼일강리역대국도지도」와 프톨레마이오스의 지도

　　오늘날 우리는 세계world를 이야기할 때 곧바로 세계지도world map를 떠올립니다. 그것은 이미 과학적으로 검증을 거쳐 완성되었다고 보지요. 동양인이건 서양인이건 그들은 지도를 보면 세계가 어떻게 생겼는지, 그 안에는 어떤 사람들이 살고 있는지에 대한 객관적인 지식과 정보를 얻을 수 있다고 생각합니다. 오늘과 같은 세계의 모습은 언제 그려진 것일까요? 아무리 빨리 잡아도 19세기 이전으로 올라가기는 어렵습니다. 북극과 남극을 포함한 '지구' 탐사에서 여전히 해결해야 할 과학적, 기술적인 문제들이 남아 있었기 때문입니다.

　　세계지도의 역사는 인류의 발자취를 담고 있습니다. 그것은 조그마한 점, 즉 사람들이 모여 살기 시작한 도시부터 그려 넣기 시작합니다. 그런 도시들이 여기저기 생겨나면, 이 도시들을 연결하는 선이 만들어지고 면이 형성되지요. 그것이 국가입니다. 이것이 확대하면 제국이고요. 동양과 서양을 각각 대표하는 중화제국과 로마제국이 그렇게 생성됩니다. 두 제국은 정치적·군사적인 힘을 바탕으로 시간적인 영속성, 공간적인 무한성, 문화적인 보편성을 추구한 그들 나름의 '세계' 제국이었습니다. 그들은 자기들이 다스리는 영역이 세계의 중심이자 문명화된 곳이며, 그 바깥은 야만 또는 미개한 지역이라고 생각합니다.

그들이 생각한 세계의 모습은 어떤 것이었을까요. 현재 남아 있는 세계지도 중 동·서양에서 가장 오래되었다고 하는 것이 「혼일강리역대국도지도」와 프톨레마이오스의 지도입니다. 이 두 지도는 근대 이전, 그러니까 아직 '신대륙'이 발견되기 이전에 '구대륙'의 동쪽과 서쪽 끝에서 만들어집니다. 한반도의 서울과 이집트의 알렉산드리아였지요.

먼저 소개할 것은 조선왕조의 건국과 더불어 국가적인 사업으로 제작된 「혼일강리역대국도지도混一疆理歷代國都之圖」1402년입니다. 이름이 꽤 길지요. 괄호 안의 한자들을 떼어서 풀이하면 이렇습니다. '혼일'은 이질적인 여러 나라 또는 지역들을 합쳐 하나로 만든다는 뜻입니다. '강리'는 한 나라의 강역 즉 영토를 다스린다는 뜻이며, '역대국도'는 대대로 이어져 온 나라들의 도읍을 가리킵니다. 이것들이 의미하는 바를 제대로 이해하려면 그 지도를 봐야만 합니다.

제1강 뒤편에 실린 【그림 1】의 지도를 보면 알 수 있듯이 '혼일'은 동쪽 끝 한반도에서부터 서쪽의 유럽과 아프리카를 하나로 뭉친 거대한 땅덩어리를 가리킵니다. 바다는 그 대륙의 윤곽선을 드러내는 것으로 충분합니다. 일본을 포함한 몇 개를 제외하고는 섬들을 그냥 동그랗게 그려 넣었지요. 이것이 15세기 초 조선에 알려졌던 하늘 아래의 온 세상 즉 '천하'였습니다. 이때의 천하란 땅을 말합니다. 그 중심에 자리 잡은 중국은 지도의 절반 이상을 차지합니다. 가운데 보이는 대륙 전체가 중국입니다. 인도는 아라비아반도 맞은편에 역삼각형으로 아주 조그맣게 그려집니다. 중국 남부에 많은 행정지명이 나오는 것은 북방 이민족들의 압력으로 송나라가 남쪽으로 밀려 내려온 데 따른 것입니다.

이러한 사실은 남송 시대에 만들어진 「고금화이구역총요도古今華夷區域總要圖」1140년경와 비교해 보면 쉽게 알 수 있습니다. 이 지도는 명칭에서부터 「혼일강리역대국도지도」와 비교됩니다. 시간고금/역대과 공간화이/혼일의 개념이 지도 표제에 함께 들어갑니다. 여기에서 송나라 때의 '화이'가 '혼일'로 바뀌고 있다는 점에 주목할 필요가 있습니다. 화이란 말 그대로 중화와 오랑캐를 구분하는 용어입니다. 그런데 양쯔강 유역으로 이동한 남송은 얼마 후 몽골에게 망하고 말지요. 그런 국가 존망의 위기 속에서 중국인들의 화이 개념이 강화됩니다. 한족의 고유한 문화와 역사를 지키려는 방어 의식이 작동했다고 볼 수 있습니다.

몽골은 남송을 제압하면서 명실상부한 세계제국이 됩니다. 유라시아를 아우르는 제국이었지요. 그들의 힘과 영향력은 동쪽은 태평양, 서쪽은 지중해에까지 미칩니다. 바다와 바다 사이의 육상제국이었던 것입니다. 이렇게 해서 '혼일'이라는 개념이 나옵니다. 세계가 몽골에 의하여 하나로 통합되었다고 보는 것이지요. 여기에는 화이의 구분이 없습니다.

조선의 「혼일강리역대국도지도」는 바로 이 원대에 만들어진 「혼일강리도」와 「성교광피도聲敎廣被圖」를 국내로 가지고 와서 제작한 것입니다. 이 두 지도는 그 후에 사라집니다. 이리하여 몽골이 만든 세계지도의 명맥이 조선으로 넘어오게 되지요. 오늘날 세계학계가 「혼일강리역대국도지도」에 주목하는 것도 그 때문입니다. 이 지도에는 근대 이전 동양에서 완성된 형태의 세계관과 문명관이 담겨 있습니다.

여기에서 한가지 유의할 것은 조선을 건국한 무장세력과 신흥 사대부들에게 알려진 세계란 중국의 한족 왕조가 아니라 몽골제국이었다는 사실입니다. 당시 조선의 지배층에게는 아직 화이사상이 뿌리를 내리지 않고 있었습니다. 오히려 원·명 교체라는 대륙의 혼란스러운 상황을 이용하여 조선의 독자적인 위상을 내세우려고 하지요. 그들은 원대의 세계지도가 만주를 포함한 동쪽 지역을 간략하게 처리한 데 불만을 갖고 여기에 조선과 일본의 지도를 덧붙입니다. 그리고는 이렇게 말하지요.

이제 특별히 우리나라 지도를 더 넓히고 일본 지도까지 붙여 새 지도를 만드니 조리가 있고 볼 만하여 참으로 문밖을 나가지 않고도 천하를 알 수 있다.

이렇게 되자 한반도의 모습이 살아납니다. 「혼일강리역대국도지도」의 전체 구도를 보면 중국을 가운데 두고 동쪽은 한반도, 서쪽은 아프리카와 유럽이 대칭적으로 그려집니다. 일본 열도는 한반도의 남쪽에 떨어트려 놓습니다. 비록 원대의 세계지도를 가져왔지만, 그것을 그대로 베낀 것이 아니라 새롭게 만들었던 것이지요.

건국기 조선 사대부들의 자긍심은 대단했습니다. 그들은 땅의 모양을 담은 「혼일강리역대국도지도」와 함께 하늘의 모습을 담은 「천상열차분야지도」를 제작합니다. 그리고 조선의 '역성혁명'을 정당화시키기 위한 『고려사』의 편찬에 들어갑니다. 하늘天과 땅地 그리고 사람人이 한데 어우러지면서 신왕조 개창의 역사적인 의의를 드러내고자 했던 것이지요. 그들은 그들 나름의 우주관과 세계관을 지녔습니다. 이러한 자존적, 자주적인 의식이 새로 '중원'에 들어선 명나라와 마찰을 빚게 됩니다. 요동 정벌론과 외교 문서상의 글귀를 놓고 다투었던 표전表箋 문제가 그런 것이었지요. 분명 조선 초기의 지배층은 후기에 성리학을 신봉한 사림士林과는 다른 어떤 활달한 기개가 있었음을 느끼게 합니다.

「혼일강리역대국도지도」의 서쪽을 보면 이채로운 그림이 하나 등장합니다. 아래 왼편에 원본을 확대한 모사도가 있는데, 유럽과 아시아 및 아프리카에 둘러싸인 지중해와 그 부근입니다. 지명이 없는 하얀 부분이 지중해인데, 그 안에 탑 모양이 나옵니다. 이것은 고대 도시 알렉산드리아의 파로스 등대Pharos of Alexandria를 묘사한 것으로 봅니다. 그 밑에는 나일강의 물줄기가 선명하게 드러나는 이집트입니다【그림 2】. 오른쪽의 그림은 브리태니커 백과사전에 나오는 파로스 등대의 상상도입니다. 어떻습니까. 모사도의 탑 모양과 좀 비슷해 보이지요. 이 전설적인 등대는 지진과 인재로 8세기 말부터 훼손되기 시작한 후 14세기 초가 되면 그 흔적만이 남습니다.

▶지중해 부근 모사도　　　　　▶파로스 등대 상상도

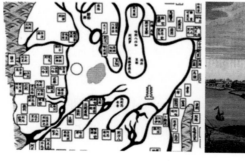

그렇다면 15세기 초에 만들어진 「혼일강리역대국도지도」에 어떻게 파로스 등대의 모형이 들어갈 수 있었을까요? 고대 그리스와 서로마가

몰락한 후 지중해는 점차 이슬람의 영향권으로 편입됩니다. 7세기 아라비아반도에서 발생한 이슬람 세력이 급격히 팽창한 것이지요. 한편으로 그들은 인도양 방면으로 진출하여 동남아시아에 그들의 근거지를 만든 후 중국과 직접 교역을 하게 됩니다. 10세기를 전후한 시기에 만들어진 이슬람 지도와 여행기록에는 '신라Sila'라는 이름까지 등장하지요. 그러니까 이슬람인들이 만든 세계지도와 지리에 대한 지식이 몽골제국 시기에 만들어진 세계지도들에 반영되고, 이것이 다시 조선으로 들어와서 「혼일강리역대국도지도」라는 기념비적인 유산을 남겼던 것입니다.

이제 우리는 파로스 등대가 서 있던 알렉산드리아와 이 도시에서 활동한 천문학자이자 수학자이며 지리학자이기도 했던 클라우디오스 프톨레마이오스Klaudios Ptolemaios, 기원후 2세기경 활동에 대하여 알아볼 차례입니다. 르네상스 시대를 전공한 영국의 역사학자 제리 브로턴Jerry Brotton은 최근에 출간한 그의 저술 『12개의 지도에 담긴 세계사』의 첫 장을 이렇게 시작합니다.

먼 옛날, 동쪽에서 배를 타고 알렉산드리아에 도착할 때면 수평선 위로 가장 먼저 눈에 들어오는 것은 알렉산드리아 항구 입구의 작은 섬에 서 있는 거대한 파로스 돌탑이었다. 높이가 100미터가 넘는 이 탑은 이렇다 할 특징이 없는 이집트 해안을 항해하는 사람들에게 랜드마크가 되었다. 낮에는 꼭대기에 있는 거울이 선원들에게 손짓했고, 밤에는 타오르는 횃불이 수로 안내인들pilots을 해안으로 인도했다. … 탑은 여행자에게 당신은 지금 고대 세계의 위대한 도시 중 하나에 도착하고 있음을 알려주었다.

여기에 등장하는 알렉산드리아는 그리스·로마 시대에 지중해 세계를 대표하는 학문과 문화의 중심지로서 수많은 예술가와 학자를 배출합니다. 그중 한 사람이 프톨레마이오스였지요. 그의 생애는 아직도 베일에 가려져 있습니다. 다만『천문학 집대성』전 12권, 아랍어 번역판『알마게스트』로 유명함이라든가『지리학 입문』전 8권과 같은 저작물을 통하여 그의 존재가 알려질 뿐입니다.

그런데 헬레니즘 세계의 지리학 전통을 계승한『지리학 입문』의 원본이 어느 순간에 사라집니다. 다행히 그 책이 9세기 말 아라비아어로 번역되고, 13세기 말에는 동로마제국의 수도 비잔티움에서 그리스어 사본이 처음으로 공개됩니다. 그리고 15세기 초 이탈리아에서 라틴어로 번역되면서 프톨레마이오스의 지리학이 '부활'합니다. 이 사본에는 세계지도가 들어가 있는데, 이것이 르네상스기 활판 인쇄술의 발달에 힘입어 유럽에 널리 유포되면서 중세의 종교적인 세계관을 깨트리고 이른바 대항해시대의 서막을 열게 됩니다.

어떻게 그런 일이 가능했는지 궁금하지요. 먼저【그림 3】에 나오는 프톨레마이오스의 세계지도를 보기 바랍니다. 이 지도의 가장 큰 특징은 처음으로 경도와 위도를 사용하여 특정 도시와 강의 하구, 바다의 곶, 산 등의 좌표를 설정했다는 것입니다. 또한 그 선들을 곡선으로 표시하여 지구가 둥근 것임을 드러냅니다.

제리 브로턴은 이러한 형태의 지도가 갖는 의미에 대하여 이렇게 말하지요. "프톨레마이오스는 당시 알려진 세계 전역에 그물을 던졌다. 이 그물은 영속적이고 추상적인 기하학 원리와 천문학 원리, 그리고 위도와 경도 측정으로 만든 그물이다. 그의 위대한 성취 중 하나는 이후 세대가 … 그 선들이 지구 표면에 투영한 인위적인 선이 아니라 마치 실제 선인 양 바라보게 했다는 것이다." 이리하여 고대에서 바로 근대 지리학으로 연결될 수 있는 통로가 마련됩니다.

그런데 프톨레마이오스에게 알려진 '오이쿠메네그리스어, oikoumene' 즉 사람 사는 세계란 지구의 반쪽이었습니다. 오늘날로 보면 유럽과 아시아, 아프리카 대륙만이 그려진 동반구인 셈이지요. 그 반대편의 서반구는 미지의 세계로 남습니다. 그런데 대륙으로 둘러싸인 지중해의 서편에 지구 뒤편으로 나아갈 수 있는 출구가 열려 있습니다. 이른바 '헤라클레스의 기둥' 사이에 뚫린 지브롤터 해협이지요. 이 좁은 출구는 대서양으로 통합니다. 오늘날의 인도양은 아프리카 남부에서 길게 뻗쳐 아시아와 연결되는 대륙에 갇히고 맙니다. 제2의 지중해인 셈이지요. 따라서 지구 뒤편으로 나아갈 수 있는 출구는 지브롤터 해협뿐이었습니다.

프톨레마이오스보다 한 세기 정도 앞선 그리스의 사학자이자 자칭 지리학자이기도 했던 스트라본Strabon, 기원 전후 활동은 놀라운 상상력을 드러낸 바 있습니다. "[지구는] 완전한 원이어서 서로 만난다. 따라서 거대한 대서양이 가로막지 않는 한 이베리아에서 똑같은 위선을 따라 인도까지 항해할 수 있을 것이다."

스트라본이 이런 상상에 그쳤다면, 그것을 실행에 옮긴 사람이 콜럼버스입니다. 그는 대서양을 가로질러 지구 뒤편으로 곧장 나아가지요. 그리고는 카리브해의 섬들과 아메리카대륙을 발견합니다. 콜럼버스는 여기에 서인도제도West Indies라는 이름을 붙입니다. 그는 지구 뒤편에 아메리카대륙과 광활한 태평양이 존재한다는 사실을 전혀 알지 못합니다. 서양 역사에서 말하는 지리상의 대발견은 이렇게 시작됩니다.

유럽이 이처럼 바다大洋로 나아갈 때, 동아시아는 대륙에 갇힙니다. 왜 그랬을까요. 「혼일강리역대국도지도」에 그 답이 있습니다. 이 지도는 "하늘은 둥글고 땅은 네모나다"는 천원지방설에 기초하고 있습니다. 그러니까 둥근 하늘 아래의 땅덩어리가 물 위에 떠 있다고 보는 것이지요. 사각형 안에 평평하게 그려진 지도의 외연을 확장하면 땅(대륙)은 사방의 바다四海에 갇히게 됩니다. 그 바다 끝이 어떤지는 아무도 알지 못합니다. 아예 그런 생각조차 하지 않지요. 동양의 한자문화권에서 바다海가 지니는 의미는 본래 "어둡고 혼탁하여 아무것도 보이지 않는 곳"입니다. 이러한 인식은 사람이 바다로 나아가는 것을 터부시하는 폐쇄적인 세계관을 낳게 합니다. 명나라나 조선의 해금海禁 정책의 밑바탕에는 그런 세계관이 자리 잡고 있었습니다.

한편 「혼일강리역대국도지도」의 중심에 자리 잡은 중국은 황화 중류에서 발원한 내륙 문명의 특성을 지녔습니다. 땅에 기반한 농경사회였지요. 따라서 통치자의 관심은 오로지 땅領土의 확장과 배분에 두어집니다. 전국시대의 사상가 맹자孟子가 부르짖었던 왕도정치가 정전법井田法에 기초했던 것도 그 때문입니다. 공평한 토지 분배와 낮은 세금이 그 요체였지요. 유교적인 민본주의 국가를 지향했던 조선도 농경문화에 토대를 두고 있었습니다.

조선왕조의 기반을 다졌던 세종이 나라 안 모든 고을의 인구와 그 경계를 실측하고 과학기술의 발전을 장려했던 것도 농업생산력을 최대한

끌어올리고 공평한 과세 기준을 마련하기 위한 국가 차원의 정책이었습니다. 백성이 먹는 것을 하늘로 삼는다면, 그 먹거리가 땅에서 나온다는 것이 농본주의의 핵심입니다. 이런 국가와 사회는 기본적으로 자급자족을 목표로 합니다. 따라서 자영농 육성이 국가의 기본시책이 됩니다.

상업과 수공업은 오직 보조적인 기능만을 갖습니다. 때론 상업을 억제하는 정책이 시행되기도 합니다. 자급자족적인 농본사회의 미풍양속을 해친다는 명분을 내세워서 말입니다. 조선의 사대부는 사사로운 이익을 추구하는 사람을 '소인배'라고 낮춰 보았습니다. 의리를 추구하는 사람만이 '군자'의 예우를 받습니다. 유교, 특히 성리학은 이러한 조선 사회를 지탱하는 교조적인 이념체계로 작동합니다.

한편 동아시아와 달리 서양문명은 그 발생에서부터 지중해라는 바다에서 시작되었습니다. 이 바다를 둘러싼 해안지역은 척박하여 농경이나 고기잡이만으로는 살아갈 수가 없습니다. 따라서 카르타고라든가 그리스, 로마는 지중해를 무대로 한 상업적 교류와 식민지 개척에 과감하게 나설 수밖에 없었지요. 프랑스의 저명한 역사학자 페르낭 브로델 Fernand Braudel은 고대 '지중해 세계'를 다룬 책에서 이렇게 말합니다.

지중해는 대륙이 맞닿아 서로의 문명을 교류하는 현장이었다. 우리가 문명이라고 부르는 것들을 이어주는 것은 언제나 바다였다. 이 바다를 정복한 자들은 누구나 이 바다를 가리켜, '우리'의 바다라고 불렀다.

그렇습니다. 카르타고와의 오랜 전쟁에서 승리를 거두어 지중해의 패권을 차지한 로마는 그 바다를 '우리의 바다Mare Nostrum'라고 불렀습니다. 이베리아반도와 남부 유럽, 아시아와 아라비아반도가 만나는 레반트Levant 지역, 그리고 사하라사막 이북의 아프리카에 둘러싸인 지중해는 이질적인 국가와 문명들이 교차하는 현장이자 패권 투쟁의 무대였습니다. 서양문명의 역사는 그런 지중해라는 공간과 떼어놓고는 생각할 수 없습니다. 그러기에 브로델은 "오늘의 우리에게도 지중해는 여전히 '우리'의 바다이다"라고 말합니다.

　지금까지의 이야기를 간추리면 이렇습니다. 조선의 「혼일강리역대국도지도」가 바다로 둘러싸인 대륙에 갇혀 있었다면, 프톨레마이오스의 지도는 바다를 통하여 미지의 반쪽 세계로 나아갈 수 있는 가능성을 열어둡니다. 이러한 차이는 곧 농경사회에 기반한 중화권 문명과 해상교역에 의존한 지중해권 문명의 특성을 반영합니다. 유럽 주도의 대항해시대가 지중해에서 소외된 포르투갈과 스페인에서부터 시작되었던 것도 결코 우연이 아닙니다. 두 나라는 지중해가 아닌 대양ocean에서 그들의 새로운 운명을 개척하고자 합니다. 이것이 근대로의 이행기 서양과 동양을 제국과 식민지로 갈라놓습니다.

2. 동양과 서양의 만남 :
「곤여만국전도」와 「천하도」

　15세기에는 동양과 서양의 운명을 갈라놓는 두 가지 사건이 일어납니다. 첫 번째는 중국 명나라 초기에 황제영락제의 명령을 받아 개시된 정화鄭和, 1371-1434?의 '서양西洋' 원정입니다. 여기서 서양이라 함은 중국을 기준으로 할 때 서쪽의 큰 바다라는 뜻입니다. 그 경계는 시대에 따라 조금씩 달라지지만 대체로 지금 싱가포르 근처의 말라카Malacca 해협을 기준으로 하면 됩니다. 모두 일곱 차례1405~1433에 걸쳐 이루어진 정화의 항해에는 60여 척의 대형함선과 100여 척의 소형 선박 그리고 2~3만 명의 인원이 동원되었다고 합니다. 아라비아반도와 아프리카 동해안에까지 이르렀던 그들의 항해 거리는 총 18만 5천 킬로미터에 달합니다.

　정화의 원정은 근대 이전의 세계사에서 그 유례를 찾기가 어려운 일이었습니다. 그런데 이 해상사업은 영락제 사망 후 돌연 중단되고 맙니다. 그 후 명나라는 강력한 해금 정책을 펼침으로써 농업에 기반한 '자기 충족적 고립주의'로 빠져듭니다. 막대한 비용이 소요되었을 정화의 대항해가 왜 이렇게 허망하게 끝나 버렸는지에 대하여는 아직 충분한 해명이 나오지 않고 있습니다. 한 가지 분명한 것은 이때 중국이 국가 차원의 해상 진출에서 완전히 손을 뗐다는 사실입니다.

　두 번째 사건은 지중해와 대서양의 경계에 위치한 포르투갈이 '항해

왕자' 엔리케Henrique, 1394~1460의 진두지휘 하에 아프리카 해안을 따라 남하하기 시작했다는 것입니다. 이 사업은 15세기 말 희망봉을 돌아서 인도로 진출하는 데 성공합니다. 그리고 말라카 해협을 지나 중국의 마카오와 일본의 나가사키에까지 활동 거점을 마련합니다.

한편 스페인은 대서양을 가로질러 아메리카대륙을 '발견'한 데 이어서 태평양을 횡단하여 필리핀을 점령합니다. 이리하여 바다를 통하여 하나가 되는 근대 세계가 출현합니다. 포르투갈과 스페인은 이 세계를 교황의 권위를 빌어 양분하는 조약토르데시야스/사라고사 조약을 체결합니다. 바야흐로 서양 주도의 세계화가 모습을 드러내기 시작한 것입니다. 그것은 폭력을 수반하는 해상팽창이었습니다.

서양 세력이 이처럼 동양으로 밀고 들어온 데에는 뚜렷한 목적이 있었습니다. 무역과 식민지 획득 그리고 선교였지요. 이를 위하여 그들은 끈질기게 동양으로 파고듭니다. 선단의 규모나 인력 면에서 포르투갈이나 스페인보다 월등히 앞섰던 정화의 원정이 흐지부지되었던 것과는 비교가 됩니다. 그 이유는 단 하나, 중국의 해상사업이 황실이나 국가 차원에서 그 방향과 목적을 명확히 설정하지 않았기 때문입니다. 중국의 위신을 내세운다거나 '조공국'을 확보한다든가 또는 영락제가 몰아낸 전 황제건문제의 행방을 추적한다든가 하는 설명이 있어 왔지만, 이것들만으로는 설득력이 부족합니다.

포르투갈은 16세기 중엽 마카오에 발을 들여놓은 후 이곳을 중국을 상대로 한 무역 및 선교의 거점으로 만듭니다. 얼마 후 이탈리아 출신의 예수회Jesuits 선교사 마테오 리치Matteo Ricci, 1552-1610가 마카오를 거쳐 명나라 수도 베이징까지 진출하는 데 성공합니다. 그리고 황제만력제를 알현하고 교회당을 세웁니다. 이때 그는 유학자의 복장을 하고 이마두利瑪竇라는 중국식 이름까지 만듭니다. 그의 존재는 조선과 일본의 지식인 사회에도 알려집니다. 마테오 리치의 선교사업이 중국에서 일정한 성과를 거둘 수 있었던 것은 천주교의 '화화華化' 즉 중국화를 도모했기 때문입니다. 그는 유교 경전을 라틴어로 번역할 정도로 현지 학습과 적응에 뛰어난 면모를 보입니다.

마테오 리치가 중국에서의 포교를 위해 심혈을 기울였던 것 중의 하나가 바로 세계지도의 제작이었습니다. 그는 동서문물 교류의 결정판이라는 평가를 받는 「곤여만국전도坤輿萬國全圖」목판본, 6폭, 세로 179cm, 가로 414cm를 만들어냅니다. 이 표제에서 '곤여'란 땅 또는 대지를 의미합니다. 그러니까 땅 위에 있는 모든 나라를 그린 지도라는 뜻이지요. 1602년에 완성된 이 지도는 중국에 처음 소개된 서구식 세계지도로서, 여기에는 대항해 시기에 '발견'된 신대륙과 태평양이 포함됩니다. 앞서본 프톨레마이오스의 세계지도가 지구의 반쪽만을 그렸다면, 그 나머지 반쪽까지 다 채운 것입니다.

또한 마테오 리치는 「곤여만국전도」의 오른쪽 여백에 우주의 형상을, 왼쪽 여백에는 지구를 절반으로 나눈 북반구와 남반구의 모습을 그려 넣습니다. 천체의 운행에 대한 해석도 덧붙이지요. 이 모든 것이 르네상스기에 크게 확장된 서양의 과학 지식, 특히 수학과 기하학에 기초합니다. 프톨레마이오스의 『지리학 입문』에서 이미 그러한 전통이 확립된 바 있었지요. 여기에 대항해시대 유럽인들의 지리 지식이 더해졌습니다.

요컨대 「곤여만국전도」는 당대 유럽의 지적 유산과 경험의 결정판입니다. 그 원본은 현재 세 군데 보존되어 있습니다. 로마의 바티칸박물관, 일본의 미야기宮城 현립도서관과 교토대학 도서관이지요. 이 가운데 교토대학 소장본을 보면, 전체 윤곽이 잘 드러나지 않습니다. 여기에 채색을 한 것이 도호쿠대학의 이미지 파일입니다. 각 지도 출처에 나오는 웹사이트에서 부분 확대가 가능하니 한번 들어가 보기 바랍니다. 대항해시대에 발견된 세계로의 여행인 셈이지요【그림 4】.

한편, 마테오 리치는 중국의 지적 전통과 문화에도 상당한 관심을 기울입니다. 이 때문에 그는 유럽의 세계지도에 나타난 수많은 지명바다 포함을 한자로 바꿀 수 있었습니다. 오늘날 우리가 알고 있는 한자 지명들은 대부분 마테오 리치의 번역에 힘입은 바 큽니다. 그는 또한 서양의 지리 지식에서 불충분했던 아시아 내륙과 중국 주변 지역에 대한 정보를 「곤여만국전도」에 입력시켰습니다.

이를테면 한반도에 표기된 조선朝鮮에 대하여는 "기자箕子가 책봉한 나라로서 한나라와 당나라 때 중국의 군읍郡邑이었는데 지금은 조공을 바치는 속국 중 으뜸이다"라는 설명을 붙입니다. 임진왜란을 겪은 후 명나라와 조선의 주종 관계가 뚜렷해지던 시점에 나온 것임을 고려해야 합니다. 마테오 리치가 세계지도를 만들 때 중국 지식인들의 도움을 받았다는 점 또한 간과해서는 안 됩니다.

마테오 리치의 뒤를 이은 예수회 선교사는 줄리오 알레니Giulio Aleni, 1582~1649였습니다. 그 역시 애유략艾儒略이라는 이름을 갖고 활동합니다. 선교 이전에 현지 생활과 문화에 적응하려는 그들의 노력은 참으로 대단했습니다. 알레니는 한문으로 된 최초의 세계지리서인 『직방외기職方外紀』6권를 펴냅니다. 여기서 '직방'이라 함은 중국 중심의 천하에 포섭된 지역과 나라들을 일컫습니다. 따라서 『직방외기』에는 중국의 영향력이 미치지 않는 지역과 나라들에 대한 소개가 담겼지요.

『직방외기』에서는 먼저 다섯 개의 대륙에 대하여 말합니다. 여기에는 아시아. 유럽, 아프리카, 아메리카, 그리고 아직 세상에 알려지지 않고 있다고 생각한 마젤라니카Magellanica, 墨瓦臘泥加가 들어갑니다. 마젤란의 이름을 딴 '미지의 남방대륙'의 존재는 당대 유럽의 거의 모든 세계지도에 나타납니다. 「곤여만국전도」를 보면 남쪽 밑에 두껍고 길게 깔린 대륙이 그것입니다. 이것은 북반구의 대륙에 맞먹는 땅이 남반구에도 있을 것이라는 가정 또는 상상에 따른 것이었지요. 그래야 지구의 남·북 간 균형을 맞출 수 있다는 본 것입니다. 18세기 후반에 이르러서야 유럽인들이 만든 세계지도에서 마젤라니카가 사라집니다.

『직방외기』에서는 전설상의 남방대륙을 뺀 나머지 각 대륙에 속한 나라들의 지리와 풍토에서부터 정치와 문화·종교·교육에 이르기까지 폭넓게 기술하고 있습니다. 그리고 「사해총설四海總說」이라는 장을 따로 설정하여 대항해시대의 바다에 대한 지식이 소개됩니다. 그 가운데에는 알레니 자신의 항해 경험에 기초한 이야기들도 들어갑니다.

우리는 유럽 각국에서 출발했는데, 사는 곳이 같지 않고 온 길도 달랐다. 그러나 자신의 나라에서 출발한 지 약 1년 안에 모두 바닷가에 있는 포르투갈의 리스본에 모여 서양 상관에서 운영하는 배에 대해 알아보았다. 그리고 봄에 출항하여 큰 바다로 접어들었다.

이 글에서 우리란 예수회 선교사들을 말합니다. 유럽 전역에서 모인 그들은 순풍이 부는 매년 봄 리스본에서 배를 타고 아프리카 남단의 희망봉을 돌아 인도양으로 진입합니다. 포르투갈의 동방 진출 거점인 고아 Goa에 도착하는 데까지는 대략 1년이 소요되지요. 그 다음 항로는 섬들이 많고 바닷길이 좁기 때문에 작은 배로 갈아탄 후 수마트라와 싱가포르를 거쳐 최종 목적지인 중국 광둥에 도착합니다. 이러는 데에 또 1년이 걸립니다.

알레니는 자신이 이탈리아의 로마에서 출발하여 중국에 오는 데까지 근 3년이 걸렸다고 말합니다. 이런 항해를 하는 동안 예수회 선교사들은 책과 지도로만 배웠던 천문·지리 지식에 풍부한 관찰과 체험을 더할 수 있었지요. 그들에게 세계란 단순히 상상의 지리적 공간만이 아니었던 것입니다.

예수회 선교사들은 중국에 들어온 후 세계지도와 지리서를 중국어로 펴냄으로써 중국인들이 알지 못하는 보다 더 넓은 세계가 존재한다는 사실을 보여주려고 애씁니다. 흥미로운 것은 마테오 리치의 「곤여만국전도」나 알레니의 『직방외기』에 수록된 「만국전도」가 모두 태평양을 중심에 두고 세계지도를 그리고 있다는 점입니다. 이렇게 되면 중국이 세계의 중심에 놓인 것처럼 보입니다. 당시 유럽에서 만들어진 세계지도들은 서유럽을 중심에 두기 때문에 중국은 동쪽 구석으로 내몰립니다. 이런 모양의 세계지도는 중국인의 자부심을 흔들어 놓아 전교 활동에 지장을 초래할 수 있습니다. 따라서 예수회 선교사들은 태평양을 한가운데 둡니다.

한편으로 그들은 지구가 둥글다는 점을 강조합니다. 이것은 세계의 어디든 그 중심이 될 수 있음을 말해줍니다. 그들은 또 세계지도에 '만국'이라는 단어를 넣습니다. 이는 중국이 세계의 수많은 나라 가운데 하나일 뿐임을 은연중 드러냅니다. 그들은 또 서양에서 발달된 학문과 실용적인 기술을 내세워 유럽도 중국과 대등한 문명을 지니고 있음을 입증합니다. 이리하여 중국의 지배층과 지식인들로부터 서양의 문명과 종교의 가치를 인정받고자 했던 것이지요. 이러한 예수회 선교사들의 노력도 수천 년 동안 모든 것을 중국 본위로 생각해 온 중화주의의 높은 벽을 넘지는 못합니다.

이제 우리가 관심을 가져야 할 문제는 15세기 말부터 중국으로 들어온 서양 선교사들에 의하여 만들어진 세계지도와 지리서들에 대하여 조선의 위정자와 지식인들이 어떠한 반응을 보였는가 하는 점입니다. 이 분야의 연구성과를 잘 정리해 놓은『한국전통지리학사』오상학, 2015에 따르면 세 가지 반응이 있었다고 합니다. 즉 서양의 최신 천문·지리 지식을 수용하거나 거부하거나 또는 그에 대한 판단을 유보했다고 보는 것입니다.

첫 번째 부류 중의 한 인물로는 조선 후기에 실학을 하나의 학파로 정립한 이익1681-1763을 들 수 있습니다. 그는 알레니의『직방외기』를 보고는 지구설을 수용하면서 이렇게 말합니다. "어떤 사람은 저 서양의 여도興圖, 지도라는 것을 어찌 믿을 수 있겠는가라고 말하는데, 나는 분명히 증험할 수 있다고 생각한다." 이때 인용된 증거는『직방외기』에 나오는 콜럼버스각룡, 閣龍와 마젤란묵와란, 墨瓦蘭의 항해 기록입니다.

이른바 서학에 대한 개방적인 자세는 중화주의를 상대화시킵니다. 지리적으로 볼 때 중국은 더 이상 세계의 중심이 될 수 없었던 것이지요. 이익은 그런 사실을 이렇게 표현합니다. "오늘날 중국이라는 것은 대륙 가운데 한 조각 땅一片土에 지나지 않는다." 어느 곳이든 세계의 중심이 될 수 있고, 한 나라가 크든 작든 그 자체로서의 존재를 인정하는 논리로 발전하지요. 그렇다고 이익이 중화주의의 사상적 바탕을 이루는 유교를 부정했던 것은 아닙니다. 그는 다만 서양의 발전된 과학기술을 수용하여 유교 본래의 민본주의를 강화하려고 했을 뿐입니다.

이익을 포함한 당대 실학자들의 최대 관심사는 토지문제였습니다. 두 차례의 전란, 즉 임진왜란과 병자호란 후 인구의 자연적 증가와 양반 세도가에 의한 토지의 집적으로 가난한 사람들은 '송곳 꽂을 땅'조차 없다는 한탄이 나오는 상황이었지요. 따라서 토지를 공평히 나누어 자영농을 육성하는 것이 국가의 기본시책이 되어야 한다는 주장을 폅니다. 그들은 기본적으로 땅에 바탕을 둔 중농주의자였습니다. 바다를 통한 대외교역은 그들의 주된 관심사가 아니었지요.

한편, 이익의 사후에 서학은 서교西教로까지 나아가 천주교를 믿는 사람들이 생겨납니다. 실학을 집대성했다는 평가를 받는 정약용1762~1836의 집안이 대표적입니다. 정약용 자신은 비켜 가지만 그의 형제들, 또 이들과 혼인 관계를 맺은 사람들이 줄줄이 천주교 신자가 되었다가 박해를 받습니다. 조선의 지배층을 경악시킨 황사용 백서사건에도 정약용 집안이 연루되었지요. 내세관이 부재한 유교 사회에서 인간의 기본 욕구 중 하나인 종교적 갈망이 낳았던 그 사건은 조선의 문호를 더욱 걸어 잠그는 계기로 이용됩니다.

　조선 후기에 서학을 수용하고 서교를 믿는 사람은 양반 관료층에서 어디까지나 소수였습니다. 따라서 그들의 사회적, 정치력인 영향력은 제한적일 수밖에 없었지요. 그렇다면 다수는 어떤 사람들이었을까요. 그들은 중국 대륙에서 명·청 교체가 이루어진 후에도 여전히 명나라를 떠받들며 성리학적인 통치 이념을 강화하려고 했던 지배층과 지식인들입니다. 그들은 조선 사회의 변화 자체를 거부합니다. 그들은 인류의 문명을 생성, 발전시켜온 중국을 서양 오랑캐와 비교한다는 것 자체가 불경스러운 일이라고 봅니다. 그들은 청나라의 발전된 문물마저 배격합니다. 중화는 오로지 한족漢族에게만 해당된다고 본 것이지요. 이른바 소중화 또는 조선중화주의는 그러한 인식에 바탕을 두고 있습니다. 문제는 중화라는 틀에 갇히는 한 조선의 독자적인 발전 경로의 모색이 원천적으로 봉쇄된다는 점입니다.

　중국 중심의 천하 인식과 문명관을 고수하려는 사람들은 예수회 선교사들이 만든 세계지도를 외면하고 오히려 과거의 전통으로 회귀하려는 모습을 보입니다. 이리하여 나온 것이 17~18세기의 원형 천하도입니다. 【그림 5】에 나온 지도가 그러한 유형에 속합니다. 이 「천하도」는 내內대륙-내해-외外대륙-외해로 구성되어 있습니다. 안쪽 대륙에는 중국, 조선, 인도, 서역 제국 등 현실적인 세계의 모습을 담고 있습니다. 그 대륙을 둥글게 감싸는 안쪽 바다에는 일본이나 유구琉球와 같은 실재 나라가 있는가 하면 외눈박이들이 산다는 일목국一目國이라든가 머리가 셋 달린 사람들이 산다는 삼수국三首國 등의 이름이 나옵니다. 바깥 대륙에는 현실에 존재하지 않는 가상적인 나라들로만 채워집니다. 맨 바깥쪽 바다의 동쪽과 서쪽 끝에는 신령스러운 나무인 부상扶桑과 반격송盤格松이 그려져 있습니다. 이 두 나무는 해와 달이 뜨고 지는 곳을 가리키는 상징물입니다.

요컨대 「천하도」에는 현실과 상상또는 공상의 세계가 한데 들어가 있습니다. 이러한 한 종류의 「천하도」는 동아시아에서 오직 조선에만 있었던 것으로 알려지고 있습니다. 기본적으로 이 지도는 천원지방설에 기초하고 있습니다. 바깥 바다를 감싸는 둥근 테두리는 땅이 아니라 하늘을 가리키는 것입니다. 지도 안의 가상적인 지명들은 대부분 중국 고대의 신화 모음집이자 지리서인 『산해경山海經』에 나옵니다. 고려 시대부터 유학자들은 이 책을 황당한 이단 서적으로 취급해 왔습니다.

그런데 어떻게 조선 후기에 그런 지리서에 근거한 「천하도」가 나오게 되었을까요. 일본의 한 학자는 이 지도가 서양의 지리 지식에 대항하기 위해 신선사상에 기초한 도교적인 세계관을 표현한 것으로 보기도 합니다. 어떻든 「천하도」는 조선의 사상계가 서양의 과학적 지식과 경험에 기초한 새로운 세계상을 받아들이기보다는 동양의 신화적인 세계 속에서 자족하거나 그러한 세계로 도피하고 있음을 보여주는 하나의 사례임이 분명합니다. 스스로 중화적인 세계관과 그 바탕을 이루는 땅대륙에 갇혔던 것이지요. 달리 말하면 조선의 지배층과 지식인들은 바다를 현실이 아닌 가상의 세계 속에 가둠으로써 그 바다를 통하여 아시아로 밀려오는 서양 근대문명의 물결을 외면하고 있었던 것입니다.

3. 동양과 서양의 역전 :
동서취사론과 「지구전후도」

문명의 우열을 말하는 것은 근대적인 사고입니다. 이것은 서양의 자본주의 문명이 동양을 압도하면서 생겨난 서구중심주의에 따른 것입니다. 혹시 대분기great divergence라는 말을 들어본 적이 있나요. 이 용어는 경제적인 관점에서 볼 때 서양과 동양의 우열이 판가름 나는 시점이 언제냐 하는 학문적 논쟁에서 나온 것인데, 그들은 대체로 1820년대에 주목합니다. 이때쯤이면 서양이 동양보다 생산력과 생활 수준에서 확실히 동양을 앞지른다고 보지요. 18세기 후반 영국에서 본격화된 산업혁명이 유럽과 신대륙으로 퍼져나가면서 세계는 하나의 시장이 되고 세계질서는 무력을 앞세운 서양 중심으로 재편됩니다.

이러한 상황을 극적으로 보여준 사건이 19세기 중엽에 일어난 소위 아편전쟁Opium War입니다. 당시 청나라와의 무역에서 막대한 은이 필요했던 영국은 인도에서 생산한 아편 '밀수출'을 통하여 이 문제를 해결하고자 합니다. 이리하여 맞붙게 된 두 나라의 전쟁에서 청나라는 완패당합니다. 재래식 범선을 갖고서는 영국의 첨단 증기 철갑선인 네메시스Nemesis를 당할 수 없었지요. 네메시스는 그리스 신화에 등장하는 율법의 여신으로 세상의 절제와 복수를 다스렸다고 합니다. 이러한 이름짓기는 제국주의 시대의 위선을 그대로 보여줍니다. 서양 열강이 동아시아로 진출하면서 내세웠던 만국공법International Law이라는 것도 따지고 보면 포함외교의 다른 이름에 지나지 않았습니다. 자의적인 무력 사용을 세계의 '공법'이라는 이름으로 합리화시켰던 것이지요.

청국은 결국 영국의 무력에 굴복하여 문호를 개방합니다. 1842년에 체결된 난징南京 조약에 따라 청국은 홍콩을 영국에 넘기고 상하이 등 5개 항구를 엽니다. 막대한 전쟁배상금2,100만냥/은화도 지불합니다. 여기에는 아편 보상금600만냥이 포함되지요. 영국은 이듬해 청국과 통상장정을 체결하여 영사재판권, 협정관세, 최혜국대우의 특권을 얻습니다. 영국이 이처럼 길을 트자 미국, 프랑스, 러시아 등 서구 열강이 잇달아 청국과 불평등조약을 체결합니다. 이리하여 중국은 세계 자본주의체제로 편입됩니다. 그것은 대륙에 근거한 중화주의적 세계관과 세계질서가 더 이상 지탱될 수 없음을 말해줍니다. 이제 바다를 지배하는 자가 곧 세계를 지배하는 시대로 나아갑니다.

아편전쟁을 전후하여 한반도 해역에도 서양 선박들이 모습을 드러냅니다. 이들 선박은 조선의 범선과는 그 모양이 달랐기에 이양선이라고 불리지요. 1832년 6월에는 영국 동인도회사의 상선 로드 앰허스트Lord Amherst가 서해안의 한 섬에 닻을 내리고 통상을 요구합니다. 이때 충청감사 홍희근이 중앙 정부에 올린 보고서를 보면, '대영국'의 기세가 등등하여 중국에 머리를 조아리지 않고 교역만을 요구하며 또 세계 곳곳에 '속지屬地'를 두고 있다는 문장이 나옵니다. 영국이 어떤 나라인지를 어렴풋이 알고 있었던 것이지요. 물론 그들의 통상 요구는 거절당합니다.

여러분도 알다시피 19세기 전반기의 조선은 이른바 세도정권기입니다. 임진왜란에서 병자호란에 이르는 전란기를 제외하면 조선시대에서 가장 활력이 떨어지던 침체기였지요. 어떤 학자는 이때를 보수반동의 시기로 보기도 합니다. 역사의 시계를 거꾸로 돌려놓았다는 것이지요.

영조와 정조의 통치기인 18세기와 비교하면 확실히 그런 면이 없지는 않습니다. 정치적, 사상적, 문화적인 측면에서 볼 때 18세기가 개방적이고 진보적이었다면, 19세기 전반기는 폐쇄적이며 수구적이었습니다. 순조가 즉위한 이듬해에 신유사옥1801이 일어나는데, 이는 정조 통치기에 관용적이었던 서양의 학문과 종교에 대한 전면적인 탄압의 신호탄이었습니다. 서구 열강의 동아시아 침투에 대비해야 할 가장 중요한 시기에 조선은 오히려 문을 걸어 잠그고 내부 단속을 강화하고 있었던 것입니다.

이런 자폐적인 시대에 그것을 거부하고 외부 세계와 소통하려는 사람도 없지 않았습니다. 이를테면 자신의 학문을 기학氣學이라고 정의한 최한기1803-1877가 그런 인물입니다. 조선의 성리학자들에게 줄곧 학문적 논쟁이 되었던 주제가 이理와 기氣의 관계였는데, 최한기는 오직 '기'만을 중시하는 입장을 내세웁니다. 그는 보편적이고 추상적인 진리를 추구하는 '이'보다는 경험적이고 물질적인 세계에서 실천적인 과제를 끄집어내는 '기' 철학을 가지고 시대적인 과제를 해결해 보고자 합니다.

그렇다면 최한기는 자신이 살고 있던 시대를 어떻게 보고 있었을까요. 그는 30대 중반에 『기측체의氣測體義』9권 5책라는 책을 펴냅니다. '기'의 본체體와 그 쓰임用에 대한 단편적인 논설을 모아놓은 것이지요. 그중에 「바다에 선박이 두루 통한다海舶周通」라는 제목을 단 글이 나옵니다. 그 가운데 한 단락을 살펴볼까요.

대개 처음 황량한 토지를 개간하기 시작한 이래 대륙에는 인물이 번성하여 뻗어 나갔지만 수만 리의 해양만은 그대로 공허하여 버리는 곳이 되었더니 명나라 이후로 서양 선박이 두루 지구를 돌아다녔다. 이리하여 연해 지방의 여러 곳은 부두에 시장이 늘어서고 건장한 용사를 모아 요새를 설치하며 병사를 상선에 배치하여 천하의 견고한 방어지가 되었다. 여기에 이르러 세상의 경영이 크게 바뀌어 물산을 만국에 교역하여 통하고 모든 가르침이 천하에 뒤섞이고 육지의 시장이 변하여 바다의 시장이 되고 육지에서의 전쟁이 변하여 바다에서의 전쟁이 되었다. 이러한 변화에 대처하는 방법은 마땅히 변한 것을 가지고 변한 것을 막아야 하고, 변하지 않는 것을 가지고 변한 것을 막으려 해서는 안 된다.

최한기는 이 글에서 바야흐로 해양의 시대가 도래했음을 명쾌하게 설명하고 있습니다. 그리고 앞으로 바다를 통한 교역이 활발해짐에 따라 시장 쟁탈전이 벌어질 수 있음을 예고합니다. '육지의 시장陸市'이 '바다의 시장海市'이 되고, '육지의 전쟁陸戰'이 '바다의 전쟁水戰'이 된다는 표현은 정말 놀랍습니다. 따라서 이러한 변화의 시대에 대처하기 위해서는 조선도 마땅히 변화해야만 한다는 점을 역설합니다.

최한기가 말하는 변화의 요체는 '실용'입니다. 이를 위해서는 서양의 우수한 문물과 제도를 적극 수용하려는 자세가 무엇보다도 중요하다고 말합니다. 「동양과 서양에서 서로 취하고 버릴 것東西取捨」이라는 글은 이렇게 시작됩니다.

바다에 선박이 두루 다니고 서적이 서로 번역되어 이목이 전달됨에 따라 좋은 법제나 우수한 도구나 양호한 토산 물품 등이 진실로 우리보다 나은 점이 있으면 나라를 다스리는 도리로 보아 당연히 취하여 써야 한다. … 필경의 승패 우열은 풍속이나 예교에 있지 아니하니, 오직 실용을 힘쓰는 사람은 이기고 허문을 숭상하는 사람은 패하며, 남에게서 취하여 이익을 삼는 사람은 이기고 남을 그르다 하여 고루한 것을 지키려는 사람은 패한다.

여기서 허문虛文이라 함은 실속이 없이 겉만 꾸미려는 학문을 가리킵니다. 조선 후기에 법도와 예의만을 따지면서 당쟁의 빌미를 제공했던 예학禮學이 그러한 범주에 들어갈 수 있겠지요. 최한기는 이러한 허문이나 예학을 갖고는 서양을 당해낼 수 없다고 봅니다. 그러니까 서양이 동양보다 나은 것, 좋은 것들을 받아들여야만 동양이 서양에 뒤지지 않고 그들과 동등한 지위를 누릴 수 있다고 보는 것이지요. 그는 조선의 위정자와 지식인들이 진정 두려워해야 할 것은 서양의 종교가 아니라 그들의 실용적인 과학과 기술 그리고 법제라고 말합니다. 따라서 신유사옥과 같은 천주교 탄압은 불필요할 뿐만 아니라 서양의 무력 개입을 불러일으킬 수 있다는 점에서 우려를 나타냅니다.

최한기는 서양이 동양보다 나은 점이 있는 것처럼 동양이 서양보다 나은 점이 있다고 말합니다. 그는 유교의 덕목인 오륜五倫이야말로 동·서양을 막론하고 인간 사회의 기본 질서가 된다는 점을 강조합니다. 그는 또 자신의 '기학'이 세계에 통용될 수 있는 학문이라는 자부심을 지닙니다. 그는 동양과 서양, 서양과 동양이 서로 다르다는 것을 인정하는 바탕 위에서 서로의 장점을 배우고 서로의 단점을 버림으로써 궁극적으로 하나의 조화로운 세계로 나아갈 수 있기를 희망합니다. 이러한 최한기를 가리켜 근대적인 의미에서 '조선 최초의 세계주의자'라고 평가하기도 합니다.

그렇다면 최한기의 개방적인 세계관은 어떻게 나오게 된 것일까요? 이와 관련하여 우리는 앞의 인용문 중 첫 문장에 주목해야 합니다. "바다에 선박이 두루 다니고 서적이 서로 번역되어 이목이 전달됨에 따라"라고 되어 있는 글귀입니다. 여기에 나오는 서적이라 함은 한문으로 번역된 서학서西學書들입니다. 16~17세기에는 마테오 리치와 같은 예수회 선교사들이 서양의 최신 세계지도와 천문·지리 지식을 중국에 소개한 바있는데, 19세기에 접어들면 영국이나 미국에서 파견된 개신교 선교사들이 그때보다는 훨씬 더 발전된, 그리고 다양한 학문과 과학기술을 중국에 전파합니다. 이에 자극을 받은 중국 지식인들도 양무洋務와 관련된 책들을 출간하지요.

최한기는 바로 그러한 서적을 중국에 왕래하는 사신이나 상인을 통하여 사들입니다. 개성 출신으로 경제적인 여유가 있던 그는 서울에 거주하면서 오직 학문에만 몰두합니다. 그의 관심은 농정農政에서부터 천문·우주에 이르기까지 다양했는데, 특히 세계의 형편을 살피는 일에 집중합니다. 아편전쟁을 전후하여 동아시아의 정세가 급변하고 있었기에 '시무時務'의 필요성을 강조하던 최한기로서는 그러한 상황을 외면할 수 없었겠지요.

최한기는 앞서본 『기측체의』를 펴낼 무렵 자신과 가까이 지내던 김정호1804?-1866?와 함께 「지구전후도地球前後圖」를 목판에 새깁니다. 이것은 양반구형 세계지도였지요. 「지구전도」에는 동반구인 아시아와 유럽, 아프리카, 오세아니아 대륙과 남·북극이 그려집니다. 「지구후도」에는 서반구인 남·북 아메리카와 태평양이 나옵니다. 북아메리카 대륙은 조각난 것처럼 보이는데, 아직 이쪽 지역이 제대로 알려지지 않았기 때문일 것입니다【그림 6】.

「지구전후도」는 최한기와 김정호의 독창적인 작품이 아니라 중국의 장정부莊廷敷, 1728~1800가 만든 「지구도」를 본뜬 것입니다. 최한기는 이 작업을 하면서 무슨 생각을 했을까요. 그는 대륙이 아니라 바다를 유심히 보았을 것입니다. 각 대륙을 연결하는 것이 바다이기 때문입니다. 그는 이 바다를 통하여 세계의 문물과 상품이 유통되는 것을 상상했겠지요. 그가 해양의 시대가 도래했음을 과감하게 주장할 수 있었던 것도 이러한 상상에 기초했다고 보아야 합니다. 바다의 흐름이 세계를 하나의 유기체로 만들어 주는 것, 이것은 마치 사람 몸속의 기氣가 순환하여 하나의 생명체를 살아 움직이도록 하는 것과도 같다고 볼 수 있습니다. 최한기의 기학이 혹 이런 데 바탕을 두었던 것은 아닐까 하는 생각을 해봅니다.

최한기의 우주와 세계의 형상에 대한 탐구는 그 후에도 지속적으로 이루어집니다. 이리하여 그는 1857년에 『지구전요地球典要』13권 7책, 필사본를 펴냅니다. 이것은 우리나라 최초의 근대적인 세계지리서입니다. 아편전쟁 후 중국인이 저술한 『해국도지海國圖志』라든가 『영환지략瀛寰志略』 등에 기초하여 편집한 것이지만, 그럼에도 불구하고 조선의 한 지식인이 나름대로 자신이 이해하는 우주관과 세계관을 체계적으로 정리해보려는 노력의 결실이라는 점을 높이 평가해야 합니다. 이와 더불어 우리가 기억해야 할 것은 김정호의 「대동여지도」22첩, 목판본가 1861년에 완성되었다는 사실입니다.

최한기와 김정호, 두 사람이 함께 「지구전후도」를 제작한 후 한 사람은 최신의 정보를 담은 세계지리서를 펴내고, 다른 한 사람은 한반도의 지형을 담은 지도첩을 만들어냅니다. 당대의 주류에서 벗어나 있던 두 사람은 서로 가깝게 지냈던 것으로 알려집니다. 그들은 세계 속에서 조선을 들여다보고, 또 조선의 입장에서 세계를 살펴보려고 했던 것은 아닐까요. 그리고 자신들이 각고의 노력 끝에 만든 서책과 지도를 조선에 널리 전파함으로써 조선이 세계로 나아갈 수 있는 디딤돌로 삼고자 했던 것은 아닐까요. 만약 이들의 노력이 당대에 수용될 수만 있었다면 조선 왕조는 자주적으로 문호를 개방하고 세계와 소통할 수 있는 길을 열 수 있었을지도 모릅니다.

[그림 1] 「혼일강리역대국도지도」(일본 류코쿠대학 소장)

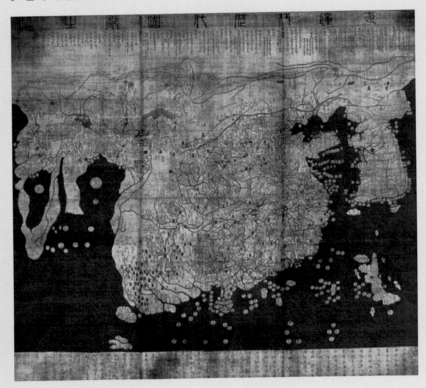

태종 2년1402에 제작된 세계지도인데 세 부분으로 구성된다. 위쪽에 혼일강리역대국도지도混一疆理歷代國都之圖라는 제목과 더불어 중국 역대 제왕의 도읍지들이 표기되어 있다. 가운데에는 '천하' 지도가 들어간다. 아래쪽에는 조선의 개국공신 권근權近, 1352~1409의 발문이 적혀 있다. 이 글을 통하여 지도가 언제 어떻게 제작되었는지를 알 수 있다. 「혼일강리역대국도지도」의 원본은 전해지지 않는다. 위의 지도는 15세기 후반에서 16세기 초반 사이에 다시 그려진 것이다. 이 지도가 어떻게 일본에 흘러 들어갔는지는 알 수 없다.

그림 출처 : https://www.ryukoku.ac.jp/about/pr/publications/60/11_treasure/treasure.htm

[그림 2] 「혼일강리역대국도지도」 부분 모사도

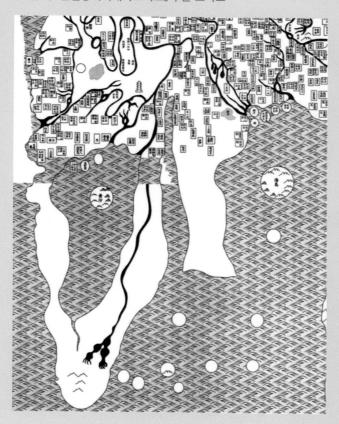

서양학자들이 「혼일강리역대국도지도」에서 주목하는 것이 이 모사도에 나오는 아프리카 남단이다. 유럽인이 이곳을 돌아 인도양으로 진입한 것이 15세기 말인데, 어떻게 동양인이 그들보다 한 세기 앞서 희망봉The Cape of Good Hope의 모습을 거의 온전하게 그려낼 수 있었느냐 하는 것이다. 일부 학자들은 유럽인의 '대항해시대' 이전에 중국인이 먼저 '아메리카 대륙'을 발견했을 가능성을 제기하지만 아직 설득력 있는 근거를 내놓지 못하고 있다.

그림 출처 : 오길순, 「<혼일강리역대국도지도> 모사 자료 보고」, 159쪽.

[그림 3] 르네상스기 '재발견'되는 프톨레마이오스의 세계지도

▶ 그리스어판(13세기, Biblioteca Apostolica Vaticana 소장)

▶ 라틴어판(1482, British Library 소장)

두 지도 다 인도양이 내해inland sea처럼 그려진다. 아프리카 남부사하라사막 이남가 아시아대륙으로 길게 뻗치면서 인도양이 갇혀버린 것이다. 지중해에서 대서양으로 빠져나가는 지브롤터 해협만이 지구 뒤편으로 나아갈 수 있는 유일한 통로가 된다. 유럽인 주도의 대항해시대가 이렇게 시작된다.

그림 출처 : Jerry Brotton, *A History of the World in Twelve Maps*, Illustrations-3(그리스어판) https://www.bl.uk/learning/timeline/large126360.html (라틴어판).

[그림 4] 마테오 리치의 「곤여만국전도」

▶ 일본 교토대학 소장본(1602, 베이징판)

▶ 일본 도호쿠대학 소장(채색본, 이미지 파일)

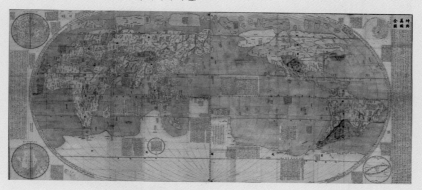

마테오 리치는 대서양이 아니라 태평양을 한가운데 둔 세계지도를 제작했다. 이는 중국 지배층의 뿌리 깊은 중화 관념을 의식한 때문이다. 한편 그는 지도 이름에 만국萬國을 넣어 중국이 세계의 수많은 나라 가운데 하나일 뿐임을 분명히 한다. '천하'가 '만국'으로, 그리고 '세계world'로 바뀌는 과정은 곧 서양 중심의 세계관과 세계질서로의 이행을 보여준다.

그림 출처 : https://rmda.kulib.kyoto-u.ac.jp/item/rb00013547#?c=0&m=0&s=0&cv=0&r=0&xywh=-42710%2C-1%2C101803%2C13400; https://www.i-repository.net/contents/tohoku/kano/ezu/kon/kon.html

[그림 5] 「천지도」(국립중앙박물관)와 「천하도」(서울역사박물관 소장)

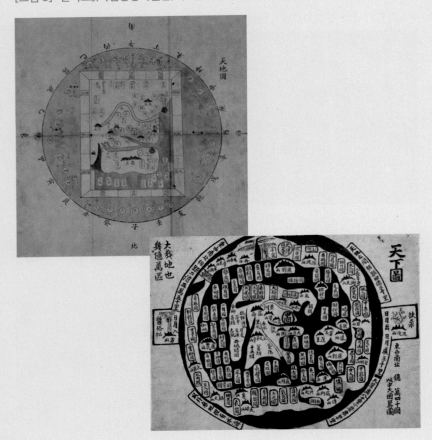

위의 「천지도」는 동양의 전통적인 천원지방설에 바탕을 둔 지도이다. 한가운데 사각형 모양은 중국을 중심으로 하는 지상 세계이고 그 주변은 하늘을 상징하는 원으로 28수宿의 별자리를 배치한다. 아래의 「천하도」는 조선 후기에 유행하던 전형적인 모습의 「천하도」가 20세기 초에도 재현되고 있음을 보여준다. 『지도서地圖書』(1903)라는 책의 첫 장에 나온다. 뒷장에는 「중국도」가 나오는데, 여기에는 "천하지중 제왕지지天下之中 帝王之地"라는 설명이 들어간다. 동양의 전통적인 우주관과 세계관이 쉽게 바뀌지 않고 있었음을 알 수 있다. 각 그림에 대한 보다 자세한 설명은 다음 사이트 참조.

그림 출처 : https://www.museum.go.kr/site/main/relic/search/view?relicId=2354#
https://museum.seoul.go.kr/www/relic/RelicView.do#layer_exhibit

[그림 6] 「지구전후도」(1834, 규장각한국학연구원 소장)

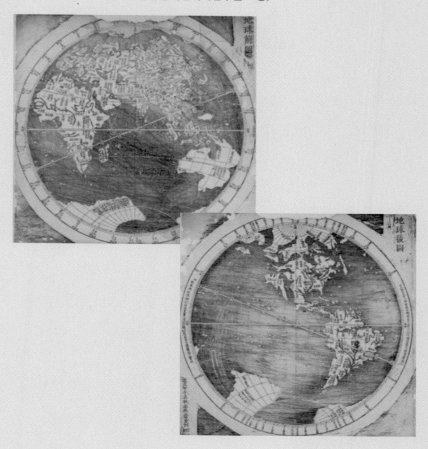

오늘날의 동반구와 서반구를 지구의 '전도前圖'와 '후도後圖'로 표현한 것이 흥미롭다. 지구는 둥글고 세계는 바다를 통하여 하나로 연결되고 있음을 보여준다. 최한기가 땅대륙에서 바다해양로 눈을 돌리게 된 것도 이 때문이었을 것이다.

그림 출처 : https://kyudb.snu.ac.kr/search/search.do?searchArea=0&totalSearchString=지구전후도

태평양의 발견과 근대 세계로의 편입

바다로 눈을 돌리다

태평양 널은 물에 슌풍 맛나 돗츨 돌고
둥둥 써셔 오는 비야, 향ᄒᆞᆫ 곳 어디매뇨
뭇노니, 문명을 실엇거든 한반도로

-『대한매일신보』 1910년 4월 17일자 「한반도로」

1. 공간혁명 :
태평양의 발견과 지구일주 시대의 도래

15세기 말 콜럼버스의 아메리카대륙 '발견'과 그 뒤를 잇는 마젤란 일행의 태평양 횡단은 근대 세계의 출현을 알리는 역사적인 사건이었습니다. 그것은 말 그대로 지구적 차원의 공간혁명이었지요. 이른바 대항해시대 이전에 동양과 서양을 대표하는 두 개의 지도, 즉 조선의「혼일강리역대국도지도」와 르네상스기에 부활한 프톨레마이오스의 세계지도를 상기해 보면 쉽게 알 수 있습니다. 이들 지도에 그려진 세계는 유라시아와 아프리카대륙만 나왔었지요. 오늘날 우리가 이야기하는 동반구만 불완전하게 나오고 서반구는 아예 빠져 있었습니다. 대항해시대에 신대륙이라는 말이 그래서 나옵니다.

그런데 이때 신대륙보다 더 중요한 것이 태평양의 '발견'입니다. 왜냐하면 이 바다의 발견과 항로 개척으로 세계가 하나로 통합될 수 있는 길이 열리기 때문입니다. 서양 주도의 자본주의 문명도 그러한 바탕 위에서 가능했지요. 지구 표면의 3분의 1을 차지하는 태평양은 그 광활함과 원격성으로 말미암아 거리의 횡포tyranny of distance라는 말이 나올 정도로 인간의 도전을 쉽게 허락하지 않았습니다.

맨 처음 태평양을 가로지르기 시작한 사람들은 폴리네시아인으로 알려져 있습니다. 그들은 한 번에 이 바다를 건너는 것이 아니라 세대와 세대를 이어가면서 조금씩 천천히 나아갑니다. 그들이 알고 있는 태평양은 이 바다의 전체가 아니라 일부분에 지나지 않았습니다. 자연적인 항법과 오랜 경험에 의지하여 섬과 섬들을 이어 나갔지요. 한편, 동아시아인들은 일본의 배후에 놓인 태평양을 의식하지 않고 살아왔습니다. 그곳은 그냥 텅 빈 공간일 뿐이었지요. 아무도 일본 열도 너머의 태평양으로 나아갈 생각을 하지 않습니다. 그렇게 해야 할 이유가 없었던 것입니다.

그런데 유럽인들은 달랐습니다. 바닷길을 통한 아시아와의 교역과 선교라는 뚜렷한 목표가 있었지요. 육로 교통은 이슬람인들에 의하여 막혀버립니다. 유럽인들은 필사적으로 항로 개척에 나섭니다. 포르투갈이 먼저 아프리카 남단을 우회하여 인도로 가는 항로를 엽니다. 스페인은 대서양을 가로질러 서쪽으로 나아갑니다. 콜럼버스가 '서인도제도'를 발견합니다. 마젤란이 그 대륙 남단의 파타고니아해협을 뚫고 나가 태평양으로 진입합니다.

이때 마젤란과 동행했던 안토니오 피가페타Antonio Pigafetta는 그의 「항해일지」에 이렇게 기록합니다. "1520년 11월 28일, 수요일, 우리는 그 해협을 벗어나 태평양Pacific sea으로 들어갔다." 그 후 "석 달하고도 20일 동안 우리는 탁 트인 바다를 항해했다. 그 동안 우리는 태평양에서 무려 4천 리그leagues를 달렸다. 태평양이라는 이름은 참 잘 지어졌다. 그동안 우리는 어떤 폭풍도 만나지 않았다. 육지라고는 오직 조그마한 무인도 두 곳을 보았을 뿐이다." 날씨는 좋았을지 모르지만 망망대해는 극한의 굶주림과 질병을 가져옵니다. "결국 우리는 [배의] 주 돛대가 쓸리지 않도록 끝부분에 덧씌워 놓은 쇠가죽까지 벗겨 먹었다." 잇몸병으로만 19

명이 죽어 나갑니다.

1519년 8월 10일, 스페인의 세비야를 출항할 때 마젤란 일행은 5척의 선박에 238명이었습니다. 이로부터 3년 후인 1522년 9월 8일, 다시 세비야로 돌아왔을 때 그 일행은 단 1척의 배에 18명만이 살아남습니다. 마젤란은 필리핀의 막탄섬에서 원주민과의 전투 중 사망합니다. 이처럼 많은 희생과 고통을 겪었지만, 그들은 세계사에 한 획을 긋는 업적을 남깁니다. 태평양은 이제 '스페인의 호수Spanish Lake'가 되고, 세계는 그 바다를 통하여 하나로 연결되지요. 지구가 둥글다는 것은 이제 가설이 아니라 진리요 상식이 됩니다.

그 후 스페인은 멕시코의 아카풀코와 필리핀의 마닐라를 연결하는 항로를 개척하여 두 지역 간 갤리온Galleon 무역을 독점합니다. 이리하여 유럽과 아시아 사이에 아메리카대륙이 중간 거점이 되는, 그리고 대서양과 태평양이 파나마지협의 육로를 통해 연결되는 순환적인 교역망이 형성됩니다. 이것이 바로 지구화globalization의 첫 단계입니다【그림 7】.

그런데 태평양의 발견은 아직 초보 단계에 머뭅니다. 태평양의 전체적인 윤곽은 드러나지 않은 채 적도 부근과 북태평양의 해류를 따라 1년에 한두 차례 오가는 무역로만 개척되고 있었던 것이지요. 18세기 초까지도 유럽에서 제작된 세계지도들에서 태평양 하단에 깔린 '남방대륙Terra Australis 또는 Magellanica'의 존재를 볼 수 있습니다. 이곳은 여전히 미지의 대륙으로 남아 있습니다.

오늘날 우리가 아는 태평양에 근접한 지리적 지식을 갖게 된 것은 영국의 항해가 제임스 쿡James Cook 덕분입니다. 그는 세 차례1768-71, 1772-

75, 1776-79에 걸쳐 태평양을 탐사하면서 서쪽으로 마카오부터 동쪽으로 밴쿠버까지, 북쪽으로는 알래스카부터 남극권의 그레이엄랜드 부근까지 내려갑니다. 그 결과 뉴질랜드와 오스트레일리아, 그리고 태평양의 주요 섬들의 위치가 확정됩니다. 미지의 남방대륙이 존재하지 않는다는 사실도 밝혀냅니다. 태평양의 전체적인 윤곽이 드러납니다. 이 바다는 이제 스페인이 아니라 '영국의 호수'가 됩니다. 영국은 온 바다를 지배하는 세계 제국이 되지요. 그들이 산업혁명의 선두에 설 수 있었던 것도 바다를 지배했기에 가능해집니다.

19세기 중반에 들어서면 미국이 태평양으로의 진출을 서두릅니다. 그 첫 출발이 정기항로의 개설입니다. 이 일에 앞장선 것은 뉴욕에 본부를 둔 태평양우선회사Pacific Mail Steamship Company, PM였습니다. 카리브해의 파나마철도를 이용하여 미국 동부의 뉴욕과 서부의 샌프란시스코를 연결시키는 선편을 운영해 왔던 이 회사는 1867년 1월 1일을 기하여 샌프란시스코–요코하마–홍콩을 오가는 정기노선을 개설합니다. 이때 첫 항해에 나선 증기선 콜로라도호3,728톤는 1월 24일 요코하마에 기착한 후 1월 30일 홍콩에 도착합니다. 항해 날짜로만 따지면 28일이 걸린 셈입니다. 콜로라도호의 첫 태평양 횡단은 당시 세계의 주목을 받는 뉴스거리였지요.

이듬해에는 바다대서양와 바다태평양를 잇는 '다리'인 대륙횡단철도가 완성됩니다. 지구 반대편에서는 지중해에서 인도양으로 바로 빠질 수 있는 수에즈운하가 개통되지요. 이제는 아프리카와 아메리카의 남단을 돌아서 인도양과 태평양으로 진입할 필요가 없어집니다. 공간은 축소되고 시간은 단축됩니다. 이러한 '교통혁명'이 초래한 상황을 잘 보여주는 것이 【그림 8】이지요. 그 표제에 나오는 '우리의 대양고속도로들Our Ocean Highways'이라는 표현이 흥미롭습니다. 이러한 고속도로들이 대륙과 대륙을 연결하면서 세계를 하나로 만듭니다. 그 지도를 자세히 보면 일본 및 중국과는 달리 조선만이 그러한 연결망에서 빠집니다. 세계로부터 고립된, '은둔국'이라는 말이 이렇게 해서 나옵니다.

19세기 중반의 교통혁명은 바야흐로 지구 일주 시대를 열어놓습니다. 프랑스 소설가 쥘 베른Jules Verne의 『80일간의 세계일주』1873가 그 신호탄입니다. 이 소설의 주인공필리어스 포그은 자신이 소속된 혁신클럽의 회원들에게 이렇게 말합니다. "나는 80일, 즉 1,920시간, 다시 말해 11만 5,200분이나 그 이내에 세계를 일주할 수 있다는 사실을 놓고 누구하고도 2만 파운드를 걸고 내기를 할 수 있네." 그리고는 곧바로 세계일주에 나섭니다.

이때 포그가 챙긴 것은 전 세계 어디에서나 통용되는 돈파운드화과 브래드쇼George Bradshaw의 『대륙철도와 기선여행 가이드』입니다. 여기에 여행에 필요한 모든 정보가 담겨 있었지요. 마젤란 일행의 첫 지구 일주는 목숨을 건 3년간의 대장정이었지만, 이젠 누구든 돈만 있으면 안전하고 빠르게 세계 여행을 즐길 수 있는 시대를 맞이한 것입니다.

이제 우리의 이야기를 할 차례입니다. 조선인의 태평양 '발견'은 언제 어떠한 방식으로 이루어졌을까요? 이 문제에 대한 접근은 세 단계로 나누어 생각해 볼 수 있습니다. 첫 번째는 조선 후기에 지리적인 상상의 공간으로서의 태평양에 대한 발견입니다. 이 발견은 곧 바다를 통하여 하나가 된 근대 세계에 대한 발견이기도 합니다.

두 번째는 문명적인 교류 통로로서의 태평양에 대한 발견입니다. 1882년 미국과의 국교 수립 후 태평양을 통하여 사람과 물자가 오가면서 문명에 대한 새로운 인식이 생겨납니다. 그런 가운데 미국은 '서양 오랑캐'에서 '기독교 문명국'으로 바뀌어 나가지요.

세 번째는 패권적인 경쟁 대상으로서의 태평양에 대한 발견입니다. 마젤란 항해 이후 태평양을 둘러싼 주도권 경쟁은 스페인에서 영국으로, 그리고 영국에서 미국의 우위로 바뀝니다. 러일전쟁 후에는 일본이 미국의 패권에 도전하는 양상을 보입니다. 이 무렵 국권 상실의 위기에 처한 대한제국의 지배층과 지식인들은 태평양을 둘러싼 미·일 간 주도권 경쟁에 희망 섞인 기대감을 표출합니다. 이런 기대는 식민지시대 내내 미일전쟁설을 낳습니다. 결국 태평양전쟁이 벌어진 후에야 한반도는 일본의 지배에서 벗어납니다. 그리고 남한은 미국 중심의 세계질서로 편입되지요. 이것이 태평양의 '발견'이 지녔던 역사적인 의미이기도 합니다.

이상에서 볼 수 있듯이 태평양의 발견은 한국 근대사를 관통하는 하나의 큰 테마입니다. 본 강의는 그에 얽힌 이야기들을 풀어나가는 것이지요. 오늘은 지리적인 상상의 공간인 태평양에 대한 이야기부터 시작합니다.

건국 후 조선왕조에 큰 시련을 안겨주었던 임진왜란1592-98은 동아시아의 전환기이자 세계사적인 전환기이기도 합니다. 이 전쟁으로 중국 대륙에서는 명나라가 망하고 청나라가 들어섭니다. 일본에서는 그 전쟁을 일으킨 도요토미 히데요시가 죽고 도쿠가와 막부가 정권을 잡습니다. 조선은 임진왜란에 뒤이어 병자호란까지 겪었지만 왕조 교체는 이루어지지 않습니다.

한편 임진왜란이 일어날 무렵 마카오에 상륙한 예수회 선교사들이 중국의 내륙으로 진출하여 북경에까지 들어옵니다. 그 선구적인 인물이 우리가 제1강에서 보았던 마테오 리치였지요. 그는 중국의 지배층에게 그들이 아는 '천하'보다 더 넓은 '세계'가 있다는 것을 보여주기 위하여 「곤여만국전도」를 제작합니다. 마테오 리치의 뒤를 이은 줄리오 알레니는 『직방외기』라는 지리서에 「만국전도」를 끼워 넣습니다. 이들 지도와 지리서는 북경에 파견된 사절단들을 통하여 조선에도 곧바로 유입됩니다. 이리하여 조선의 지배층도 서양이 발견한 새로운 '세계'에 대하여 눈을 뜨게 되지요.

「곤여만국전도」와 「만국전도」는 중국을 천하의 중심으로 알고 있는 중국 지배층의 반발심을 누그러뜨리기 위하여 지도의 중앙에 태평양을 그려 넣습니다. 이 바다에는 여러 개의 명칭이 등장합니다. 이를테면 대동양大東洋이라든가 창명종滄溟宗이라든가 영해寧海라든가 태평해太平海라든가 하는 것들이지요. 여기서 대동양이라 함은 대서양大西洋과 대칭적인 의미를 지닌 것이고, 창명종은 '바다 중 으뜸'이라는 뜻을 담고 있습니다. 영해와 태평해는 마젤란 일행이 명명한 'Pacific Sea'의 뜻을 한자로 표현한 것입니다.

오늘날과 같은 태평양이라는 바다 이름이 세계지도에 처음 등장한 것은 영국 런던선교회 소속 뮤어헤드William Muirhead가 중국 상해에서 펴낸 『지리전지地理全志』상·하, 15권, 1853-54였던 것으로 알려집니다. 이 책은 서양 근대의 지역지리, 자연지리, 인문지리를 소개한 일종의 백과사전으로 당시 중국에서 나온 서양 지리번역서들 가운데 가장 걸출한 대표작이었다는 평가를 받습니다. 이 지리서도 19세기 후반 조선으로 유입되지만 일반에는 거의 알려지지 않습니다. 규장각에 그 축약본이 보존되어 있을 뿐이지요.

조선에서 태평양이라는 바다 이름이 일반에 알려지기 시작한 것은 조선 최초의 근대신문으로 평가받는 『한성순보』1883-84를 통해서입니다. 이 신문의 창간호에 실린 「지구전도」를 보면, 왼편 서반구에 '태평양太平洋'이 선명하게 새겨져 있습니다【그림 9】. 이 지도에서 또 눈여겨볼 것은 아메리카대륙에 표기된 북아미리가北亞米利加와 남아미리가南亞米利[加]입니다. 한자 표기 가운데에 '미米'자가 들어가는데, 이것은 America의 일본식 음역입니다. 일본을 통한 지리 지식이 이때 조선으로 유입되고 있음을 말해줍니다. 그것은 서양에 대한 지식 창구가 중국에서 일본으로 바뀌고 있음을 보여주는 하나의 예이지요.

『한성순보』 창간호에 실린 「논주양論洲洋」이라는 기사에서는 세계가 오대양·육대주로 나뉜다면서 태평양에 대하여 이렇게 말합니다. "첫째는 태평양이니 일명 대동양大東洋이라고도 한다. 남북의 길이는 4만리, 동서의 길이는 3만리이며, 바다의 면적은 총 4억 5천만 방리方里이다. 결국 이 태평양 하나의 넓이가 실로 전 육지를 합한 크기와 같다." 이로써 지리적인 상상의 공간인 태평양에 대한 개략적인 지식이 조선 사회에 점차 자리를 잡기 시작합니다.

한편, 『한성순보』의 창간호는 지구에서 '구球'의 의미, 즉 둥글다는 의미를 명확히 하기 위하여 '지구일주'에 관한 기사를 싣습니다. 그 기사를 한번 볼까요. 한자로 된 지명들은 오늘날의 표기로 바꾸었습니다.

서쪽에서 출발하든 동쪽에서 출발하든 앞으로 계속 나아가고 중간으로 되돌아오지만 않는다면 앞서의 원점에 도달한다. 예를 들면 [중국] 상해에서 배를 타고 동쪽으로 가면 일본에 이르고, 또 동쪽으로 가면 태평양을 지나 미국의 서해안 항구인 샌프란시스코에 이른다. 그곳에서 상륙하여 기차를 타고 동쪽으로 가면 미국의 동해안 항구인 뉴욕에 이른다. 그곳에서 다시 배를 타고 대서양을 거쳐 열흘이면 영국의 항구인 리버풀에 이른다. 이곳에서 배를 타고 남쪽으로 가면 지중해에 이르고, 다시 동쪽으로 가면 홍해에 이른다. 다시 동남쪽으로 가면 인도양에 이르고, 또 동쪽으로 가면 인도국을 지난다. 여기에서 다시 동북쪽으로 가면 상해에 도달한다.

조선은 일본의 무력시위에 굴복하여 1876년에 바닷길을 엽니다. 이로부터 7년 만에 조선의 식자층은 지구를 한 바퀴 도는 기사를 신문에서 읽게 됩니다. 공간에 대한 인식의 확장과 시간의 흐름이 이전과는 비교할 수 없을 정도로 빠르게 변화하고 있음을 실감케 합니다. 이제 '개항'이라는 역사적 사건을 통하여 조선은 서양 주도의 세계질서로 편입됩니다. 40년 전 최한기가 예견한 대로 바다해양의 시대가 도래한 것이지요. 이러한 문명의 패러다임 전환에 어떻게 대응하느냐에 따라 국가와 민족의 운명이 달라집니다.

2. 바다 밖에서 안으로 :
서양 문물과 기독교의 유입

19세기에 들어서면 서양 열강의 동아시아로의 침투가 본격화됩니다. 이른바 서세동점이지요. 그 경로를 보면 유럽 나라들은 대서양-인도양 항로를 이용한 반면에 미국의 경우에는 바로 태평양을 건너올 수 있었습니다. 문제는 태평양에서 증기선을 운항하기 위해서는 석탄과 식량·식수, 긴급 피난처 등을 제공 받기 위한 중간 기착지들이 필요했다는 것입니다. 이를 위하여 미국은 하와이를 확보하고 일본의 문호를 개방합니다. 일본은 페리 제독이 이끄는 동인도함대에 굴복하여 1854년에 가나가와조약을 체결합니다. 중국이 아편전쟁에서의 패배 후 영국과 체결한 난징조약보다 12년 뒤에 일어난 일이었지요.

조선은 '극동Far East'에서 마지막까지 서구 열강의 주목을 받지 못합니다. 여기에는 한반도의 위치가 한몫합니다. 세계지도를 한 번 볼까요. 태평양 쪽에서 한반도를 바라보면 일본 열도에 가려집니다. 유럽 열강이 중국에 침투할 때에는 남중국해 쪽으로 들어옵니다. 마카오와 홍콩, 광동, 상해 등이 그 관문입니다. 그들이 한반도까지 북상해야 할 이유가 별로 없었지요. 조선이 '은둔의 왕국'으로 인식된 것도 그 때문입니다.

이런 가운데 조선과 교역을 할 목적으로 미국의 상선제너럴 셔먼호이 대동강을 거슬러 올라왔다가 불에 태워져 침몰하는 사건이 벌어집니다.

셔먼호 승무원들이 평양 군민을 먼저 자극한 것이 사건의 발단이었지요. 얼마 후 미국의 아시아함대가 강화도로 침입하면서 양국 간 무력충돌이 벌어집니다. 당시 『뉴욕 헤럴드』는 이 전투를 '야만인과의 작은 전쟁'이라고 이름 붙입니다. 조선에서는 그것을 신미양요라고 불렀지요. 이는 신미년1871에 서양 오랑캐가 한바탕 소동을 일으켰다는 뜻입니다. 두 나라는 서로를 문명국가로 인정하지 않았습니다.

조선은 미국과의 전투에서 완패했지만 전쟁에서는 이겼습니다. 미국 함대가 강화도 해역에서 스스로 물러났지요. 이때만 해도 미국 정부는 조선의 문호개방에 대한 확고한 의지를 갖고 있지 않았습니다. 당시 조선을 통치하던 흥선대원군은 그러한 상황을 제대로 이해하지 못합니다. 그는 쇄국정책을 끝까지 밀고 나갈 수 있을 것으로 생각합니다. 조선은 결국 서양 열강의 대리인 격인 일본에 의하여 강화도조약을 체결하게 됩니다. 조선의 개항은 '극동'이 근대 세계와 연결되는 마지막 고리였습니다. 이때 세계를 움직이는 것은 사회진화론에 기초한 적자생존의 법칙입니다. 한마디로 제국주의의 시대였지요.

조선은 1882년 5월에 미국과 정식으로 조약을 체결합니다. 서구세계에 대한 문호개방에서 미국을 첫 상대로 선택한 것은 조선의 '상국'인 청나라의 이이제이 전략에 따른 것입니다. 청나라는 한반도를 넘보는 러시아와 일본을 견제하기 위하여 미국을 끌어들였지요. 당시 고종을 비롯한 조선의 개국론자들도 이것을 내심 원하고 있었습니다. 문제는 미국을 서양 오랑캐로 낮추어보고 적대시하는 보수 유림을 어떻게 설득할 것인가 하는 점입니다.

이때 활용된 것이 도쿄 주재의 청국 외교관 황준헌黃遵憲이 지었다는 『조선책략』입니다. 그는 개항 후 조선이 나아가야 할 방향으로 친親중국, 결結일본, 연聯미국을 제시합니다. 그 핵심은 미국과 손을 잡으라는 것입니다. 『조선책략』에서는 미국이라는 나라를 이렇게 소개합니다. "예의로써 나라를 세워 남의 토지를 탐내지 않고, 남의 인민을 탐내지 않으며, 남의 정사에도 관여하지 않는다." "미국은 항상 약소한 자를 거들어 도와주고 올바른 공론을 유지하여 유럽 사람들로 하여금 함부로 악한 일을 행하지 못하도록 한다. 그 나라의 힘은 태평양에 두루 미치고 그 상업은 홀로 태평양에서 번성한다."

요컨대 미국은 공평무사한 나라로서 자기 나라의 이익만을 추구하는 유럽 열강과는 다르다는 것입니다. 이 점은 이미 중국과 일본에서 미국이 하는 행동을 통하여 입증되었으니 조선 또한 미국의 도움을 받으라고 권고합니다. 이리하여 고종과 그의 측근, 그리고 개화파는 미국과의 조약 체결에 적지 않은 기대를 걸게 됩니다.

그렇다면 미국은 조미수호통상조약을 어떻게 바라보았을까요? 이 조약 체결의 당사자인 해군 제독 슈펠트Robert W. Schufeldt는 아시아에서 '최후의 쇄국 국가'를 서양문명 속으로 끌어들였다고 자평하면서 이렇게 말합니다.

모든 빛나는 것은 동쪽에서 오듯이 중국도 새로운 문명과 보다 활기찬 재탄생을 위해 미국의 연안을 바라봐야 할 것이다. 이것이 자연스러운 순서이며, 인간의 진정한 진보의 행진이며, 거스릴 수 없는 인간사의 흐름이다. … 태평양은 미국의 신부이며, 중국과 일본 및 한국은 수많은 섬을 목걸이처럼 걸고 있는 신부의 들러리다. 캘리포니아는 신혼의 잠자리이며 신방이다. 이곳으로 동양의 모든 부가 모여 결혼을 축하할 것이다. 미국은 신랑으로 입장한다. … 태평양의 긴 파도 위로 어떤 무역 경쟁 상대도, 어떤 적대적 깃발도 아무렇게 다닐 수 없도록 우리의 권한 속에서 결정해야 한다. … 동양과 서양이 함께 만나고 제국을 찾는 일이 더 이상 필요 없어지며 인간의 힘이 절정을 맞게 되는 곳, 그것이 바로 태평양이다. (브루스 커밍스, 『바다에서 바다로: 미국 패권의 역사』, 176-177쪽)

이 글에서 미국은 신랑, 태평양은 신부, 한·중·일 3국은 신부의 들러리, 캘리포니아는 신혼의 잠자리로 각각 그려집니다. 그리고 미국이 태평양을 지배하는 유일한 제국이며, 동아시아 국가들은 미국의 영향력 아래에서 다시 태어나야 한다고 말합니다. 그것이 진정한 진보의 길이라는 것이지요. 미국은 아시아와의 교역을 통하여 경제적인 부를 쌓게 됩니다. 이것이 미국의 '명백한 운명'이며 태평양의 미래라고 슈펠트는 주장합니다. 그는 자신이 이러한 역사적인 과업의 마지막 퍼즐 조각을 맞추었다는 점을 강조하고자 화려한 수사를 동원합니다.

미국과의 조약 체결은 세계와 문명에 대한 조선인의 인식을 근본적으로 바꾸어 놓는 계기가 됩니다. 무엇보다도 이 나라는 아직 그들이 가보지 못한 태평양 건너편의 '신대륙'에 있었습니다. 이 나라는 세습 군주가 아니라 인민이 선출하는 '대통령'이 다스리는 나라로 소개됩니다. 이런 이야기들은 개항 이전에 중국을 통하여 들어온 서양 관련 지도와 서적들을 통하여 조선의 식자층에도 알려졌지만, 그것은 어디까지나 상상 속의 나라일 뿐이었습니다.

그런데 조선의 수도인 한양, 그 한복판에 서양인들의 집단 거주지인 '양인촌洋人村'이 생겨납니다. 지금은 서울의 역사 명소로 알려진 정동貞洞, Cheng Dong이 그곳입니다. 경운궁덕수궁 뒤편이었지요. 1883년 5월 초대 미국공사로 서울에 부임한 푸트Lucius H. Foote가 정동에 자리를 잡고 나서부터 영국, 프랑스, 독일, 러시아 등 조선과 국교를 맺은 나라들의 공관이 이곳에 들어섭니다. 이리하여 정동은 '공사관 거리'로 불립니다. 그들의 집단 주거지와 일상적인 삶의 모습은 이색적인, 때론 경이적인 근대문물 그 자체였습니다【그림 10】.

한편, 의료선교사 알렌Horace N. Allen을 비롯하여 아펜젤러Henry G. Appenzeller와 언더우드Horace G. Underwood 등 미국에서 파견한 선교사들이 속속 서울로 들어옵니다. 영국과 캐나다로부터도 선교사들이 파견됩니다. 인종과 언어, 문화면에서 앵글로색슨이라는 공통점을 지닌 그들은 대부분 정동에 거처를 마련하고 교육과 의료 사업에 나섭니다. 당시 조선 정부가 그들의 포교 활동을 인정하지 않았기에 간접적인 선교 활동을 벌인 것이지요.

그런데 청일전쟁 후 서양 선교사들을 대하는 고종과 조선 정부의 태도가 달라집니다. 이는 한반도를 둘러싼 국제환경의 급격한 변화에 따른 것입니다. 청일전쟁에서 패배한 후 청국은 조선에서 손을 뗍니다. 그 빈자리를 러시아가 메꿉니다. 청국과의 강화협상에서 일본이 요동반도를 차지하자 러시아는 프랑스와 독일을 끌어들여 일본에 압력을 행사합니다. 일본은 삼국간섭에 굴복하여 요동반도를 중국에 돌려줍니다. 이 상황을 지켜보던 고종과 민비명성황후 추존가 러시아를 끌어들여 일본을 견제하려고 합니다. 일본은 한 나라의 왕비를 시해하는 야만적인 행위를 저지릅니다. 이른바 을미사변이지요.

그 후 고종은 궁중에서 고립되어 신변의 위협을 느낍니다. 고종은 이때 미국인 선교사들이 밖에서 들여보내는 음식만을 먹을 정도로 그들과 가까워집니다. 얼마 후 고종은 러시아 공사관으로 몸을 피합니다. 당시 그 공관은 정동에서도 사방이 확 트인 언덕에 자리 잡고 있었습니다. 고종은 그 건물 2층에 왕세자와 함께 기거하면서 정사를 봅니다. 한 해가 지난 후 고종은 경복궁으로 돌아가지 않고 정동 입구의 경운궁으로 거처를 옮깁니다. 그 뒤편에는 미국 공사관이 붙어 있었지요.

1897년 10월 12일, 고종은 대한제국을 선포합니다. 청일전쟁 후 조선이 중국의 속방에서 벗어났으니 중화제국이나 대일본제국과 같은 동등한 국제적 지위를 확보하겠다는 의지의 표현이었지요. 아관파천 후 실추된 왕권의 위엄을 되살리고 개혁정치를 펴겠다는 뜻도 포함됩니다. 이리하여 '광무개혁'이 추진됩니다. 그 개혁의 내용과 성과에 대하여는 다양한 견해와 평가들이 나오지만, 한 가지 분명한 것은 광무개혁이 대한제국의 주권을 지키는 데에는 실패했다는 점입니다. 그 실패는 망국으로 이어집니다. 이 문제는 따로 다루게 됩니다.

청일전쟁 발발로부터 대한제국 선포에 이르는 4년의 기간은 조선이 자주적인 근대화의 길로 나아가느냐 아니면 식민지로 떨어지느냐 하는 매우 중요한 시기였습니다. 그러니까 이때가 조선의 국권을 지킬 수 있는 마지막 기회였지요. 이 시기에 등장한 것이 독립협회와 만민공동회입니다. 그 조직과 운동을 주도한 사람은 서재필과 윤치호였습니다.

갑신정변에 가담했다가 대역죄인으로 몰리어 미국으로 망명했던 서재필1864-1951은 워싱턴 DC에서 의과대학을 졸업한 후 미국인과 결혼하고 미국 시민권을 얻으면서 이름마저 Philip Jaishon으로 바꿉니다. 윤치호1866-1945는 갑신정변에 직접 참여하진 않았지만 급진개화파와 가까웠기에 중국 상해로 떠납니다. 얼마 후 다시 미국으로 건너가 밴더빌트 대학과 에모리대학에서 신학과 인문학, 사회과학을 배우고 졸업합니다. 두 사람은 신학문에 관한 한 당대 최고의 엘리트이자 기독교인이었습니다. 청일전쟁 후 두 사람은 약속이나 한 듯이 조선으로 돌아옵니다.

서재필은 귀국 후 중국의 사절단을 맞이하던 모화관을 허물고 독립관과 독립문을 세우며 독립협회를 만듭니다. 한글과 영문으로 된 『독립신문The Independent』도 창간하지요. 그의 모토는 오직 '독립'이었습니다. 이 목표를 달성하기 위하여 서재필은 신학문을 배우려는 청년층에 주목합니다. 그는 배재학당에서 세계정세와 조선의 형편을 알리는 연속특강을 실시하는 한편, 조선의 사회와 정치개혁에 관한 주제들을 선정하여 토론하는 협성회를 조직합니다. 자신이 미국에서 받았던 교육 내용과 방식을 서울로 그대로 옮겨 놓았지요. 서재필이 처음으로 만민공동회를 개최할 때에는 그에게 배운 학생들이 연사로 나서 정부의 각성과 개혁을 촉구합니다. 나중에 보게 될 이승만도 이때 연단에 등장합니다.

이리하여 '중세' 500년의 세월에 갇혔던 한양 도성은 갑자기 활기를 띠고 소란스러워집니다. 그 중심에 앞서 말한 정동이 있었습니다. 청일전쟁 후 고종은 선교사들과 가까워지면서 그들의 포교를 사실상 인정합니다. 대한제국이 선포되던 때에 맞추어 고딕 양식의 붉은 벽돌 건물인 정동제일교회가 건립되지요. 이 교회는 서양 언어와 학문을 배우려는 젊은 남녀가 다니던 배재학당과 이화학당 사이에 들어섭니다. 정동은 이제 서양 공사관 거리에서 신학문과 선교의 요람으로 바뀝니다. 모든 신문물이 정동에서 나와서 전국으로 퍼집니다. 그 매개체가 신문인데, 『독립신문』이라든가 『협성회회보』도 정동 소재의 출판사에서 발행됩니다.

대한제국이 선포된 후 정치의 중심지 또한 정동이었습니다. 이곳에 황제가 사는 경운궁이 있었기 때문이지요. 친미적 또는 친러적인 성향의 관료들로 구성된 정동파라는 그룹도 생겨납니다. 독립협회가 주최하는 다양한 형태의 집회들이 종로에서, 때론 경운궁 앞에서 벌어집니다. 만민공동회가 한 번 열릴 때마다 수천 명의 군중이 몰려듭니다. 당시 서울의 인구가 20만 정도였으니 도성 안에 사는 사람들은 한 번쯤 그 시위에 참여하거나 구경을 왔었다고 볼 수 있지요. 그 열기 때문에 고종도 독립협회의 '관민공동회' 개최 요구에 응하고 국정 개혁안을 담은 '헌의육조'까지 수용하는 듯한 태도를 취합니다.

이대로 가면 중추원을 개편한 '의회' 설립으로까지 나아갈 수 있을 것이라는 낙관적인 전망이 나올 무렵 독립협회가 왕정을 폐지하고 공화정을 실시하려 한다는 소문이 나돕니다. 이를 빌미로 고종과 수구파 대신들은 독립협회를 해체하고 만민공동회를 해산시킵니다. 이듬해에 고종은 「대한국국제」를 공표합니다. 대한제국이 자주독립국임과 동시에 무한한 군권을 가진 전제정치국임을 대내외에 선포하지요. 고종 자신에게 모든 권력을 집중한 이 국제國制의 선포로 말미암아 독립협회와 만민공동회가 품었던 입헌군주제의 소망은 물거품이 되고 맙니다.

비록 실패로 끝났지만 독립협회와 만민공동회에서 우리가 놓치지 말아야 할 것이 있습니다. 그것은 운동의 주체와 방식 그리고 목표가 청일전쟁 이전의 개혁운동과는 확연히 달랐다는 점입니다. 이를테면 갑신정변이나 갑오경장의 경우, 그 개혁 모델이 메이지 일본의 문명개화였습니다. 그것은 서양의 문명을 받아들여 부국강병을 추진하되 일본이 국체인 천황제만은 보존하려는 것이었지요. 따라서 일본의 위정자와 지식인들은 서양문명의 정신적 지주라고 할 기독교를 외래종교로 보고 그것과는 일정한 거리를 유지하거나 배척합니다.

메이지 초기 civilization을 '문명' 또는 '문명개화'로 번역하여 일본 국민의 계몽에 앞장섰던 후쿠자와 유키치福澤諭吉의 경우에도 기독교의 수용은 국민의 정신을 서구에 종속시켜 '속국의 정情'을 초래한다는 입장을 공개적으로 밝히지요. 그는 또 일본 민족 고유의 정신은 신도神道에 있고 만세일계의 황통을 잇는 천황제야말로 불변의 국체라고도 주장합니다. 요컨대 그가 표방한 문명개화는 일본의 부국강병을 달성하기 위한 수단이지 그 자체가 목적은 아니었던 것입니다.

1880년대 초 일본의 발전상을 목도하고 후쿠자와의 사상적 영향를 받았던 김옥균이나 박영효와 같은 급진개화파들은 기본적으로 일본과 같은 문명개화를 추구합니다. 뒤늦게 문호를 개방한 조선이 서양문명을 바로 수입하기보다는 소위 동문동종同文同種, 즉 같은 유교문화권이자 황인종인 일본의 근대화 방식을 따라 하는 것이 현실성이 있다고 보았던 것이지요. 문제는 이때 일본이 중국을 대신하여 동양의 '맹주'가 되고자 했다는 점입니다. 따라서 일본의 도움을 받는 일본 방식의 개혁이 일본에 종속될 수 있는 위험성을 안고 있다는 데 그들의 고민이 있었습니다. 갑신정변과 갑오경장은 결국 자주적인 근대화와 외세의 개입 사이에 끼어 본래의 목적을 달성하는 데 실패합니다.

갑신정변 후 망명길에 올랐던 서재필과 윤치호는 '신대륙'에서 유럽을 앞질러 세계 자본주의의 중심국으로 떠오르는 미국이라는 나라를 체험합니다. 두 사람은 그 '축복받은 땅'에서 일어난 문명의 근저에 청교도라는 개척 정신이 있었다고 봅니다. 청일전쟁 후 귀국한 두 사람은 독립협회와 『독립신문』을 통한 국민계몽에 나서는데, 그 핵심은 기독교에 바탕을 둔 문명개화였습니다. 이제 일본이 아니라 미국이 개혁의 모델이 됩니다. 대한제국의 선포를 전후하여 기독교 문명개화론이 한국 사회에 전파되기 시작합니다.

이러한 계몽사업의 또 다른 한 축은 개신교 선교사 집단이었습니다. 그들은 1897년부터 서울에서 『조선크리스도인회보』와 『그리스도신문』을 발행합니다. 그들은 청일전쟁 후 조선이 중국의 속국에서 벗어나 비로소 국제사회가 인정하는 독립을 회복했다고 봅니다. 문제는 그 독립을 어떻게 유지, 발전시킬 것인가 하는 점입니다. 이때 선교사들 또한 기독교 문명개화론을 주창합니다. 서양문명의 근본을 이루는 기독교의 수용을 통해서만 진정한 근대국가로 성장할 수 있다는 것이었지요.

그렇다면 근대국가란 무엇인가? 서재필이나 선교사들은 두 가지, 즉 법치국가와 인민주권을 강조합니다. 인민의 생명과 재산권을 보장하는 공정한 법을 만들고 집행하는 한편, 인민은 스스로 주권을 지키고 행사할 수 있을 정도로 계몽되어야 한다는 것이었지요. 전자를 위해서는 정치개혁을 통한 입헌군주제가 바람직하다고 봅니다. 후자를 위해서는 인민이 전통적인 제도와 신분의 속박에서 벗어나 자유와 평등에 기초한 공동체 의식을 키워나가야 하는데, 이를 위해서는 세 가지가 필요하다고 봅니다. 신학문을 가르치는 학교, 예배를 보는 교회, 한글 신문이나 잡지와 같은 언론 매체입니다.

선교사들은 서울 한복판정동에서 이미 그런 일을 하고 있었습니다. 그런데 이 사업을 전국적으로 확산시키려면 고종의 도움이 절대적으로 필요합니다. 그들은 고종의 대한제국 선포를 독립 의지의 표현이라는 점에서 일단 환영합니다. 문제는 이 제국을 법치가 실현되는 입헌군주제로 바꾸는 일인데, 이 일에 그들이 직접 나설 수 없기 때문에 독립협회와 만민공동회에 기대를 걸고 측면 지원합니다.

선교사들의 그런 기대는 고종이 독립협회를 해체시키고 절대군주권을 강화하면서 무산됩니다. 이때부터 선교사들은 정치와는 거리를 두고 오직 포교에만 집중합니다. 정교분리의 원칙으로 돌아가는 것이지요. 얼마 후 러일전쟁으로 인한 혼란과 국권 상실의 위기 속에서 마음 둘 곳을 잃은 한국 인민은 기독교로 눈을 돌립니다. 청일전쟁과 러일전쟁에서 피해가 컸던 평양과 원산과 같은 도시에서 대부흥회가 열립니다. 이를 계기로 개신교 신자는 크게 늘어나서 10만을 넘어섭니다. 이에 자신감을 얻은 선교사들은 일본의 조선 병합을 앞둔 시점에 백만구령운동을 펼칩니다.

개항 후 불과 한 세대, 그러니까 30년 만에 이런 놀라운 변화가 생깁니다. 이웃 국가인 일본이나 중국은 물론 아시아의 다른 나라들에서도 볼 수 없던 일이 한국에서 일어난 것이지요. 이 역사적인 현상에 대하여는 다양한 해석이 나오고 있습니다만, 정치와 사회·문화·종교를 포괄하는 문명사적인 관점에서의 해석이 필요한 것이 아닌가 생각됩니다. 어떻든 조미수호조약 체결의 당사자였던 슈펠트의 '예언'이 터무니없는 것이 아니었음이 입증되었습니다. 동방의 조그마한 나라 조선이 태평양을 신부로 맞이한 결혼식의 '들러리'가 되어 '신문명'의 세계로 나아가게 되었으니 말입니다.

3. 안에서 바다 밖으로 :
조선사절단의 세계기행

조선인으로 태평양을 건너 아메리카대륙에 처음 발을 들여놓은 사람은 누구일까요? 그 사람을 특정할 순 없지만 인삼 장수였을 것으로 추정합니다. 19세기 중반 캘리포니아가 금산Gold Mountain으로 소문이 나면서 중국인 노동자들이 줄이어 태평양을 건널 때 조선인 인삼 장수들도 함께 따라나섰을 것으로 봅니다. 이 무렵이면 조선인들이 압록강을 건너 만주로의 이동이 비교적 손쉽게 이루어지던 때입니다. 그것은 불법적인 월경이지만 내우외환에 시달리던 청국과 조선 정부의 단속 의지가 약화되고 있었던 것이지요.

조선이 공식적으로 바닷길로 세계와 연결된 것은 개항1876 이후입니다. 미국과의 국교 수립 후에는 일본 열도 너머의 태평양이 조선인의 시야에 들어옵니다. 텅 빈 공간으로 인식되던 바다가 어느 날 구대륙과 신대륙을 연결하는 가교가 된 것입니다. 그 통로를 따라서 초대 주한 미국 공사 푸트가 서울에 부임합니다. 이에 대한 답례로 고종은 보빙사절단을 미국에 파견하지요. 전권대신에는 민영익, 부대신과 종사관에는 홍영식과 서광범이 각각 임명됩니다【그림 11】.

그들은 모두 20대로서 이제 막 정치와 외교 무대에 등장했지만, 메이지 유신 후 서구적인 근대화에 열을 올리던 일본을 방문하여 단기간 체류한 경험을 공유하고 있었지요. 사절단의 대표인 민영익은 민비명성황후의 친정 조카로서 조선의 초기 개화정책과 대외교섭의 중심에 서 있던 인물입니다. 조선 최초의 일본 유학생이었던 유길준을 비롯하여 고영철, 변수, 현흥택, 최경석 등이 수행원으로 따라갑니다. 보스턴의 명문 집안 출신의 미국인 로웰Percival L. Lowell이 참찬관이라는 직함을 받아 보빙사를 안내합니다. 개항 후 처음으로 서양에 파견하는 사절단인 만큼 신진 기예의 인물들로 짜여졌던 것이지요.

1883년 7월 16일, 보빙사절단은 제물포를 떠나 미국 아시아함대 소속 모노카시Monocacy호로 일본 요코하마에 도착합니다. 그 후 한 달 정도 도쿄에 체류하다가 8월 15일에 여객선 아라빅Arabic호로 태평양을 건너 9월 2일 샌프란시스코에 상륙합니다. 여기서부터는 미주대륙을 횡단하는 기차를 타고 9월 13일 워싱턴 DC에 도착합니다. 미국 정부는 조선사절단을 영접할 접반사에 메이슨Theodore B. Mason 해군 대위와 포크George C. Foulk 해군 소위를 임명합니다.

이때 대통령 체스터 아더가 뉴욕에 체재하고 있었기에 이곳의 한 호텔Fifth Avenue Hotel에서 「대조선국 국서」 봉정식이 거행됩니다. 아더 대통령은 답사에서, "우리 공화국은 과거 역사에서 보듯이 다른 나라 영토를 점령 지배할 의도는 없으며 오로지 상호 우호적 관계와 호혜적 교역을 통해 이익을 같이 나누고자 합니다"라고 말합니다. 이로써 보빙사에게 부여된 공식 업무는 끝이 납니다.

그 후 사절단은 미국의 정부 기관과 산업시설, 시범농장, 육군사관학교, 해군연병장, 신문사, 우체국, 백화점 등을 둘러봅니다. 서양의 근대적인 제도와 문물을 살펴볼 수 있는 기회가 주어졌던 것이지요. 10월 12일에는 백악관을 예방하여 아더 대통령과 고별인사를 나눕니다. 이 자리에서 아더는 미 해군함정 트렌턴Trenton 호로 조선사절단을 호송하라는 지시를 내립니다. 전권대신 민영익, 종사관 서광범, 수원 변수 세 사람이 그 함정을 타고 대서양을 건너 영국과 프랑스 등 유럽의 여러 나라를 둘러봅니다. 그리고는 지중해와 인도양을 거쳐 귀국하지요. 한국인 최초의 세계일주라는 기록은 이렇게 만들어집니다【그림 12】.

안타까운 것은 그들의 사행 임무 수행과 세계일주에 대한 기록이 전혀 남아 있지 않다는 점입니다. 이는 매우 이례적인 일입니다. 조선시대 외국에 파견된 사절단은 그들의 사행기록을 작성하여 국왕에게 보고하는 것이 일반적인 관례였습니다. 개항기에도 그런 전통은 지켜집니다. 그런데 왜 미국에 파견된 보빙사절단의 기록만이 없는 것일까요. 여기에는 이유가 있습니다. 다름 아닌 1884년 12월에 '3일 천하'로 끝난 갑신정변 때문입니다.

이 정변을 일으킨 급진개화파 중에는 보빙사절단의 일원이었던 홍영식과 서광범이 들어갑니다. 이들은 조선의 독립과 개혁을 가로막는 친청親淸 보수파의 중심인물로 민영익을 지목합니다. 함께 미국을 방문했던 사람들이 갑신정변에서 두 파로 나뉘어 정면 대결을 벌였던 것이지요. 홍영식은 그 정변이 청국군에 의하여 진압당할 때 죽임을 당하고, 서광범은 몸을 피해 미국으로 망명길에 오릅니다. 민영익은 정변이 발생한 첫날 온몸에 자상을 입지만 미국인 의료선교사 알렌의 도움으로 간신히 목숨을 건집니다. 세계일주를 마치고 서울로 돌아온 지 6개월 만에 일어난 일이었습니다.

여기에서 한 가지 의문이 제기됩니다. 왜 민영익은 조선의 자주독립과 개혁에 몸을 던졌던 급진개화파와 맞서게 되었던 것일까요. 두 가지 추측이 가능합니다. 하나는 청국에 의존하는 민씨 척족의 기득권을 지키려 했던 것이고, 다른 하나는 조선의 급진적인 개혁 자체를 반대했을 가능성입니다. 이와 관련해서는 트렌턴 호를 타고 6개월 동안 지구 반 바퀴를 돌면서 민영익 일행의 호송 임무를 맡았던 해군 소위 포크가 그의 가족에게 보낸 편지12통와 상부에 올린 보고서에 주목할 필요가 있습니다. 뒤의 보고서에는 이런 이야기가 나옵니다.

[1884년] 5월 트렌턴 호는 민영익과 서광범, 변수를 싣고 제물포에 도착했다. 나[포크]는 지난 8개월 동안 그들과 최대한 가까이 지내려고 노력했다. 사절 단장인 민영익은 자기 나라의 발전을 위하여 모든 노력을 기울이겠다는 의향을 진지하게 표현한 바 있다. 하지만 내가 그동안 살펴본바, 그는 심약하고 변덕이 심한 인물이었다. 또한 민영익이 늘 손에 들고 다니는 유학 서적들을 탐독하는 것을 보며 나는 애석하게도 그가 관찰과 계몽을 위한 모처럼의 기회를 잃어버리는 것이 아닌가 하는 우려를 갖게 되었다. 이에 반해 서광범과 변수는 백과사전에서 내가 발췌·번역한 것들 중 유용한 주제가 나오면 지칠 줄 모르고 노트하고 정리하는 열의를 보였다. 이 두 사람은 세계 주요 국가들의 정치와 진보의 역사에 대한 많은 정보를 가지고 귀국했다.

미국과 유럽 각국의 선진 제도와 문물을 관찰할 수 있는 절호의 기회에 민영익은 유교 경전을 손에서 놓지 않았던 반면에, 서광범과 변수는 조선의 개혁에 참고할 만한 자료와 정보를 수집하고 정리·기록하느라 바빴던 것입니다. 그런데 이런 기록들이 갑신정변 후 사라지고 맙니다. 이들보다 먼저 귀국한 홍영식이 고종에게 보고한 복명復命 기록도 조선왕조실록이라든가 승정원일기와 같은 관찬 사서에서 삭제됩니다. 개항기 가장 중요한 시기에 소중한 경험과 기록들이 갑신정변의 실패와 더불어 역사의 현장에서 사라진 것입니다.

조선인의 태평양 횡단에 관한 첫 기록은 1887년에야 나옵니다. 이때 초대 미국 주재 전권공사로 임명된 박정양1841-1905 일행—서기관 이상재, 참찬관 이완용, 서기관 이하영, 번역관 이채연, 외국인 참찬관 알렌 등—이 태평양을 건너면서 「해상일기초」를 남깁니다【그림 13】. 그중 10월 27일음 자 일기를 한번 볼까요.

혹 바람, 혹 비, 혹 맑음. 계속 배는 나아갔다. 이곳부터 태평양이다. 하늘과 물이 맞닿아 사방을 둘러봐도 한 점 산색山色이 없다. 배의 흔들림이 어제보다 심하다.

「해상일기초」에는 11월 2일자 기록이 두 번 나옵니다. 날짜 변경선date line 때문이지요. 박정양은 같은 배에 탄 서양인으로부터 그 선에 대한 설명을 듣고는, "어찌 또한 물정에 어둡지 않은가!"라고 탄식합니다. 11월 6일에는 하와이 호놀룰루에 정박하지만 한밤 중이라 내려서 구경을 하지는 못합니다. 11월 14일 샌프란시스코에 도착합니다. 이로써 19일 동안의 태평양 항해가 끝납니다.

박정양은 「해상일기초」와는 별도로 『미행일기美行日記』1887.9~1889.7를 남깁니다. 여기에는 미국의 수도 워싱턴에 공사관을 개설하게 된 경위와 더불어 대미교섭 업무에 대한 일지가 담깁니다. 그는 고종으로부터 미국을 비롯한 조약 체결국들과의 친목 도모, 조선 상민의 보호와 통상 진작, 미국 정부와 국민의 정형 파악이라는 임무를 부여받습니다. 박정양은 조선에 대한 종주권을 주장하는 청국 정부와 공관으로부터 끊임없는 압력을 받으면서도 조선의 자주적인 면모를 보이려고 애씁니다. 울화병이 날 정도였지요. 『미행일기』에는 그런 사정들이 잘 담겨 있습니다.

갑신정변 후 '잃어버린 10년'이 지난 1894년은 동아시아의 전환기입니다. 조선에서의 동학농민 봉기를 빌미로 일본은 청국과 전쟁을 벌입니다. 이 전쟁에서 완패한 청국은 서구 열강의 침탈을 받으면서 반半식민지로 전락합니다. 한편 청국의 빈자리를 러시아가 메꾸면서 한반도의 패권을 놓고 러·일 간 경쟁이 격화됩니다. 이런 와중에 일본은 명성황후를 시해하는 만행을 벌이고, 신변의 위협을 느낀 고종은 러시아 공사관으로 거처를 옮깁니다.

그 직후에 고종은 러시아에 사절단을 보냅니다. 니콜라이 2세의 차르 즉위를 축하한다는 명분을 내걸지만, 실제 목적은 러시아로부터 차관 획득과 고종의 신변 안전을 책임질 왕실호위병 및 군사교관의 파견이었습니다. 이런 막후교섭을 위하여 왕실 측근인 민영환이 특명전권공사로 임명됩니다. 그는 윤치호와 러시아 국적의 조선인 김도일을 각각 영어와 러시아어 통역으로 대동합니다. 중국어 역관인 김득련은 참서관으로 임명되어 사행 기록을 맡습니다. 서울 주재 러시아 공사관의 통역관 스타인E. Stein이 따라붙습니다. 그는 길 안내와 일정 조정과 같은 일들을 처리합니다.

러시아행 사절단은 1896년 4월 1일 제물포를 출발, 일본의 요코하마를 거쳐 태평양을 건넌 후 캐나다 밴쿠버에 상륙합니다. 이곳부터는 대륙횡단 기차를 타고 몬트리올을 거쳐 뉴욕에 도착합니다. 다시 배를 타고 대서양을 건너 유럽으로 들어갑니다. 최종 목적지인 모스크바에 도착한 후에는 러시아 측 권유로 세계 최장의 철도가 한창 건설 중이던 시베리아를 거쳐 조선으로 돌아옵니다. 이렇게 세계를 한 바퀴 돌았지요.

그 여정을 기록한 것이 여러분도 들어보았을 『해천추범海天秋帆』이라는 책입니다. 여기서 '해천'이란 바다와 하늘이 맞닿는 곳이니 태평양과 대서양과 같은 대양을 일컫는다고 볼 수 있습니다. '추범'은 한자 그대로 풀이하면 가을 돛단배인데, 여기에는 외롭다든가 시름이 깊다는 뜻이 담깁니다. 망망대해를 가르면서 어렵게 모스크바에 도착한 민영환은 러시아 정부와 차관 및 군사고문단 파견 문제를 논의하지만 속시원한 대답을 듣지 못합니다. 이때 시베리아 횡단철도 건설 비용 등으로 러시아 또한 심각한 재정 곤란을 겪고 있었기에 조선에 차관을 제공할 여유가 전혀 없었습니다. 조선 왕실을 보호하기 위한 군사고문단 파견은 일본과 영국 측 반발을 불러올 수 있었지요. 따라서 러시아는 시종 애매모호한 태도를 취합니다.

민영환이 빈손으로 귀국길에 오를 때에는 시베리아의 가을이 깊어갑니다. 날씨는 추워지는데 철도는 아직 건설 중이기에 공사가 진행되는 구간에서는 마차 또는 배를 이용해야 합니다. 근심은 깊은데 여정이 험난하니 그야말로 외로운 돛단배를 타고 망망대해를 건너는 심정이 절로 들었을 것입니다. '해천추범'이라는 제명은 이렇게 해서 나온 것이 아닐까요.

그런데 『해천추범』의 내용을 보면 특명전권공사 민영환의 막후 외교교섭과 이로 말미암아 겪는 고충에 대한 기록이 전혀 나오지 않습니다. 그냥 단순한 기행록일 뿐입니다. 왜 그런 것일까요. 일반적으로 『해천추범』은 민영환의 저술로 알려집니다만, 여기에는 설명이 필요합니다. 민영환은 러시아로 떠날 때 중국어 역관 김득련에게 사행기록을 맡긴 바 있습니다. 이는 조선시대에 통상 있던 일입니다. 김득련은 러시아에 갔다 온 다음에 『환구일록環璆日錄』이라는 기록을 남깁니다. 제명 그대로 '지구를 한 바퀴 돈 일지'였지요. 『해천추범』은 이 일지를 거의 그대로 옮기면서 주어만 김득련에서 민영환으로 바꾸어 놓은 것입니다. 따라서 여기에는 민영환의 쓸쓸하고 울적한 심정보다는 진기한 서양문물에 경탄하는 이야기들이 주로 담기게 됩니다.

그런데 한문으로 된 『해천추범』을 번역하여 소개하는 책을 보면 이런 대목이 나옵니다. "해천추범이란 '넓은 세상을 향해 나아간다'라는 뜻으로, 조선 근대화라는 과제를 안고 선진문물을 면밀하게 고찰하고 이를 조선에 적용하기 위해 부심했던 민영환이 남긴 기행문 제목이다." 어떤 사전에는 이런 이야기도 나옵니다. "민영환은 한국 역사상 최초의 세계 일주이자 최초의 시베리아 횡단철도 이용자다. 이 대장정의 기록을 담은 기행문이 바로 그의 『해천추범』이다. 이 책에는 조선의 근대화를 위해

부심했던 민영환의 사색과 고민이 배어 있다."

과연 그럴까요? 먼저 역사적인 사실부터 바로 잡습니다. 일반 사전이나 개설서, 때론 논문에서까지 민영환의 러시아 사행1896이 한국인 최초로 세계일주를 한 것으로 기술되어 있는데, 이는 잘못입니다. 앞서 보았듯이 민영익이 이끈 보빙사절단1883이 그 주인공입니다. 그런데 이보다 더 중요한 문제는 『해천추범』에 과연 서양의 선진문물을 면밀하게 고찰하여 이를 어떻게든 조선에 적용해보려는 사색과 고민이 들어가 있느냐하는 것입니다.

그렇지 않습니다. 역사는 무엇보다도 사실에 기초하여 서술되어야 합니다. 그런 다음에야 제대로 된 평가가 나올 수 있지요. 『해천추범』에는 서양의 근대문명을 낳게 한 배경이나 그 실상에 대한 고찰이 담겨 있지 않습니다. 그것은 현상의 이면을 들여다보려는 관찰observation 기록이라기 보다는 서양의 진기한 풍경이나 풍습, 문물에 놀라고 감탄하고 즐기는 관광sightseeing 기록에 가깝습니다. 그 기록을 맡았던 김득련은 서양 사정에 밝지 못하고 말이 통하지 않았습니다. 그런 답답한 상황을 이렇게 시로 읊습니다.

본래 희랍 글자에 어두운데
어찌 여러 나라 글을 알랴.
서로 만나면 한번 웃을 뿐이니
백치 되는 것 면하기 어렵네.

김득련은 또 다른 시에서 자신이 '눈뜬장님'이자 '귀머거리에 벙어리'나 다름없다고 자조하고 한탄합니다. 이처럼 말이 통하지 않고 현지 사정에 어두우니 러시아에 파견된 사절단은 외국인 수행원이나 접대원이 이끄는 대로 다닐 수밖에 없습니다. 그들은 자신들이 '보고 싶은 것'을 보는 것이 아니라 남들이 '보여주는 것'을 구경합니다. 혁명의 기운이 움트던 차르 치하의 러시아가 '태평성대'로 보였던 것도 그 때문입니다.

다음으로 민영환은 조선을 근대화의 길로 이끌려던 개혁주의자라기보다는 왕실의 안위를 무엇보다도 먼저 걱정했던 근왕주의자입니다. 그에게는 왕실이 곧 국가였지요. 그는 또 보수적인 인물입니다. 니콜라이 2세의 대관식이 열리던 날, 민영환은 조선의 전통 대례복을 입습니다. 그런데 대관식장인 우스펜스키Uspensky 성당에 들어가기 위해서는 관모를 벗어야만 합니다. 민영환은 이때 조선의 예법에 어긋난다면서 모자 벗기를 거부하는 바람에 대관식장에 들어가지 못합니다. 당일 성당 밖에 설치된 누각에서 대관예식을 바라볼 뿐이었지요. 그날 청국과 터키, 페르시아의 사절단도 민영환과 같은 고민을 하다가 식장에 들어가지 않았다고 합니다.

러시아 공사관으로 피신했던 고종은 일 년이 지나서야 환궁합니다. 그리고는 대한제국을 선포하여 스스로 황제가 됩니다. 외견상 대일본제국이나 대청제국의 통치자와 동등한 지위에 오른 것이지요. 1902년에는 에드워드 7세가 영국의 국왕으로 즉위하자 이를 경축하기 위한 사절단을 보냅니다. 이때는 영일동맹이 체결된 직후로서 만주와 한반도를 둘러싼 국제정세가 심각하게 돌아가고 있었습니다. 그런데 고종은 외유 경험이나 외교 직무를 맡은 바 없던 이재각1873-1935을 특명대사로 임명합니다. 그는 장헌세자의 현손으로 궁내부 특진관이라는 자리에 앉아 있었습니다.

영국행 사절단도 지구를 한 바퀴 돕니다. 그들은 대영제국의 영토와 속령 및 자치령을 연결하는 전영국령 연락항로All-red route를 따라 이동합니다. 이를테면 태평양을 건너고 미주대륙을 횡단할 때에는 캐나다태평양철도회사Candian Pacific Railway, CPR가 운영하는 선박과 기차를 탑니다. 귀국할 때에는 영국이 관할하는 아덴Aden, 콜롬보, 싱가포르, 홍콩을 거쳐 제물포를 들어오지요.

영국행 사절단의 기록을 담당한 사람은 무과 출신의 이종응1853-1920인데, 그는 선조의 생부인 덕흥대원군의 11대손이었습니다. 이종응은 한문 일기체인 『서사록西徙錄』과 한글 기행가사인 『셔유견문록』총 422행을 남깁니다. 두 자료는 이종응의 종손 집안에 소장되었다가 21세기에 들어와서야 세상에 알려집니다. 이종응은 『서사록』의 서문에서 밝히기를, "나도 비서의 책임을 맡아 [이재각을] 수행하면서 공·사 문서와 크고 작은 비용, 통과 여행한 여러 나라의 산천과 인물, 풍속 등에 관한 특이한 견문, 서양 여러 나라의 장관을 널리 보고 들은 바를 빠짐없이 기록하게 되었다"고 말합니다.

이 서문에서 볼 수 있듯이 이종응은 특명대사 이재각의 비서 역할을 맡아 사행기록을 매일매일 써 나갑니다. 이재각은 귀국 후 그 일지에 기초하여 고종에게 보고할 『서사일기』를 작성합니다. 여기서 '서사'란 서쪽으로 나아간다는 뜻입니다. 이종응이건 이재각이건 세계일주보다는 서양을 다녀왔다는 데 보다 큰 의미를 부여한 것입니다, 이종응의 사행 기록은 앞서 본 김득련의 그것과 크게 다를 바 없습니다. 서양의 제도와 문물에 대한 '관찰'이 아니라 '관광'에 가까웠던 것이지요.

좀 산만해진 이야기들을 정리해 볼까요. 개항 후 태평양은 조선인들에게 새로운 세계를 바라보는 창이자 미지의 세계로 나아가는 길목이 됩니다. 이 바다를 건너 서방세계를 방문한 조선사절단은 그들의 경관과 문물에 대하여 경탄하고 때론 최고의 찬사를 보냅니다. 그렇지만 서양 각국의 제도와 문물을 제대로 배워 조선에 적용 내지 활용해 보려는 열의와 문제의식은 1880년대에 그칩니다. 급진개화파의 갑신정변이 실패로 끝나면서 조정에서 개혁이라든가 개화라는 말조차 꺼내기가 쉽지 않았던 때문이었지요. 1890년대 이후 조선사절단의 해외 경험과 기록은 일회적이고 단편적이며 피상적인 것이 되고 맙니다.

한편, 궁핍한 정부 재정에도 불구하고 서양 열국에 사절단을 파견한 고종은 매번 복명을 받았지만 그들의 경험과 기록을 정부 정책에 적극 반영하려는 의지를 보여주지 못합니다. 따라서 조선의 위정자들은 그들이 추구해야 할 개혁의 목표와 방향을 명확히 설정하지 못한 채 임기응변적인 방책으로 당면한 위기만을 모면하다가 왕실도 보전하지 못하고 국권마저 상실하는 결과를 초래합니다.

20세기 초 『황성신문』의 한 논설은 내치가 뒷받침되지 않는 외교의 허망함을 지적합니다. 그리고 국가의 이익을 제대로 챙기지 못하는 정부 사실상 고종의 겉치레 외교를 정면으로 비판합니다. 당시는 국가의 존망까지 우려되는 상황임에도 불구하고 고종과 위정자들은 그러한 위기를 타개할 대책을 내놓지 않고 오로지 '외교' 즉 외세에 의존하려는 태도를 보였기 때문입니다 1901년 12월 16일자 논설 「내치수외교돈內治修外交敎」.

개항기 조선사절단의 사행기록들에서 나타나는 특징 중 한 가지가 바로 위기의식의 부재입니다. 서양 최강국이라는 영국의 수도 런던을 다녀온 이종응은 귀국 후 이렇게 읊습니다. "서양국이 좋다한들 고국산천 같을소냐/동방제국[대한제국] 만천 년에 일월이 명랑하다." 그러면서 "황제폐하 만세태평"을 기원합니다. 힘에 기초한 제국주의가 절정에 달하던 시기 현실에의 안주는 곧 망국으로 이어집니다.

4. 바다를 품다 :
『소년』과 신대한의 꿈

　개항 후 바닷길이 열리고 사람과 상품의 이동에 따른 문물 교류가 이루어지면서 바다와 문명에 대한 담론이 형성됩니다. 그러한 논의의 장을 제공한 것은 언론 매체, 즉 신문과 잡지입니다. 1880년대에는 정부 기관인 박문국에서 발행한 『한성순보』와 『한성주보』가 세계 지리와 역사에 대한 기초 지식을 일반에 소개하면서 바다의 중요성을 일깨웁니다.

　1890년대에는 민간신문의 시대가 열리면서 바다와 문명을 연결시키는 논설들이 등장합니다. 이를테면 『독립신문』에는 「문명은 세계 바람과 조수」라는 제목의 기고문이 실리는데, 그 요지인즉 바다를 통하여 불어오는 문명의 바람에 맞서는 것은 세계의 대세에 역행하는 것으로써 국가의 멸망과 개인의 불행을 초래한다고 말합니다 1898년 11월 11일자.

　1900년대에는 이른바 애국계몽운동과 맞물려 잡지의 시대가 열리면서 본격적으로 바다와 문명에 대한 담론이 펼쳐집니다. 그 중심에 섰던 것이 월간지 『소년』 1908.11-1911.5, 통간 23호 이었지요. 근대적인 종합잡지의 효시이고 잡지다운 잡지의 시초로 평가받는 『소년』은 창간 당시 만 18세의 소년인 최남선이 혼자 편집하고 기사를 작성한 '1인 잡지'였다는 점에서도 주목을 받습니다.

　어떻게 그런 일이 가능했을까요? 70~80쪽 분량의 잡지를 어떻게 혼자서 발행할 생각을 하고, 실제로 그렇게 할 수 있었느냐 하는 것입니다. 『소년』의 발간은 최남선의 존재를 당대 '신문화 운동'의 주역으로 끌어올리면서 세간의 주목을 받았던 만큼, 이에 대한 연구는 국문학에서부터 언론학, 역사학, 지리학에 이르기까지 다방면에서 활발하게 이루어집니다. 그런데 정작 『소년』이 어떻게 세상에 나올 수 있었는가에 대한 배경적인 검토는 제대로 이루어진 바 없습니다. 따라서 이 잡지의 체제와 내용 및 그 밑바탕에 깔린 사고에 대한 분석에도 한계가 있을 수밖에 없는 것이지요.

최남선 자신의 회고에 따르면, 그는 열 살부터 국내와 중국에서 발행되던 신문을 읽기 시작한 후 하루도 거르지 않았던 '신문잡지광'이었습니다. 일본인이 세운 경성학당에서 일본어를 배운 후에는 일본에서 발간되는 신문과 잡지를 구해서 봅니다. 그 가운데 주목해야 할 것이 『태양太陽』1895.1-1928.3이라는 잡지입니다. 이것은 청일전쟁 후 일본을 대표하는 출판사로 성장하여 '국민 지식의 공급자'임을 자임하던 박문관博文館에서 발행한 총합잡지였습니다. 박문관은 『태양』의 창간과 동시에 『소년세계』라는 잡지를 세상에 내놓습니다. 소년을 대상으로 한 이 잡지는 창간된 해에만 200만 부가 팔릴 정도로 인기를 끌었다고 합니다. 『태양』도 매월 10만 부 정도를 발행하고 해외에까지 배포됩니다.

최남선의 『소년』은 그러한 『태양』과 『소년세계』의 영향을 크게 받았던 것으로 보입니다. 그는 두 차례 일본 유학1904년 가을~1905년 1월/ 1906년 4월~1908년 6월을 가지만 정규 교육은 제대로 받지 않습니다. 제2차 유학기에는 와세다대학 고등사범부 역사지리과에 입학하는데 한 학기 만에 그만둡니다. 이 대학의 정치학과 학생들이 주도하는 연례적인 모의국회 행사에서 대한제국의 황실을 모독했기 때문입니다. 이때가 1907년 3월 하순입니다.

그 후 귀국할 때까지 최남선은 "도서관에 다니면서 내외 문헌의 섭렵에 힘썼다"고 합니다. 이때 그가 다닌 도서관은 박문관 창업자의 유지에 따라 건립된 오하라大橋 도서관입니다. 일반 사회의 지식 계발에 도움을 주기 위하여 만들어진 이 도서관에는 최신의 잡지와 신문들을 비치한 잡지열람실이 따로 마련되어 있었는데, 최남선은 거의 매일 이곳을 드나듭니다. 그리고는 귀국 후 바로 신문관을 세우고 『소년』지를 발행합니다. 일본에서의 사전 계획과 준비가 있었기에 이런 일이 가능했던 것이지요.

『소년』은 잡지 속에 사진과 삽화를 넣는다든가 언문일치의 문장을 구사함으로써 독자들에게 친근하게 다가가려고 합니다. "평이한 문자, 강건한 언론, 진귀한 기사"는 풍부한 삽화와 더불어 『소년』지를 돋보이도록 만듭니다. 이런 체제와 편집 방식은 최남선이 도쿄에서 지낼 때 박문관에서 발행한 잡지들과 오하라 도서관의 잡지열람실에서 보고 듣고 배웠던 것입니다.

『소년』에 자주 등장하는 표어를 꼽는다면, 네 가지를 들 수 있습니다. 첫 번째는 잡지의 제호인 소년이오, 두 번째는 창간호 첫 페이지에 실린 「해海에게서 소년에게」에 나오는 바다이며, 세 번째는 그 바다를 통하여 밀려오는 신문명이고, 네 번째는 낡은 조선을 대체할 신대한입니다. 이 단어들로 연결되는 메시지는 이렇습니다. "구세대와 절연한 소년들이 바다를 통하여 세계를 알고 문명화된 서양과 함께 호흡함으로써 새로운 대한을 건설하자"는 것입니다.

이런 메시지를 담은 야심 찬 기획물이 『소년』 창간호에서부터 12번에 걸쳐 연재된 「해상대한사海上大韓史」입니다. "이와 같은 저술은 원래 아국에 유례가 없는 바"였기에 참고할 자료의 부족으로 말미암아 그 연재물은 미완성으로 끝납니다. 그럼에도 불구하고 최남선이 「해상대한사」의 집필에 착수했던 것은 오로지 대한 소년의 '해사海事 사상'을 고취하기 위해서입니다. 그의 말을 빌리면 이렇습니다. "우리의 종족이 중앙아시아, 바꾸어 말하면 대륙 중 진眞 대륙에 장장 기만리 동안을 육로로만 종래한 고로 조선祖先의 육상적 유전성이 해상모험심을 나딜 틈이 없도록 한 종성種性, 달리 말하면 국민성"을 바꾸어야만 신대한 건설의 희망이 보인다고 말합니다.

요컨대 최남선은 땅에서 바다로, 대륙에서 해양으로의 근본적이며 획기적인 인식 전환, 즉 패러다임의 전환을 요구합니다. 대항해시대 유럽인들이 대양ocean을 발견하여 세계를 그들의 무대로 만들었듯이 신대한의 소년들도 그렇게 먼바다, 거친 바다로 나아가야만 미래가 열린다고 본 것입니다. 이는 곧 바다를 어두운 곳, 두려운 곳, 무서운 곳으로 보고 바다로 통하는 길을 걸어 잠갔던 조선인의 전통적인 의식을 뒤집는 반란이자 도전이었습니다. 『소년』의 창간과 「해상대한사」 발표가 지니는 일차적인 의의가 여기에 있었지요. 그 배경에는 청일전쟁 후 일본에 널리 퍼진 해국론海國論과 해사사상이 작동하고 있었다는 점 또한 간과해서는 안 됩니다.

한편, 일본 체류 시기에 최남선은 일본의 문명개화가 미국에 의한 개항과 그 영향에 따른 것이었음을 깨닫습니다. 태평양에서 불어오는 문명의 바람에 일본이 기민하게 대응하면서 열강의 반열에 오르게 되었다고 보는 것이지요. 그의 말을 직접 들어볼까요. "일본은 원래 동양의 한편에서 가장 미개한 자이러니 지금 황제인 메이지 시대에 이르러 닫혔던 문을 열고 막혔던 길을 뚫어 지난 사오십 년을 상하 일심으로 죽기를 무릅쓰고 새 사업을 경영하여 오늘의 지위를 얻게 되었다."

최남선은 또 미국에 대하여 말하기를, 콜럼버스와 같은 '용감한 소년'들의 모험 탐색한 결과 세상에 알려진 미국은 방대한 국토와 풍부한 자원에 바탕을 두고 근대적인 산업 발달과 무역 확장을 꾀하고 있다면서 장차 파나마운하가 개통되면 대서양과 태평양을 연결시켜 세계 최강국으로 부상할 것이라고 합니다. 따라서 "우리나라도 이 나라[미국]로부터 얻을 것이 많은즉 더욱더욱 우리와의 관계가 친밀하여 갈 것이 분명하다." 최남선이 대한의 소년들에게 태평양을 그들의 '운동터'로 만들라고 외쳤던 것도 이 때문입니다.

요컨대 최남선에게 바다란 '구대륙'인 아시아와 '신대륙'인 아메리카를 연결하는 태평양이었습니다. 이 바다를 가슴 속에 품을 때에만 신대한의 미래가 열린다는 것이 최남선이 『소년』지를 앞세워 대한인 모두에게 전하고자 한 메시지였습니다.

[그림 7] 태평양의 발견과 세계교역망의 형성

▶ 스페인의 마닐라 갤리온 루트(1565~1815)

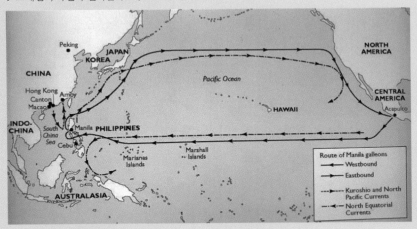

▶ 포르투갈과 스페인의 세계교역로(16세기)

마젤란 일행이 지구를 한 바퀴 돈 후 태평양은 '스페인의 호수'가 된다. 그것을 잘 보여주는 것이 16세기 중반부터 250년간 이루어진 갤리온무역Galleon trade이다. 멕시코의 아카풀코와 필리핀의 마닐라를 갤리온 무역선이 일 년에 한두 차례 오가면서 구대륙과 신대륙 사이에 교역망이 형성된다. 중남미에서 채굴한 은이 화폐의 기능을 한다. 포르투갈이 아프리카 남단을 돌아 인도양으로 진입하자 스페인은 대서양을 가로질러 카리브해의 파나마지협에 도달한 후 여기에서 다시 태평양을 건넌 것이다. 이리하여 지구는 한 덩어리가 된다. 지구화globalization의 첫 단계이다. 각 그림은 다음 사이트 참조.

그림 출처 : https://defense.info/global-dynamics/2020/12/the-beginnings-of-globalization-the-spanish-silver-trade-routes/

[그림 8] "우리의 대양고속도로(Our Ocean Highways), 1871~2"

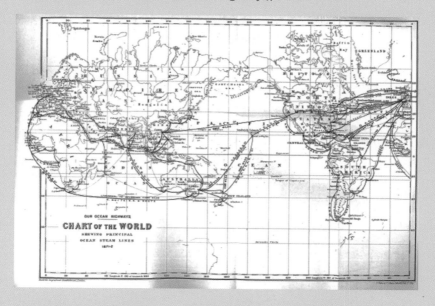

1867년 1월 1일에 샌프란시스코와 홍콩을 오가는 정기항로가 개설된 후 세계는 크게 좁혀진다. 위의 지도에서 볼 수 있는 것처럼 동쪽에서는 미주대륙을 횡단하는 철도가 대서양과 태평양을 연결하고, 서쪽에서는 지중해와 홍해를 연결하는 수에즈운하가 개통된다. 빠르고 안전한 증기선은 거친 대양을 대륙과 대륙을 연결하는 '고속도로'로 만들었다. 이 도로를 통하여 사람과 물자가 오가면서 이질적인 문명 간 교류가 이루어진다. 그것은 서양의 동양에 대한 침투와 정복 과정이기도 했다.

그림 출처 : J. Maurice Dempsey and William Hughes, eds., *Our Ocean Highways: a Condensed Universal Hand Gazetteer and International Route Book, by Ocean, Road, Or Rail* (London: E. Stanford, 1871), lxxii~lxxiii.

[그림 9] 「지구전도」(『한성순보』 창간호, 1883년 10월 31일)

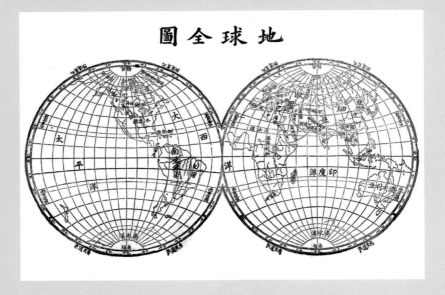

조선의 정부 기관인 박문국에서 발행한 『한성순보』는 변화하는 세계의 실상을 알리는 데 주력했다. 그 출발은 '지구'와 세계지리에 대한 지식을 보급하는 일이었다. 전통적인 천원지방설과 천하관에 사로잡힌 조선의 식자층을 계몽시킬 필요성 때문이었다. 위의 「지구전도」는 오늘날 우리가 알고 있는 오대양 육대주를 한눈에 보여준다. 대륙을 압도하는 태평양의 광활함이 인상적이다.

[그림 10] 양인촌(洋人村)인 정동(Cheng Dong) 일대 모습(1900년경)

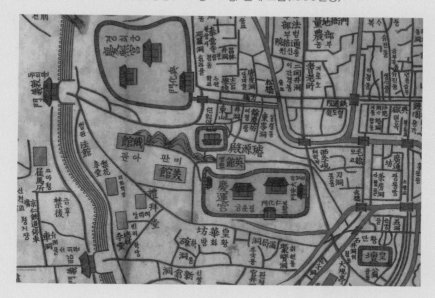

캐나다 출신의 선교사 게일James Scarth Gale, 奇一이 1902년에 그린 것으로 알려진 지도이다. 원래는 흑백인데 여기에 색을 입혔다. 가운데 경운궁 뒤편으로 영국, 미국, 러시아 공관이 각각 영관, 미관, 아관한글/한문으로 표기되어 있다. 건너편에는 예배당정동제일교회과 이화학당, 배재학당이 나온다. 그 뒤편은 한양을 감싸는 성곽과 성문이다. 지도의 오른쪽 밑에는 고종이 대한제국을 선포한 황단皇壇이 나온다. 이 시기 정동은 정치와 외교의 중심이며 서양 문물의 수용 창구이자 요람이었다. 한국의 '근대화'가 이곳을 통하여 전국으로 퍼져나갔다고 볼 수 있다. 정동의 과거와 현재 모습은 다음 사이트 참조.

그림 출처 : https://zznz.co.kr/archives/11544

[그림 11] 조선/대한제국 사절단의 구성 및 서양 방문

▶미국행 사절단(1883)
 앞줄 왼쪽부터 홍영식,
 민영익, 서광범, 로웰.
 뒷줄은 수행원(가운데
 유길준).

◀러시아행 사절단(1896)
 앞줄 왼쪽부터 김득련,
 윤치호, 민영환, 러시아
 동행 무관(파스코프),
 외부관(블란손).
 뒷줄은 통역과 수행원.

▶영국행 사절단(1902)
 앞줄 왼쪽부터 김조현,
 이재각, 이종응.
 뒷줄 고희경, 영국인
 수행원(H. Goffe)

개항 후 조선이 서양 문물의 수용 여부를 놓고 고심하던 문제 중 하나가 의관정삭衣冠正朔이었다. 20세기 초가 되면 이 문제는 서양식을 따르는 것으로 결론이 난다. 그 징표가 단발, 서양식 복장, 태양력 채택이었다. '문명'의 기준이 달라지는 것이다.

[그림 12] 조선/대한제국 사절단의 세계일주 경로

미국행 사절단 (1883)
러시아행 사절단 (1896)
영국행 사절단 (1902)

조선/대한제국의 각 사절단이 지구를 한 바퀴 돌기는 했지만, 그것은 접항구 도시과 점내륙 대도시의 연결에 지나지 않았다. 그 수단은 "주야불식 긔계운동—살갓튼 화륜선"과 "풍우 갓치 가는 기계—기차"였다. 사절단원들은 차창으로 스쳐 지나가는 풍경을 보며 이동하고, 도시에서 머물 때는 잠깐씩 명소 유람을 한다. 러시아로 가는 길에 런던에 들렀던 윤치호는 이렇게 탄식한다. "내가 이 고전적인 대도시classical metropolis에서 두 달이나 두 해가 아니라 단지 두 시간만을 보내야 한다는 것이 얼마나 애석한가!"

[그림 13] 『해상일기초』(1887, 필사본, 규장각한국학연구원 소장)

부미赴美 전권대신 박정양1841-1904이 요코하마에서부터 샌프란시스코에 이르기까지의 일정을 기록한 일기1책, 7장. 보빙사절단1883의 항해 기록이 남아 있지 않기에 이것이 조선인 최초의 태평양 횡단 기록이 된다. 여기서는 태평양 항로를 세 가지로 정리한다. 제1로는 북위 50도를 따라가는데 4,600마일이다. 제2로는 북위 35도를 따라가는데 4,700마일이다. 제3로는 북위 20도를 따라가는데 하와이에 들렀다가 샌프란시스코로 가기에 5,595마일이 된다. 가장 먼 코스이다. 박정양 일행은 이 경로로 미국에 가는데 태평양을 건너는 데에만 19일이 걸렸다.

제 **3** 강

한반도의 지정학

— 대륙과 해양 세력이 충돌하다

통훈호도다
우리 한국 반도가
강포훈 범의 입에 드럿고
오오훈 동포의 경경은
가마 안에 고기와 흡수호고
신셩훈 뎨국은
리웃나라의 굴네 속에 잇도다

- 『대한매일신보』 1908년 1월 9일자 「경고 동포」

1. 반도와 섬나라의 '천직' : 그들의 엇갈린 운명

최근에 영국의 한 저널리스트Tim Marshall는 『지리의 포로들Prisoners of Geography』이라는 흥미로운 제목을 단 책을 출간합니다. 그는 「서문」에서 이렇게 말합니다.

우리가 딛고 사는 땅land은 언제나 우리를 만들어 왔다. 그것은 오늘날 지구 곳곳에 살고 있는 인간군peoples의 전쟁, 권력, 정치, 그리고 사회적 발전을 형성해 왔다.

이 문단에는 '땅'이 사람을 길러내지만, 동시에 그들을 가두어 놓을 수도 있다는 의미가 담겨 있습니다. 따지고 보면, 인간의 역사는 땅을 차지하기 위한 역사이기도 합니다. 조그마한 도시가 국가가 되고, 국가가 제국이 되는 것이 그런 과정이었지요. 이런 가운데 전쟁과 권력 투쟁, 정치와 사회적 발전이 이루어집니다.

여기에서 한 개인이나 민족의 운명은 그가 딛고 있는 '땅'의 특성, 즉 지리적 요소와 환경의 지배에서 벗어날 수 없는 것인가 하는 문제가 제기될 수 있습니다. 이른바 지리결정론 내지는 환경결정론의 문제입니다. 우리의 역사와 관련해서는 반도결정론이라는 시각이 제기된 바 있습니다. 한반도는 대륙에서 해양으로 진출하려는 세력과 해양에서 대륙으로 진출하려는 세력의 각축장이 되어 왔다는 설명이지요. 이런 설명은 "고래 싸움에 새우등 터진다"라는 속담과도 잘 어울린다고 보는 사람들이 있습니다. 오늘날에도 통용되는 이야기입니다.

과연 그런가요? 먼저 반도半島, peninsular에 대한 사전적인 정의를 보면 삼면이 바다로 둘러싸이고 한 면은 육지에 이어진 땅이라고 되어 있습니다. 그러니까 대륙에서 바다 쪽으로 좁다랗게 돌출한 육지를 가리킵니다. 이러한 반도에 대한 인식은 대륙과 해양을 동시에 바라볼 수 있어야만 생겨납니다.

그렇다면 한국인들은 언제 '반도'라는 인식을 갖게 되었을까요? 바다에서의 활동이 비교적 활발했던 삼국시대나 고려시대에는 비록 반도라는 말을 쓰지는 않았지만 지리적으로 그러한 인식을 갖고 있었을 것으로 추측됩니다. 그런데 조선시대에 들어와서는 해금 정책과 더불어 스스로를 대륙국가로 생각합니다. 건국 초기에 만들어진「혼일강리역대국도지도」나 후기의「천하도」를 보면 알 수 있듯이 중국이나 조선이나 서역은 하나로 연결된 거대한 땅덩어리이며, 이 땅은 '사해' 즉 사방이 바다로 둘러싸여 있는 것으로 인식됩니다. 이러한 지리 인식과 세계관에서는 반도라는 말이 생겨날 수 없습니다.

'반도'는 땅이 아니라 바다에서 바라볼 때 비로소 그 형상이 드러납니다. 따라서 메이지 시대 일본인이 먼저 '조선반도'라는 말을 쓰고, 그것이 대한제국기의 지식인들에게 수용되면서 '한반도'가 된 것이 아닌가 하는 추측을 해 봅니다. 한반도에서 '한韓'은 대한제국 또는 대한인을 가리킵니다. 20세기에 들어서면 우리나라에서 발행되는 신문과 잡지 기사들에서 한반도라는 단어가 등장하기 시작합니다.

1906년 11월에는 『소년한반도』라는 월간 잡지가 출현합니다. 흥미로운 것은 이 잡지의 첫 호에 실린 창간 「취지」입니다. 그중 한 대목을 소개합니다.

꿈에서라도 탄식하는 것은 구사회의 혁명이 아니겠는가? 꿈에서라도 그것을 말하는 자는 바로 소년한반도이다. 소년한반도는 단지 지리상의 명사인가? 아니면 정치상의 형상인가? 바로 지구의 동쪽 반구 중 아시아의 중심이 소년한반도이며, 태평양 문호가 소년한반도이거늘, 하물며 이 구사회를 혁명함이여.

이 글에서 한반도는 지리상의 명사이자 정치상의 형상임을 내세우고 있습니다. 지리적으로 한반도는 아시아의 중심이자 태평양의 문호로 묘사됩니다. 이러한 설명은 아시아와 태평양을 한데 붙여놓고 볼 때에만 성립합니다. 한반도를 대륙과 해양이 만나는 지점으로 보는 것이지요. 다음으로 정치상의 형상이란 구사회의 혁명을 꿈꾸는 소년들의 한반도입니다. 러일전쟁 후 대한제국이 일본의 '보호국'으로 전락한 절망적인 현실 속에서 무언가 획기적인 변화가 생기기를 바랐던 것이지요. 그 본보기는 국운이 나날이 상승하던 메이지 일본이었습니다. 당시 조선의 '개명' 지식인들은 일본을 배척하면서도 닮고 싶은 욕망을 지녔습니다.

그러한 욕망에 몸살을 앓았던 소년이 앞서본 최남선입니다. 그는 자신이 창간한 『소년』지에 「해상대한사」를 연재하면서 '반도의 천직天職' 에 대하여 이렇게 묘사합니다. 해륙문화의 전파자이자 해륙문화의 장성 처이며 해륙문화의 융화 및 집대성처라고 말입니다. 여기서 해륙이란 해 양태평양과 대륙아시아을 가리킵니다. 이러한 이야기들을 간추린 것이 아 래의 글입니다.

이를 개관하건대 문화의 대부분은 반도에서 일어났고 또 문화의 전도와 조 화와 집대성과 개척은 모두 반도의 천직이어서 오랜 옛날부터 인류사회의 등대임을 알지니 이는 엄정한 역사적 사실이 가장 엄숙하게 우리에게 고하 는 바이라. 여러 번 말하난 바어니와 하늘이 온갖 무거운, 또 영화스러운 책임 은 어찌하여 반도를 시키심을 생각하건댄 그 은총의 융숭 하심을 감격하지 아니할 수 없소.

한마디로 반도예찬론입니다. 그런데 그 구도와 표현에서 일본의 '그 리스도 사상가'라는 우치무라 간조内村鑑三, 1861-1930가 청일전쟁기에 발 표한 『지리학고地理學考』를 연상시킵니다. 이 책은 1896년에 『지인론地人 論』으로 제목을 바꾸어 출간됩니다. 당시 일본에서 큰 반향을 일으킨 이 책의 제9장 「일본의 지리와 그 천직」에는 이런 문장들이 나옵니다.

"일본의 천직은 무엇인가? 지리학은 대답하기를 그녀는 동서양의 매개자라 고 한다."
"일본의 위치는 아메리카와 아시아 사이에 있다. 그 천직은 이 양 대륙을 태평양상에서 이어주는 일이 아니고 무엇이랴."

우치무라는 아시아와 아메리카, 태평양을 사이에 둔 두 대륙 사이에 위치한 '섬나라島國' 일본이 동양문명과 서양문명을 하나로 합쳐 새로운 문명을 잉태하고 이 문명이 다시 동양과 서양으로 퍼져나갈 것이라고 예고합니다. 이것이 하느님이 일본과 일본인에게 부여한 사명 즉 천직이라고 말하지요.

최남선은 우치무라가 말한 일본의 천직을 '반도' 신대한의 천직으로 바꾸고, 우치무라가 말한 동양/서양을 대륙/해양으로 재배치했다고 볼 수 있습니다. 실제로 최남선은 우치무라의 『지인론』의 첫 장인 「지리학 연구의 목적」을 발췌, 번역하여 『소년』지에 소개한 바 있습니다. 최남선은 와세다대학에서 역사지리학을 공부하던 시기에 우치무라의 존재와 그의 저술에 대하여 알고 있었지요. 이리하여 오늘날 우리에게 익숙해진 '반도의 지리학'이 탄생합니다.

그 지리학이 어떻게 형상화하고 있었는지를 살펴볼까요. 최남선은 『소년』 창간호에 「봉길이 지리공부」라는 연재물을 싣습니다. 여기에 나오는 봉길이는 지리학이 어떻게 요긴 것이지, 어떻게 중대한 것이지, 어떻게 재미있는 것인지를 독자들에게 알려주는 친절한 사람, 즉 최남선 자신을 가리킵니다. 그는 먼저 한반도의 외형을 '토끼'에 빗댄 일본인 지리학자고토 분지로의 이야기부터 꺼낸 다음, 이어서 자신이 생각해 낸 것이라면서 '용맹한 호랑이猛虎' 형상을 제시합니다. 그 둘을 비교하는 삽화가 아래의 그림입니다. 이 그림은 『소년』 창간호1908.11에 실립니다.

▶한반도의 외형 : 토끼와 호랑이 형상

여러분의 생각은 어떤가요? 토끼의 형상을 제시한 고토 분지로小藤文 次郎는 일본에 근대 지질학을 도입한 첫 세대로서 도쿄제국대학의 교수를 지낸 인물입니다. 그는 1903년에 발표한 한 논문"An Orographic Sketch of Korea"에서 그 이야기를 처음 꺼냈지요. 이후 일본에서 그런 말들이 나오자 한국의 지식인들은 반발합니다. 주변 열강에 끼인 대한제국의 유약한 모습을 보여주는 것으로 받아들였던 것이지요.

최남선은 그런 모습을 용맹한 호랑이로 바꾸어 반전을 꾀합니다. "우리 대한 반도로써 맹호가 발을 들고 허위적 거리면서 동아東亞 대륙을 향하여 나르는 듯 뛰는 듯 생기 있게 할퀴며 달려드는 모양을 보였으니 … [이는] 우리 진취적 팽창적 소년 한반도의 무한한 발전과 아울러 생왕生旺한 원기의 무량한 것을 남김없이 넣어 그렸으니 … 가히 쓸만하다 하겠소."

최남선의 이런 제안은 즉각적인 호응을 받습니다. 『황성신문』은 「지도의 관념」이라는 논설에서 이렇게 말합니다1908년 12월 11일자. "20세기 신천지에 대한지도의 전체가 돌연히 신광채를 발현하니 굳세고 씩씩하도다. 동양반도에 대한지도여! 천지간 동물 중에 가장 사납고 날쌔며 용맹한 호랑이의 형체로다." 그러면서 신대한의 소년들에게 이렇게 당부합니다. "이 지도를 관념하여 국성國性을 배양하며 국수國粹를 부식하고 인의문무仁義文武의 덕으로 웅용강맹雄勇剛猛의 자질을 이루어 천하를 호령하는 위풍을 진동케 할지어다."

최남선은 신대한의 소년이 나아갈 길로 두 가지를 가리킵니다. 우리 역사에서 가장 광채를 발했던 대발해국과 그를 계승한 고구려와 같이 만주벌로 뻗어 나가는 것입니다. 다른 하나는 태평양을 건너 하와이와 아메리카대륙으로 진출하는 것입니다. 이처럼 대륙과 해양으로 한국민의 삶의 터전을 넓혀나가는 '팽창적' 신대한이야말로 대한의 소년들이 품어야 할 담대한 목표이자 이상이며 그들에게 부여된 소명이라고 힘주어 말합니다. 그는 미래의 한국이 나아가야 할 방향은 결국 바다에 있다고 봅니다. 그곳에서 새로운 문명이 탄생했기 때문입니다.

그런데 한국이 대륙과 해양으로 동시에 뻗어 나간다는 것은 무엇보다도 힘國力이 뒷받침될 때에만 가능한 일이었습니다. 웅장한 뜻과 원대한 비전만 갖고 있다고 해서 될 일이 아니었지요. 불행하게도 한반도는 개항 후 태평양 방면에서 아시아대륙으로 진출하려는 해양세력과 유라시아대륙에서 태평양 방면으로 나아가려는 대륙세력이 맞부딪치는 패권투쟁의 장이 되고 맙니다. 여기에서 이른바 반도의 숙명론이 나옵니다. 대륙세력이든 해양세력이든 강한 쪽에 붙어야만 살아남을 수 있다는 그런 운명론 말입니다. 이러한 사고는 오늘날 우리의 의식 속에도 깊숙이 잠재되어 있습니다. 그 발단이 바로 청일전쟁과 러일전쟁입니다. 두 전쟁으로 오백 년 조선왕조는 역사 속으로 사라집니다.

최남선이 꿈꾸던 '팽창적' 신대한은 일본의 한국 병합으로 물거품이 됩니다. 공교롭게도 그의 꿈을 현실화시킨 것은 신대한이 아니라 제국 일본입니다. 러일전쟁 후 일본에서는 아시아대륙으로 나아갈 것인가^{북진}론, 남태평양 방면으로 나아갈 것인가^{남진론} 하는 문제를 놓고 논쟁이 벌어집니다. 일본의 한국 병합은 곧 대륙으로의 팽창을 의미합니다. 태평양으로의 진출은 이 바다에 먼저 발을 담근 서양 열강^{영국과 미국}과 충돌을 빚을 우려가 있기에 먼저 대륙에서 힘을 비축할 필요가 있다고 본 것이지요.

'제국' 일본을 닮고 싶었던 최남선은 그의 꿈이 좌절된 후 '조선학'의 정립을 위하여 노력하지만 결국에는 대동아공영권을 외치면서 아시아·태평양전쟁을 일으킨 일본에 협력합니다. 이는 서양의 근대문명에서 오로지 세계 제패의 힘만을 숭배한 결과였다고 볼 수 있습니다.

2. 청일전쟁 :
대륙('야만') 대 해양('문명') 세력의 충돌

땅대륙에 바탕을 둔 중국 중심의 천하관과 천하질서 속에서 일본은 변방에 머물러 있었습니다. 대륙과는 분리된 조그마한 섬나라로 문명의 중심과는 동떨어져 있었지요. 조선 건국기에 제작된 「혼일강리역대국도지도」를 다시 보면, 일본 열도는 한반도의 남쪽에 뚝 떨어져 있고 그 크기 또한 한반도의 3분 1 정도로 그려집니다. 이런 묘사에는 섬나라를 바라보는 조선 사대부의 인식이 투영됩니다.

중국과 한반도에서 왕조가 교체되던 시기, 그러니까 14세기 후반부터 동아시아 해역에서는 일본 해적倭寇 의 활동이 대단히 활발해집니다. 고려는 이 때문에 천도까지 생각합니다. 중국 연해 지역도 왜구의 활동으로 소란스럽기는 마찬가지였습니다. 명나라와 조선이 건국 초기부터 해금 정책을 폈던 데에는 왜구에 대한 걱정이 크게 작용합니다. 태조 이성계가 "나라의 근심 중 왜구보다 심한 것이 없다國家所患莫甚於倭"라고 말할 정도였지요『태조실록』, 1393년 5월 7일자 기사. 이 시기의 왕조실록을 보면 왜구 외에도 왜적倭賊 또는 왜노倭奴에 대하여 언급하는 기사가 자주 나옵니다. 조선은 이들을 달래기 위하여 삼포三浦를 열고 여기에 왜관을 설치하여 왜인과의 교통과 교역의 처소로 활용합니다. 일종의 유화 정책을 편 것입니다.

동아시아의 국제 질서는 16세기 말에 다시 요동을 칩니다. 임진왜란이 그 발단이었지요. 7년 동안의 전란으로 말미암아 중국에서는 명나라가 망하고 청나라가 들어섭니다. 일본에서는 도요토미 히데요시가 죽고 도쿠가와 막부가 들어섭니다. 그런데 조선의 경우 '왜란'에 뒤이어서 '호란'까지 겪지만 왕조 교체는 이루어지지 않습니다. 왜 그랬는지, 그것이 이후 한국 역사 전개에 어떤 영향을 미쳤는지에 대하여는 앞으로 깊이 있는 검토가 필요합니다. 한 가지 분명한 것은 두 전란을 겪은 후 양반 관료체제와 성리학적인 지배이념이 한층 강화되면서 조선중화주의라는 자족적인 세계관에 빠져든다는 점입니다. 이것은 곧 외부 세계와의 단절을 의미합니다.

동아시아에서 왕조 교체가 이루어지던 시점에 유럽 각국은 바다를 통하여 세계로 나아갑니다. 포르투갈과 스페인이 앞장서고, 네덜란드와 영국이 그 뒤를 따릅니다. 러시아는 시베리아를 통하여 태평양 쪽으로 빠져나오려고 하지요. 이러한 상황에 가장 민감하게 반응하고 대처한 나라는 일본입니다. 이 시기를 다룬 박훈 교수서울대의 『메이지 유신은 어떻게 가능했는가』라는 강의록에서는 이렇게 말합니다.

도쿠가와 막부 초기인 17세기 초엽에 일본은 쇄국정책을 취하여 외국과의 접촉을 극도로 제한했다. 이 상태가 약 150년 정도 계속되다가 1780년대에 들어서서 북쪽에 있는 에조치蝦夷地, 즉 지금의 사할린과 홋카이도 일대에 러시아인들이 출몰하는 상황을 목도하게 된다. 당시 러시아는 시베리아를 가로질러 캄차카반도를 근거지로 삼아 오호츠크해로 나가려 하고 있었다. 이것이 서양에 대한 위기감을 증폭시키는 계기가 되어 러시아 경계론과 일본의 국방 강화와 내정개혁을 촉구하는 지식인들의 주장이 봇물처럼 쏟아져 나오게 되었다.

그들이 쏟아낸 주장에서 공통적으로 드러나는 것은 '바다의 나라海國'라는 일본의 정체성과 서양에 대한 '과장된 위기의식'입니다. 특히 시베리아 동쪽 끝에서 일본 열도 쪽으로 남하하려는 러시아에 대한 경계감은 대단했습니다. 러시아 공포증이라는 말이 나올 정도였지요. 이때 일본의 지식인들은 서양의 외압에 대한 대응으로서 그들 나름의 해외웅비론을 펼칩니다. "우리도 해외로 나아가자!" 그 방법으로는 항해와 무역을 통한 것에서부터 정치적, 군사적인 것에 이르기까지 강도를 높여 갑니다. 그들은 러시아의 위협으로부터 일본 열도를 방위하기 위해서는 한반도와 만주를 일본이 먼저 확보할 필요가 있다고 주장합니다.

이러한 논리가 메이지유신 후 소위 정한론으로 연결됩니다. 도쿠가와 막부 시대의 해외웅비론이 일종의 표어와 같은 것이었다면, 중앙집권화를 이룬 메이지 시대에는 그것을 강력하게 추진해 나갑니다. 이 과정은 세 단계로 나뉩니다. 제1단계가 무력시위에 의한 강화도조약 체결입니다. 그 제1조를 보면 "조선은 자주의 나라로서 일본과 평등한 권리를 가진다"고 되어 있는데, 이는 중국의 조선에 대한 속방屬邦 주장을 차단하기 위한 것입니다. 그래야만 일본의 조선 '진출'이 순조로울 수 있었지요.

제2단계는 청일전쟁이고, 제3단계는 러일전쟁입니다. 강화도조약이 체결된 후 20년이 채 안 된 시점에 청일전쟁이 일어나고, 그리고 다시 10

년 만에 러일전쟁이 일어납니다. 두 전쟁은 모두 일본의 선제공격으로 시작됩니다. 이는 사전에 치밀한 준비가 있었음을 말해줍니다. 최종 목표는 조선병합이었지요.

일본의 학자 하라 아키라原朗, 도쿄대 명예교수는 그의 저서 『일청·일러 전쟁을 어떻게 볼 것인가』2014의 「서장」에서 이렇게 말합니다.

120년 전에 일어난 일청전쟁은 그 이름에서 알 수 있듯이 일본과 청국과의 전쟁이었지만, 그 전쟁의 목적이 조선반도의 지배권 쟁취였던 만큼, 오히려 '제1차 조선전쟁'이라고 부르는 편이 더 적절할 것 같습니다.

마찬가지로 110년 전 일러전쟁도 그 명칭에서 드러나듯이 일본과 러시아 간의 전쟁이었습니다만, 이 전쟁 역시 목적은 조선반도를 차지하는 것이었으므로 '제2차 조선전쟁'이라고 이름 붙여도 좋을 것입니다. 이것이 제가 이 책에서 첫 번째로 강조하고자 하는 주장입니다.

요컨대 청일전쟁과 러일전쟁의 목적이 처음부터 끝까지 한반도의 지배권을 노린 것이며, 두 전쟁이 처음 벌어진 곳도 한반도라는 점을 상기시키고자 합니다. 그런데 교전 당사국인 일본과 청국, 일본과 러시아만을 중시하다 보니 정작 그 전쟁의 목표였던 '조선'이 사라졌다고 봅니다.

이러한 지적에는 분명 타당한 측면이 있습니다. 메이지시대 일본의 대외팽창은 정한론에서 시작된 후 청국 및 러시아와의 전쟁을 통하여 한반도를 그들의 영토로 편입하는 데 성공합니다. 그 후 일본은 한반도를 발판삼아 만주로, 중국 본토로, 동남아시아로, 태평양으로의 팽창을 도모하다가 주저앉습니다. 하라는 이 시기에 일본이 거의 '5년 주기'로 전쟁을 일으켰다고 말합니다. 요컨대 천황제 이데올로기에 기초한 일본의 군국주의, 제국주의는 한반도를 점령하는 데에서부터 가동되었다고 보는 것입니다.

태평양전쟁 시기에 일본 육군사관학교를 졸업하고 중국에 파견되었다가 전역한 후 일본 근대사를 공부하여 대학의 교수가 된, 특이한 이력을 지닌 후지와라 아키라藤原彰는 『일본군사사日本軍事史』라는 책을 펴낸 바 있습니다. 이에 따르면, 메이지 일본은 조선에서 임오군란과 갑신정변이 끝난 후 본격적으로 청국과의 전쟁 준비에 들어갑니다. 그 후 10년 동안의 군비 증강은 대외전쟁뿐만 아니라 대내적으로 천황제 권력을 유지하는 지주로서도 필요했다고 봅니다. 이 시기에 국민개병제의 내실이 다져지고 병제개혁이 이루어지는바 그 모델은 절대주의 왕정에 의하여 독일제국을 성립시킨 프로이센이었다는 점을 강조합니다. 일본 자본주의의 발전이 군수공업과 밀접한 관련이 있었다는 점 또한 지적하지요. 이 시기 일본이 내건 국가 슬로건은 '부국강병'입니다. 후지와라의 이러한 시각과 논점들은 근대 일본의 형성기인 메이지 시대를 이해하는데 매우 중요합니다.

청일전쟁에서 청국은 군대의 숫자와 장비 면에서 일본보다 우세했지만 군대 조직과 훈련, 사기 면에서 일본의 상대가 되지 못합니다. 아편전쟁에서 참패한 후에도 청국은 전근대적인 방식의 군대 편제와 운용에서 크게 벗어나지 못했던 것이지요. 반면에 일본은 국민적인 토대 위에서 군대를 새롭게 재편하고 그들이 나아가야 할 방향과 목표를 명확하게 제시합니다. 일본 국민은 그런 '천황의 군대'에 대한 확고한 지지와 응원을 보냅니다. 그들은 각종 미디어를 통하여 간접적으로나마 전쟁을 '체험'하면서 '황국의 국민' 됨을 자랑스럽게 생각합니다. 이처럼 전쟁을 통한 내셔널리즘의 고양은 일본이 군국주의로 나아가는 바탕을 이룹니다.

한편, 일본 정부와 지식인들은 청일전쟁을 대륙 대 해양, 야만 대 문명의 전쟁이라고 대내외에 선전하면서 스스로를 서양과 같은 문명국의 반열에 올려놓으려고 합니다. 이를테면 메이지 일본을 대표하는 사상가 후쿠자와 유키치는 자신이 경영하는 『시사신보』라는 신문에 게재한 한 사설에서 이렇게 말합니다.

> [이번] 전쟁은 실로 일·청 양국 사이에 일어났지만 그 근원을 살피면 문명개화의 진보를 도모하는 자와 그 진보를 방해하는 자와의 싸움으로써 결코 양국 간의 전쟁은 아니다. … 즉 일본인의 안중에는 지나인支那人 없고 지나국支那國도 없다. 단지 세계 문명의 진보를 목적으로 하여 그것을 반대, 방해하는 자를 타도하는 일에 불과한 것으로써 사람과 사람, 나라와 나라와의 일이 아니고 일종의 종교전쟁이라고 해야 할 것이다.

요컨대 청일전쟁은 국가 간의 전쟁이 아니라 세계 문명의 진보를 목적으로 한 일종의 종교전쟁이라는 것입니다. 한편에서는 일본이 정의로운 전쟁의전론을 벌이고 있다는 말까지 나오지요. 정부와 지식인 그리고 언론이 한데 어우러져 일본이 일으킨 전쟁을 문명이라는 이름으로 정당화하고, 이를 바탕으로 서양 열국과 체결했던 불평등조약을 개정하는 명분으로 삼고자 합니다.

1894년 8월 1일, 일본은 이날 청국에 정식으로 선전포고를 합니다. 그러나 전쟁은 이미 그전에 시작됩니다. 일본은 7월 23일 새벽에 군대를 동원하여 경복궁을 점령합니다. 이는 사실상 조선에 대한 선전포고였지만 고종은 속수무책으로 당합니다. 동학농민 봉기가 일어났을 때 이를 자체적으로 수습하지 못하고 청국에 원병을 요청한 것이 오히려 일본에게 전쟁의 빌미를 주었지요. 청국군은 이때 아산만에 상륙하는데, 일본은 그 앞바다 풍도豊島에 정박해 있던 청국 군함을 기습적으로 공격하여 격침시킵니다. 이때가 7월 25일입니다. 그러니까 선전포고도 없이 일본은 조선 왕궁과 청국군을 공격했던 것입니다. 청국 측 전쟁 기록화에는 이때의 일본을 가리켜 '왜노倭奴'라고 표현합니다. 야만적인 족속이라는 것이지요【그림 14】.

청일전쟁은 서로를 야만으로 규정하는 가운데 한반도와 그 주변 해역에서부터 시작됩니다. 9월 중순에 벌어진 평양전투와 황해해전에서 청국군은 참패를 당합니다. 그 후 전선은 만주로 이동합니다. 요동반도를 점령한 일본군은 여순을 점령한 후 군인, 민간인을 가리지 않고 무참히 살해합니다. 영국이나 미국 신문에서는 이를 '일본군의 대학살'이라고 보도합니다. 서방세계로부터 문명국으로 인정받고자 했던 일본 정부는 크게 당황합니다. 무쓰 무네미츠외상은 이렇게 변명하지요. "피살자의 다수는 무고한 평민이 아니라 청국 병사의 군복을 벗긴 것이라고 한다." 대외전쟁을 애국으로 치장하면서 오직 승리만을 목표로 할 때 학살극은 언제 어디서든 일어날 수 있었습니다【그림 15】.

1895년 2월 초, 일본군은 산동반도에 상륙합니다. 이곳 요새지가 점령당하자 청국의 주력인 북양함대가 항복합니다. 청국 정부는 서둘러 일본과의 강화협상에 나섭니다. 4월 17일, 시모노세키에서 강화조약이 체결됩니다. 주요 조항은 이렇습니다. (1) 조선국의 완전무결한 독립자주국임을 승인할 것, (2) 요동반도와 대만 및 팽호열도를 할양할 것, (3) 군비 배상금 2억 냥3억 1,100만 엔을 지불할 것 등입니다. 이외에도 일본 정부와 국민에 대한 최혜국 대우 부여, 양자강 유역의 항구와 도시의 개항 및 개시, 개항장에서의 각종 제조업 승인과 면세 조치 등이 포함됩니다.

이제 청국은 아시아대륙의 '잠자는 사자'가 아니라 '병든 사자'의 대우를 받게 됩니다. 서구 열강은 섬나라 일본에게 일방적으로 패배한 청국을 마음 놓고 공략합니다. 그들은 이런저런 명목으로 청국으로부터 얻어낸 조차지와 철도부설권을 활용하여 주변 지역을 자신들의 배타적인 구역으로 만듭니다. 이리하여 청국의 영토는 '과분瓜分' 즉 오이가 쪼개지듯이 분할되면서 반半 식민지적인 상황으로 내몰립니다.

그렇다면 조선은 어떻게 되었을까요. 먼저 동학농민군은 일본군에 의하여 섬멸당합니다. 일본의 한 학자오타니 다다시는 그것을 제노사이드genocide라고 표현합니다. 집단학살이 일어났다고 보는 것이지요. 전체 희생자는 3만~5만 명에 이를 것으로 추산합니다. 청일전쟁에서 일본군육군 사망자는 총 1만 3,488명으로 통계가 잡히는데, 그 중 88퍼센트가 병사자각기병, 이질, 말라리아, 콜레라 등였다고 합니다. 이로 미루어보면 청일전쟁의 최대 피해자는 다름 아닌 동학농민군이었다는 사실이 드러납니다. 그것은 숨겨진, 그러나 잔혹한 '조일전쟁'이었습니다.

한편, 일본은 조선의 내정개혁이라는 명분을 내세워 청일전쟁을 일으켰던 만큼 경복궁을 불시에 점령한 후 군국기무처라는 친일내각을 만들어 조선이 '개혁'에 나서도록 다그칩니다. 여러분이 배웠던 갑오경장은 이러한 상황에서 진행됩니다. 그 개혁이 과연 얼마만큼 자율적이며 지속성을 지니고 있었느냐 하는 문제는 아직도 학계의 논쟁거리입니다.

청일전쟁이 조선에 미친 가장 큰 영향은 이 전쟁으로 말미암아 조선인의 중화적인 세계관이 한 번에 무너져내렸다는 것입니다. 설마 하던 일이 현실이 되자 조선의 지배층과 지식인은 충격에 빠집니다. 이제 중화주의를 대체할 새로운 세계관과 문명관 정립이 시급해집니다. 문제는 그 대안을 찾아서 밀고 나갈 중심세력의 부재였습니다.

개항 직후 급진개화파들은 서양문명을 앞서 받아들인 일본식 개혁을 조선에 도입하려다가 갑신정변으로 그만 설 자리를 잃었습니다. 청일전쟁 후에는 온건개화파 중심의 갑오경장이 추진되지만, 이 또한 을미사변으로 말미암아 고종이 러시아 공사관으로 피신하면서 중단됩니다. 그 빈자리를 메꾼 것이 독립협회와 만민공동회 운동입니다. 그런데 이마저도 고종과 수구파의 탄압을 받아 해체되고 맙니다.

고종은 그 후 「대한국국제」를 선포하여 전제군주권을 강화합니다. 도성에서 연일 벌어지는 대중 시위와 일본으로 도피했던 망명객들의 귀환, 이를 배경으로 한 황제 양위 또는 폐지 '음모'에 놀란 고종과 그의 측근 세력이 왕권을 강화하여 '혼란스러운 사태'를 강압적으로 수습하려는 것이었지요. 동학농민운동과 같은 밑으로부터의 변혁 요구에 이어서 독립협회-만민공동회와 같은 도시 중간층의 합법적인 개혁 요구마저 탄압한 고종과 집권층은 그들 권력의 정당성을 입증할 만한 어떤 혁신이나 개혁의 성과도 내지 못한 채 러일전쟁을 맞게 됩니다.

3. 러일전쟁 :
'승자의 비애'와 미일충돌설

20세기 초 일본 문단의 총아로 등장한 도쿠토미 로카德富蘆花라는 작가는 러일전쟁 후 「승리의 비애」라는 글을 발표합니다『흑조黑潮』 제1호, 1906년 12월. 이 평론은 함축적인 내용과 표현으로 당대에는 물론 오늘날에도 주목받고 있습니다. 그 첫 문단은 이렇습니다. 참고로, 로카는 러시아의 문호 톨스토이를 숭배한 기독교 신자이자 반침략 평화주의자로 알려집니다.

러일전쟁이 끝난 이 시점에 우리 중 일부는 일종의 비애, 번뇌, 불만, 실망을 느끼고 있다. 우리는 자백해야 할 것이다. 우리는 북방의 거인[러시아]을 무서워하며, 그들을 미워한다. 요동반도 반환 이후 우리는 그들을 불구대천의 원수처럼 여기고 있다. 기회만 있다면 단칼에 베어 버리고자 이를 악문 사람처럼.… 싸움은 시작되고 … 승리, 승리, 대승리, 그리고 이후 강화조약 담판 … 그 강화조약에 대한 소동을 보고 단순히 실업자들의 반란으로 치부하거나 연이은 소란이라고만 여기는 것은 너무나 경박한 판단이다.

그렇습니다. 러일전쟁에서 일본은 승리하지만, 일본인들은 '승자의 비애'에 빠져듭니다. 왜 그랬을까요. 청일전쟁 후 일본은 청국으로부터 막대한 전쟁배상금과 함께 영토를 할양받습니다. 그야말로 수지맞는 전쟁이었습니다. 그런데 '북방의 거인' 러시아가 프랑스와 독일을 끌어들여 일본에 압력을 넣습니다. 요동반도를 다시 중국에 돌려주라는 것이었지요. 이른바 삼국간섭으로 일본은 결국 요동반도를 내놓습니다. 그 대신 청국으로부터 3천만 냥을 더 받아내지만, 일본 정부와 국민의 실망은 대단했습니다. 이때부터 러시아는 '불구대천의 원수'가 됩니다.

그 후 일본은 와신상담이라는 중국의 고사를 되새기며 국력 배양과 군비 확충에 온 힘을 기울입니다. 국가 예산세출비 중 군사비가 차지하는 비율이 1896년도에 43퍼센트, 1897년도에 49퍼센트, 1898년도에는 51퍼센트에 달하지요. 나날이 확장되는 군사비는 청국으로부터 받은 배상금 외에도 공채와 증세로 조달합니다. 정부로서는 국민에게 세금 부담을 가중시키는 만큼 러시아에 대한 복수심을 더욱 넓고 깊게 만들 필요가 있었습니다. 국수주의와 군국주의적인 경향이 한층 강화됩니다.

19세기의 마지막 해에 중국에서 의화단 봉기가 일어납니다. 그들이 북경에까지 진출하여 외국인 공관과 교회를 공격하자 서구열강과 일본은 연합군을 만들어 진압에 나섭니다. 이때 만주에 대규모 군대를 파견한 러시아는 의화단 사태가 진정된 후에도 그대로 군대를 주둔시킵니다. 이러한 러시아를 견제할 목적으로 영국은 일본과 동맹을 맺습니다.

1904년 2월 9일, 일본은 인천항 밖에 정박 중인 러시아 군함 2척을 격침시킵니다. 그리고 다음 날 러시아에 선전 포고를 합니다. 유라시아대륙에 걸친 '세계 제일의 육군국'에 도전장을 내민 것이지요. 그야말로 국운을 건 한판 승부였습니다. 과연 "이길 수 있을까, 이길 수 있는 희망이 있을까"라는 우려가 나올 정도로 힘에 부친 전쟁이었지요. 그러한 우려에 메이지 천황은 "갑자기 눈물이 뚝뚝 떨어진다"는 불안감에 휩싸이기도 합니다.

일본은 시베리아에서 동아시아와 태평양으로 뻗어 나오려는 러시아에 적대적이었던 영국과 미국의 도움을 받습니다. 일본은 이 두 나라의 자본 시장에서 공채 발행을 통하여 상당한 전비를 충당합니다. 영일동맹과 이러한 전비 조달이 없었다면 일본은 러시아와의 전쟁에서 이길 수 없었을 뿐만 아니라 아예 도전장을 내지도 못했을 것입니다.

러일전쟁의 승패는 동해해전에서 결판납니다. 러시아의 니콜라이 2세는 요동반도와 동아시아 해역에서의 전세 부진을 만회하기 위하여 그들이 자랑하는 발틱함대를 제2, 제3의 태평양함대로 편제하여 출격시킵니다. 함선 38척, 승무원 1만 명에 달하는 함대는 1904년 10월 발트해를 출발합니다. 그런데 대서양과 인도양 항로를 장악하고 있던 영국의 견제로 말미암아 중간 기착지를 찾지 못하고 3만km, 150일 동안의 항정을 강행할 수밖에 없었지요. 일본은 여유 있게 이 함대를 기다리고 있다가 한반도의 동쪽 해역에서 결정적인 타격을 입힙니다.

이 승전보에 일본 국민은 다시금 열광합니다. 그들은 청일전쟁 때와 마찬가지로 엄청난 전쟁 배상금과 영토 할양을 기대합니다. 그런데 이런 기대감은 미국의 시어도어 루스벨트 대통령이 주선한 포츠머스 강화회담에서부터 깨지기 시작합니다. 루스벨트는 러시아에 대한 일본의 지나친 요구를 자제하도록 유도합니다. 청일전쟁과 달리 러일전쟁은 처음부터 제한전이었습니다. 이 전쟁은 러시아나 일본 열도가 아닌 한반도 주변 해역과 만주에서 벌어집니다. 어느 쪽도 완승이나 완패가 아닌 상태에서 전쟁은 종결됩니다.

1905년 9월 5일, 러일강화조약이 조인됩니다. 이때 일본이 얻은 것은 세 가지입니다. 첫 번째로 한국에서 정치상, 군사상, 경제상의 탁월한 이익 보유를 인정받습니다. 이로써 한국의 운명은 일본에게 맡겨집니다. 두 번째는 러시아가 갖고 있던 요동반도의 조차권과 남만주 철도권을 넘겨받습니다. 세 번째는 북위 50도 이남의 사할린, 즉 가라후토南華太 섬을 러시아로부터 양도받습니다. 당초 일본 정부가 강화협상에 임할 때 내부적으로 '절대적 필요조건'으로 작정했던 것을 대부분 얻어냈지요.

그런데 "승리, 승리, 대승리!"라는 정부의 선전을 그대로 믿고 강화회담에 크게 기대를 걸었던 일본 국민은 실망하다 못해 분개합니다. 힘에 겨운 군비를 부담하느라 10년 동안 허리띠를 졸라맸던 그들은 배상금은 아예 없고 영토 할양도 보잘것없는 것에 충격을 받았지요. 도쿄 시내에서는 강화조약에 반대하는 국민대회가 열리고 급기야 파출소와 경찰서를 습격하거나 불지르는 사태까지 발생합니다. 이러한 폭동이 고베와 요코하마와 같은 도시로 번질 조짐을 보이자 일본 정부는 계엄령을 선포합니다. 그만큼 상황이 심각했던 것이지요.

일본 정부는 그런 상황을 별것 아닌 것처럼 만들려고 합니다. 민심 이반이 두려웠기 때문입니다. 하여, 도쿠토미 로카가 말한 것처럼 '실업자들의 반란'이나 '소란' 정도로 넘기려고 합니다. 로카는 이런 정부의 태도를 '경박한 판단'이라고 비판합니다. 그리고는 다음과 같은 우려를 표명합니다.

아아, 일본이여! 그대 성인成人이 되었구나. 과연 앞으로도 계속 성장할 수 있겠는가.

여기서 성인이라 함은 일본이 이제 국제사회에서 홀로 설 수 있게 되었다는 뜻입니다. 메이지유신 후 일본은 문명개화와 부국강병이라는 슬로건을 내세워 서양과 같은 문명국 대열에 오르기 위하여 무진 애를 씁니다. 다행스러웠던 것은 서구열강, 특히 미국과 영국이 일본에게 우호적이었다는 점입니다. 일본과 처음으로 국교를 맺은 미국은 그 후 일본의 후견자와 같은 역할을 맡습니다. 영국은 러시아를 견제하기 위하여 일본과 동맹 관계를 맺었지요. 영국이건 미국이건 그들의 제일차적 목표는 방대한 영토와 시장 그리고 자원을 지닌 중국이었습니다. 메이지 초기 일본은 어떤 면에서도 그들의 경쟁 상대가 될 수 없었기에 일본을 '성인'으로 키워줍니다.

그런데 그런 일본이 '아시아의 대국'인 청국을 누르더니 이제는 '유라시아의 대국'인 러시아에게 싸움을 걸어 승리를 거둡니다. 청국과 달리 러시아는 지리적, 인종적, 문명적으로 서방세계의 일원입니다. 따라서 일본은 아시아의 강국에서 세계의 강국으로 가는 대열에 끼게 됩니다. 이렇게 되자 미국과 영국이 일본을 바라보는 눈이 달라집니다. 어느덧 일본이 아시아·태평양지역에서 그들의 경쟁 상대로 훌쩍 커버린 것이지요. 일본도 스스로 놀랍니다.

"아아, 일본이여! 그대 성인이 되었구나"라는 로카의 문장은 바로 그러한 상황을 표현한 것입니다. 이제 일본은 국제사회에서 홀로서기를 해야 합니다. 그런데 사방이 '적'입니다. 청국과 러시아는 말할 것도 없고 이들의 대항마로 일본을 키워주었던 미국과 영국도 일본 견제에 나섭니다. 러일전쟁의 결과 일본의 '보호국'으로 전락한 대한제국도 일본에 등을 돌립니다. 아니, 거세게 저항합니다. 어느 나라도 일본 편을 들지 않습니다.

"과연 앞으로도 계속 성장할 수 있겠는가"라는 로카의 우려가 이런 데서 나옵니다. 그는 말합니다. "그대가 얻은 이른바 전승戰勝 결과란 것은 그대가 어떤 위치에 놓여 있는 가를 각오하지 않으면 안 되는 것이다." 한편에서는 백인의 질투와 시기, 다른 한편에서는 유색인종들의 반발, 이 양자의 틈바구니에 낀 일본의 위태로운 상황을 로카는 이렇게 표현합니다. "한 발 잘못 디디면 그대가 거둔 전승은 망국으로 가는 시작이 되며, 세계 미증유의 인종적 대전란의 원흉이 될 것이다."

로카의 이 마지막 문장은, 그 자신이 과연 그러한 사태를 예견했는지는 알 수 없지만, 결국 현실이 됩니다. 로카는 만 59세가 되는 1927년에 세상을 뜨는데, 그 후 14년 만에 태평양전쟁이 발발합니다. 이것은 로카의 표현대로 '세계 미증유의 인종적 대전란'이었습니다. 러일전쟁과 마찬가지로 태평양전쟁도 황인종 대 백인종의 대결 구도로 치러진 인종전쟁입니다. 이때에는 한 국가가 지닌 인적, 물적 자원을 총동원하는 방식으로 전쟁이 전개됩니다. 마지막에는 핵무기까지 등장합니다. 그런 의미에서 태평양전쟁은 일찍이 볼 수 없었던 대전란이었지요. '조숙한' 일본의 제국주의는 종말을 맞이합니다.

이야기가 너무 앞서간 듯하지만, 어떻든 로카가 인종전쟁을 예견할 수 있는 조짐은 19세기 말부터 벌어집니다. 이른바 황화론Yellow Peril이 그것이지요. 이것은 청일전쟁이 끝날 무렵 독일 황제 빌헬름 2세가 꺼낸 말로써 러시아와 프랑스·독일이 일본에 압력을 가한 삼국간섭을 정당화하는 논리로 활용됩니다. 이렇게 국제 정치무대에 등장한 황화론은 러일전쟁을 전후한 시기에 서방 언론에 다시 등장합니다. 그 표적은 비非유럽, 비非백인, 비非기독교문화권에서 유일한 제국주의 국가로 성장한 일본이었지요. 유럽의 계몽 대상이었던 유색인종이 그들만의 세계로 밀고 들어오는 데 대한 거부반응이 황화론이라는 형태로 표출되었다고 볼 수 있습니다.

이런 가운데 일본 정부와 국민을 당혹케 하는 사태가 미국에서 벌어집니다. 미국 서부 태평양 연안에서 일본인 이민배척운동이 일어난 것이지요. 미국의 하와이 병합1898 후 이곳을 거쳐 캘리포니아로 들어오는 일본인이 급증하자 이 지역의 선동적인 일부 정치인과 노동조합을 중심으로 조직적인 배일운동이 전개됩니다. 그들은 일본인 이주자의 저임금으로 말미암아 미국인 노동자들의 일자리가 줄어들고 노동조건이 악화된다고 주장합니다. 그들은 일본인들이 미국 사회와 문화에 제대로 적응하지 못한다는 이유를 내세우기도 합니다.

이러한 주장의 밑바탕에는 유색인종들이 '백색국가'인 미국의 정체성을 교란하고 타락시킨다는 인종차별주의가 깔려 있었지요. 중국인은 1880년대에 벌써 미국으로의 이주가 법적으로 제한됩니다. 1906년 4월에는 샌프란시스코에서 대지진이 일어납니다. 그 직후에 시내 공립학교에서 일본인 아동들을 분리시키는 조처가 취해집니다. 이것은 재미 일본

인뿐만 아니라 일본 국민에게도 충격적이었지요. 러일전쟁에서의 승리로 일본도 일등 국가, 일등 국민이 되었다는 자긍심이 어느덧 모멸감으로 바뀝니다.

이 무렵 캘리포니아에서 발행되는 신문들은 미일충돌설을 공공연히 들고나옵니다. 아시아·태평양지역에서 예견되는 일본의 팽창이 미국의 이익과 배치될 수밖에 없다는 것이지요. 이러한 주장은 일본인 이민배척운동과 맞물리면서 "미일충돌은 피할 수 없다 inevitable"라는 결론으로 유도됩니다. 아주 단순한 논리였지만, 역설적으로 그렇기에 전쟁 공포 war scare라는 말이 나올 정도로 서방 언론에 널리 퍼집니다. 이리하여 언제든지 미일전쟁이 일어날 수 있다는 분위기가 조성됩니다【그림 16】.

한편, 개항 후 서세동점에 맞서 동문동종同文同種 즉 글자문화와 인종을 같이하는 한·중·일 3국의 연대를 꿈꾸었던 한국의 개화파와 지식인들은 러일전쟁 후 일본에 배신감을 갖게 됩니다. 그렇다고 일본에 정면으로 맞설 수 있는 상황도 아니었지요. 물론 의병항쟁이라든가 의열투쟁이 한편에서 벌어지고 있었지만, 이런 방식으로 상황을 반전시킬 수는 없었습니다. 러일전쟁 후 일본인들이 국제적으로 고립되는 것에 '비애'를 느꼈다면, 한국인들은 국제사회에서 버림받았다는 '고아' 의식에 빠집니다. 아무도 한국의 독립에 관심을 보이지 않았지요.

대한제국의 황제 고종이 마지막 순간까지 기대를 걸었던 것은 미국입니다. 선교사 호머 헐버트Homer B. Hulbert가 밀사로 선정됩니다. 그는 고종의 '밀서'를 가지고 워싱턴에 도착하지만 미 국무부로부터 홀대만 받습니다. 이때 미국은 태프트-가쓰라 밀약에 의하여 한반도를 일본에 넘겨준 상황이었습니다. 헐버트는 미국과 미국인에 대한 고종의 태도에 대하여 이렇게 말합니다. "우리에게는 그보다 더 잘할 수가 없다. 세계 어느 곳을 가도 미국의 자본을 투자할 수 있는 길이 이보다 더 넓게 트인 곳은 없다." 그럼에도 불구하고 미국은 고종 황제의 간절한 호소를 외면하고 "한국을 낭떠러지로 밀어뜨린 제일의 장본인이 되었다"고 비판합니다. 미국은 한국이 일본의 '보호국'으로 확정된 후 가장 먼저 서울에서 공사관을 철수시킵니다.

아이러니하게도 이처럼 절망적인 상황에서 서방 언론에서 흘러나오기 시작한 미일충돌설이 한국민의 각별한 주목을 받습니다. 국내 언론은 물론이고 해외한인사회에서 발행되던 신문들도 일제히 미일전쟁설에 대한 추측성 기사들을 내놓습니다. 당시 국내에서 최대 부수를 발행하던 『대한매일신보』국한문판, 한글판의 기사들을 보면 마치 미일전쟁이 금방이라도 터질 것처럼 느껴집니다. 러시아의 블라디보스토크와 미국의 샌프란시스코에서는 나오던 한인 신문들도 비슷한 논조를 폅니다【그림 17】. 이들 신문의 보도 근거는 '외신'들인데, 그 출처는 대부분 미국과 러시아, 프랑스, 독일 등지에서 발행되던 신문입니다.

이 시기에 유포된 미일전쟁론은 그런 일이 실제로 벌어지기를 바라는 심리가 반영된, 따라서 객관적인 근거를 지닌 정세 판단이라고 보기 어려운 선정적인 보도들이 대부분입니다. 그렇지만 그런 기사들이 한국민에게 끼친 영향은 결코 무시할 수 없습니다. 국권 상실의 위기에 분노하고 좌절하던 한국민, 특히 지식인과 민족주의자들에게 미일전쟁설은 현상타파에 대한 희망과 기대감을 불어넣습니다. 식민지 시대에도 한국의 신문과 잡지들은 미·일간 갈등의 조짐이 보이면 어김없이 미일전쟁설을 특집기사로 내보내곤 하는데, 시기가 지날수록 그것은 단순한 추측에서 벗어나 점차 현실감을 더해 갑니다. 이리하여 태평양을 사이에 둔 미일 관계는 한국민이 세계정세를 바라보는 중심축이 됩니다.

참고로, 20세기 초 서방세계에서 제기된 미일전쟁설에 대한 다양한 견해와 주장, 시나리오들의 결정판을 소개합니다. 그것은 1909년 뉴욕과 런던에서 동시에 출간된 『무지의 만용The Valor of Ignorance』이라는 책입니다. 저자는 중국 혁명가 쑨원孫文이 가장 신뢰하는 외국인 동지이자 또 그가 '하늘 아래 가장 위대한 군사이론가'라고 치켜세웠던 미국인 호머 리Homer Lea, 1876-1912라는 특이한 경력의 인물입니다

그는 미일전쟁이 불가피한 이유를 두 가지로 설명합니다. 요약하면 이렇습니다. 첫 번째는 미국이 태평양지역에서 더 많은 식민지를 획득함으로써 이 지역에서 일본의 상업적 헤게모니뿐만 아니라 그들이 아시아의 지배자가 될 기회를 위협하고 있다. 둘째로 태평양의 주도권 쟁취 투쟁에서 일본은 잠재적인 적이었던 중국과 러시아를 패배시켰다. 이제 남은 것은 미국뿐이다. 일본은 태평양에서 미국과의 충돌에 대비해 총력을 쏟고 있다. 따라서 미국이 감상적인 평화주의와 고립주의에 빠져 다가올 전쟁에 대비하지 않는다면이것이 '무지의 만용'이다, 미국은 일본과의 전쟁에서 패배할 수밖에 없다. 이렇게 되면 일본이 태평양을 지배할 뿐만 아니라 미국 본토의 서부를 점령하게 될 것이다.

출간 당시 『무지의 만용』은 미국보다 일본에서 더 큰 반향을 불러일

으킵니다. 미국에서는 태평양전쟁이 발발한 이듬해에야 이 책의 재판이 나왔던 반면에, 일본에서는 1911년에 『일미필전론日米必戰論』이라는 제목으로 번역·출간되어 6개월 만에 22판이나 인쇄됩니다. 이 책의 번역자는 "장래 일본과 미국의 대충돌은 피할 수 없다"라는 인식을 명료하게 드러내기 위하여 그런 제목을 붙였다고 합니다. 같은 해에 『일미전쟁』이라는 또 다른 번역서가 나옵니다. 그만큼 일본 내의 반응이 뜨거웠지요. 이리하여 일미전쟁은 언젠가 일어날 수밖에 없다는 인식이 일본에도 뿌리를 내립니다.

4. 대한제국의 몰락 :
무엇이 문제였는가?

1910년 8월, 대한제국은 일본의 식민지로 편입됩니다. 500년 사직을 지켜온 왕조의 운명이 다한 것입니다. 한 왕조의 흥망성쇠란 동·서양 역사에서 늘 있었던 일이지요. 문제는 조선왕조의 쇠망이 그러한 역사적 사례와 달랐다는 점입니다. 한마디로 이민족의 통치를 받게 된 것이지요. 이것은 또한 고대의 한사군 통치나 몽골의 고려 '간섭'과도 다릅니다. 조선은 자본주의에 바탕을 둔 근대 제국주의의 희생물이 됩니다. 이때의 제국주의는 식민지 주민들의 의식과 일상생활에까지 침투하여 그들이 요구하는 새로운 인간상을 만들어냅니다. 문명적인 통치라는 명분을 내세워서 말입니다.

그렇다면 조선왕조는 왜 망했던 것일까요. 이 문제는 개항 후 조선의 자율적인 근대화가 실패할 수밖에 없었던 이유를 파헤치는 것이기도 합니다. 그만큼 중요한 문제이지만, 역사학계에서는 아직 이에 대한 충분한 논의가 이루어지지 않고 있습니다. 여기서는 주로 내 개인적인 생각을 이야기하는 것으로 그치겠습니다.

먼저 당대 외국인들의 시각부터 살펴볼까요. 청일전쟁이 발발할 즈음에 조선을 처음 방문했던 이사벨라 비숍Isabella Bird Bishop은 그의 책 『한국과 그 이웃 나라들』1898의 마지막 장에서 다음과 같이 이야기한 바 있습니다. 참고로, 비숍은 영국 왕립지리학회의 첫 여성 회원으로 아시아 곳곳을 돌아다니며 활발한 저술 활동을 벌였던 인물입니다.

한국은 특권계급의 착취, 관공서의 가혹한 세금, 총체적인 정의의 부재, 모든 벌이의 불안정, 대부분의 동양 정부가 기반하고 있는 가장 나쁜 전통인 비개혁적인 정책 수행, 음모로 물든 고위공직자의 약탈 행위, 하찮은 후궁들과 궁전에 한거하면서 쇠약해진 군주, 가장 타락한 제국 중 한 국가와의 가까운 동맹, 이해관계로 얽힌 외국인들 사이의 질투, 그리고 널리 퍼져 있으면서 민중을 공포의 도가니로 몰아넣는 미신, 재치 없고 음울한 더러움의 사태에 처해 있다.

요컨대 조선왕조는 지배층의 착취와 음모·부패, 군주의 무기력함, '타락한 제국' 청국에의 의존, 여기에 백성의 무지가 더하여 왕조의 쇠망을 재촉하고 있다는 것입니다. 이러한 비숍의 관찰에는 분명 대영제국의 절정기인 빅토리아 시대에 동양과 동양인을 그들 특유의 우월적 시각과 기준으로 판단하는 오리엔탈리즘이 바탕에 깔려 있습니다. 그런데 그렇다고 해서 비숍의 진단이 당시 조선의 현실을 외면하거나 왜곡했다고 볼 수만은 없습니다.

비숍은 동학농민운동과 청일전쟁 일어난 1894년부터 대한제국이 선포되던 해인 1897년까지 한반도 전역이 요동치고 있을 때 네 차례나 조선을 방문하여 일 년 가까이 체류합니다. 그러면서 왕실고종과 왕비에서부터 지방 거주의 양반과 농민들의 삶까지 들여다보았습니다. 그는 나중에 고백하기를 한국과 한국인에 대하여 처음에 느꼈던 혐오감distaste이 차츰 애착affection에 가까운 관심으로 바뀌었다고 합니다.

비숍은 한반도를 거쳐 시베리아로 들어갔다가 이곳 여기저기에 정착지를 개척한 한인들의 자치촌락을 둘러보면서 그들의 정돈되고 활기에 넘치는 삶의 모습에 감명을 받습니다. 그리고는 조선 내에서도 백성들의 정당한 '벌이earnings'를 장려하고 보호하는 정직한 통치가 이루어진다면 비록 시간이 걸리더라도 근대적인 국민국가로 성장해 나갈 수 있다는 확신을 갖게 되지요. 문제는 당시 조선을 다스리는 군주와 지배층이 스스로 그러한 개혁을 실행하려는 의지와 능력이 있었는가 하는 점입니다. 이에 대하여 비숍은 회의적이었습니다. 그는 결국 조선에 대한 '외부'의 도움과 전제적인 군주권을 제한하는 단호하면서도 영속적인 입법 조처가 필요하다는 처방책을 제시합니다.

한편, 고종의 특사로 미국에 파견되었던 헐버트는 그의 저술 『대한제국멸망사』1906에서 이렇게 말합니다. "한국의 황제는 금년 55세로서 평범한 재능을 가지고 있으며 주위 환경에 큰 영향을 받아 항상 행복하다고는 볼 수 없는 분이다." 여기서 주위 환경이라고 함은 흥선대원군과 민비명성황후와의 갈등을 가리킵니다. 그 틈을 비집고 들어온 일본은 독립된 왕국의 왕비를 시해하는 만행을 저지릅니다. 고종은 러시아 공사관으로 피신하여 신변의 안전을 도모합니다. 이때의 상황을 가까이서 지켜본 헐버트는 이렇게 씁니다.

고종의 정신력은 비관적이리만큼 흩어져 있었다. 선천적으로 평범한 능력을 지녔던 왕에게는 이제까지 겪어온 참상이 너무도 또렷하게 머릿속에 새겨져 있었기에 그는 오직 술수만이 자기를 위한 도구가 된다고 믿게 되었다. … 일본과 러시아의 독수로부터 벗어나기 위해서는 양국이 서로 싸우도록 하여 어부지리를 얻는 것이 필요했다. 황제는 이제까지의 뼈저린 경험을 통해 개혁을 진언하는 것은 모두가 개인적으로 자기를 겨냥한 화살에 불과하다고 믿게 되었으며 자신의 대권이 축소되는 것을 매우 못마땅하게 생각했다.

헐버트는 한반도를 둘러싼 열강의 각축 속에서 고종이 독립된 한 왕국의 군주로서 어떤 비전이나 능력 그리고 강인함을 보여주지 못했다고 본 것입니다. 고종은 자신에게 모든 권력을 집중시키기를 원했지만, 그 권력을 가지고 무엇을 어떻게 해야 할지를 잘 모르고 있는 것처럼 보입니다. 사실 고종만 그러했던 것은 아닙니다. 서울 도성의 고위 관료층과 전국 곳곳에서 향촌사회를 이끌던 양반 유생들 또한 그러했습니다. 개혁이든 혁명이든 그것을 성공시켜려면 나라를 어디로 어떻게 끌고 갈 것인지에 대한 비전과 전략을 지니고 있어야만 합니다. 이런 것 없이 오직 권력의 유지만을 바란다면 역사의 흐름을 거스르게 됩니다.

오늘날 한국학계의 일각에서는 대한제국기의 '광무개혁'을 치켜세우며 일본의 간섭과 침탈이 없었다면 '개명군주'인 고종에 의하여 자주적인 근대화를 이룰 수 있었던 것처럼 말합니다. 한국통사로서 일반에 널리 알려진 한영우서울대 명예교수의 『다시찾는 우리역사』를 보면 이렇게 서술되어 있습니다.

요컨대 광무개혁은 정치제도 면에서는 전제군주제를 강화한 것이지만, 강력한 황제권을 바탕으로 짧은 기간 안에 국방, 산업, 교육, 그리고 기술 면에서 놀랄만한 정도로 근대화의 성과를 거두었다. 만약 일본의 침략과 방해가 없었다면 대한제국은 빠른 속도로 근대 산업국가로 진입할 수 있었을 것이다.

1897년부터 실시된 광무개혁이 불과 6~7년 만에 놀랄만한 정도로 근대화의 성과를 올렸다는 것은 어떻게 보더라도 과장이 아닐 수 없습니다. 그리고 이어지는 '만약'이라는 가정은 애초부터 성립될 수 없습니다. 일본은 그들의 '숙원'인 조선병합과 대륙으로의 '진출'을 위하여 청일전쟁과 러일전쟁을 도발했습니다. 이 두 차례의 전쟁기에 고종과 집권층은 주권 수호를 위하여 도대체 무슨 일을 했던가요. 제국주의가 위세를 떨치던 시기에 외부의 개입이나 간섭없이 '자주적인 근대화'를 이룩한 나라가 있었던가요. 강화도조약으로 조선은 이미 세계 자본주의체제에 편입되었는데, 어떻게 외부로부터 자유로울 수 있다는 것일까요. 망국의 원인을 오로지 외세의 탓으로만 돌린다면, 우리가 실패한 역사로부터 배울 수 있는 것은 도대체 무엇일까요.

한편, 강만길고려대 명예교수은 『20세기의 우리 역사』에서 대한제국의 멸망 원인을 입체적으로 바라봅니다. 이를테면 한반도를 강점함으로써만 만주를 넘볼 수 있었던 일본 제국주의의 무력 침략, 영국과 미국을 위시한 서구 열강의 일본에 대한 지지와 후원, 대한제국 정부의 무능과 부패, 그러한 정부를 무너뜨리고 국민주권주의 정부를 수립하지 못한 국민적 역량의 한계, 국제세력이 상충하는 지정학적 위치의 이점을 살리지 못한 국민적·역사적인 조건 등이 제시되고 있습니다. 대외적인 요인 못지않게 대내적인 문제점, 특히 국민적인 역량의 한계를 지적한 데에 주목할 필요가 있습니다.

이제 우리는 그러한 문제들 하나하나에 대하여 차분하고 냉정하게 따져 봐야 합니다. 그래야만 역사로부터 교훈을 얻어 새로운 미래를 열기 위한 비전과 동력을 확보할 수 있습니다. 조선대한제국의 지배층은 망국에 대한 책임을 지지 않았으며 국권을 회복하기 노력에도 동참하지 않았습니다. 일본의 식민지로 편입된 후 9년 만에 일어난 거족적이며 전국적인 3·1운동에서 조선의 관료층이나 유교적 지식인들의 집단적인 만세시위는 찾아볼 수 없었습니다. 이리하여 조선의 지배세력과 그들을 떠받쳤던 성리학적 이념체계는 역사의 전면에서 완전히 물러납니다.

그 빈 자리를 새로 채운 것은 태평양이라는 바다를 통하여 한반도로 밀려온 서양의 근대문명입니다. 이 바다를 조선보다 먼저 '발견'한 나라가 일본이었습니다. 그들은 새로운 문명의 바람에 맞서면 국가 자체의 존립이 위태로울 수 있다는 판단을 하게 됩니다. 이러한 위기의식이 메이지유신을 낳고, 이후 일본은 천황제에 바탕을 둔 위로부터의 근대화를 강력하게 추진합니다. 그 목표는 한마디로 부국강병이었습니다. 경제력과 군사력, 이 두 가지가 서양의 근대국가를 떠받치는 기둥임을 깨우친 것이었지요.

메이지 일본이 나아가야 방향과 전략 수립에서 결정적인 역할을 한 것이 이른바 이와쿠라 사절단입니다. 특명전권대신 이와쿠라 도모미가 이끌었던 이 사절단은 신정부의 핵심 인물들과 중견 관료들로 구성되는

데, 그 인원만 46명이었습니다. 여기에 유학생 43명5명은 여자과 시종 18명을 포함하면 모두 107명에 달합니다. 사절단은 1871년 12월에 요코하마를 떠난 후 미국과 유럽을 시찰하고 1873년 9월에 돌아옵니다.

일본의 한 학자는 이와쿠라 사절단을 가리켜 "세계사적으로도 그 유례가 없는, 이문명異文明 종합연구를 위한 모험집단"이었다고 말합니다. 이들은 귀국 후 『미구회람실기米欧回覧実記』이하 『실기』라는 보고서를 펴냅니다. 총 5편 100권으로 이루어진 『실기』를 보면 메이지 일본이 어떻게 근대화에 성공할 수 있었는지를 대충 짐작할 수 있습니다. 그 서문을 쓴 구메 구니타케久米邦武는 이렇게 말합니다.

세계의 상황 변화는 수레바퀴 회전만큼이나 빠르다.
세상의 변화는 마치 파도처럼 거대하다.

서양의 근대문명이 거대한 파도처럼 동양을 덮칠 때 일본은 그들이 살아남을 방법을 궁리합니다. 세상은 시시각각 변하고 있기에 그 변화를 빨리 따라잡아야 한다는 초조감과 위기의식이 신정부의 지도층으로부터 일본의 전 사회로 확산됩니다. 그들은 자신들이 나아가야 할 방향을 명확히 설정합니다. 메이지 시대 일본의 사상계를 이끌었던 후쿠자와 유키치가 내건 탈아입구脱亞入歐가 그것입니다. 아시아를 벗어나 서구로 들어가자는 이 표어가 뜻하는 바는, 낡은 동양문명을 고수하는 아시아대륙과는 관계를 끊고 태평양 건너편의 미국과 대서양방면의 유럽으로부터 배워 그들과 어깨를 나란히 할 수 있어야 한다는 것입니다.

이러한 인식은 『실기』의 제1편 미국에 대한 기록에 잘 나타납니다. 여기에 나오는 한 대목만을 소개합니다. 이와쿠라 사절단이 미국에 첫발을 내디뎠던 샌프란시스코에 대한 이야기입니다.

원래 무역이란 한쪽에 융성한 지역이 있으면 그에 대응하는 지역도 또한 성장하는 법이다. 런던과 파리는 서로 도와가며 발전하고 있고 런던, 파리 지역은 뉴욕, 필라델피아 지역과 서로 받쳐주며 발전해 왔다. 이와 같은 법칙으로 보면 샌프란시스코와 받쳐주는 지역은 우리 요코하마와 중국의 상하이, 홍콩이 된다. 상하이, 홍콩의 융성은 또 우리 나가사키와 요코하마와 관계됨은 필연적이다. 그렇다면 이같이 대응하고 있는 나라 사람들이 무엇으로 서로 경쟁하며 함께 융성해 갈 것인지를 잘 생각해야 한다. 자연이 주는 풍요로움은 인간의 노력이 더해져야만 비로소 실리를 가져온다. 과거의 노력이 오늘의 부를 창출한다. 오늘의 작은 마을이 앞으로 훌륭한 대도시로 발전시키는 것도 어려운 일은 아니다.

여기에 등장하는 도시들은 태평양과 대서양 무역의 거점을 이루었던 항만도시입니다. 요즈음 바다를 통한 문물 교류와 개방성을 중시하는 연구자들은 해항海港 도시라고 부르지요. 그러니까 단순한 무역항만은 아니라는 뜻입니다. 개방성과 혼종성이 그 특징이지요.

위에 소개한 글은 『실기』에 삽입된 구메 구니타케의 논평인데, 그 요지인즉 태평양을 사이에 두고 마주 바라보는 요코하마와 샌프란시스코를, 대서양을 사이에 두고 마주 바라보는 런던과 뉴욕처럼 서로 이끌고

받쳐주는 무역항으로 키워나가자는 것입니다. 이와 마찬가지로 동아시아 해역의 나가사키와 홍콩·상하이도 서로 경쟁하면서 함께 발전할 수 있다고 봅니다. 구메는 일본을 서양 열강과 같은 무역 대국으로 만들기를 원했던 것입니다. 그 본보기로서 당시 조그마한 개항장에 지나지 않았던 요코하마를 샌프란시스코, 나아가 뉴욕이나 런던·파리와 같은 훌륭한 대도시로 만들 수 있고, 또 그렇게 해야 한다는 점을 국민에게 알리면서 함께 노력할 것을 촉구합니다.

일본에서 『실기』가 출판되는 해에 조선은 강화도조약에 의하여 바닷길을 열었습니다. 그리고 1883년에 미국에 보빙사절단을 파견합니다. 그런데 이들의 견문 기록은 하나도 남아 있지 않습니다. 사절단의 부대신이었던 홍영식이나 종사관 서광범은 분명 기록을 남겼을 터이지만, 갑신정변 후 역적으로 몰리면서 그들의 기록마저 사라집니다. 이리하여 그들의 서양 '체험'은 그냥 역사 속에 묻혀 버리고 맙니다.

1896년 민영환 일행의 세계일주에서는 자신들의 사행기록을 남겼지만, 당대에는 일반에 알려지지 않았습니다. 고종에게만 보고하고 그냥 묻혔지요. 그 후의 사절단들도 마찬가지입니다. 궁핍한 국가 재정을 축내면서 새로운 세계를 보고 오지만 그들만의 일회성 체험에 그쳐 버립니다.

개항 후 일본과 마찬가지로 조선에도 근대화의 길은 열려 있었습니다. 그런데 조선의 지배층은 서양의 근대문명을 제대로 살펴서 배우고 그 배운 것을 국민에게 널리 알려 조선대한제국을 변화시키는 데 실패합니다. 마땅히 나아가야 할 곳을 찾지 못하는 대한제국과 그 지배층의 모습을 바라보는 열강의 시선은 냉소적이었습니다. 러일전쟁을 전후하여 세계의 변화에 눈감은 나라, 스스로 설 수 없는 나라, 주변 강국에 휘둘리는 나라라는 이미지가 만들어집니다【그림 18】.

밖에서 안을 바라보는 해외한인사회도 마찬가지였지요. 특히 미주 교민들은 '망국'의 책임이 다른 그 누구도 아닌 고종 황제에게 있다고 봅니다. '인민의 종'인 왕이 왕 노릇을 제대로 하지 못하면 갈아 치워야 한다는 인민혁명론까지 소개합니다. 왕조체제에 대한 이러한 비판적 인식과 태도가 '제국'에서 '민국'으로 나아가는 토대를 이룬다는 점에 우리는 주의를 기울일 필요가 있습니다【그림 19】.

미국에 파견된 보빙사절단을 수행했던 퍼시벌 로웰은 1883년 말 조선을 방문하여 고종의 극진한 대접을 받습니다. 그는 이때 '고요한 아침의 나라'에 대한 인상에 대하여 이렇게 썼습니다.

> 그곳에는 마치 동화 속 궁전처럼 거의 모든 것이 몇 세기 전 그대로 고이 간직돼 있다. 그곳에서는 변화란 의미 없는 것이며 시간은 정지해 있다. … '살아 있는 화석화,' 모든 것이 변하는 세상에서 몇백 년 전의 옷, 예절, 사고방식 그리고 생활양식 등 옛 모습이 그대로 간직되어 있는 것이다.

전통적인 농업사회에 기반을 두고 자연적인 질서에 순응하며 살아가는 사람들에게 '시간'이란 늘 때가 되면 돌아오는 순환적인 것에 지나지 않습니다. 봄, 여름, 가을, 겨울이 그렇고 아침, 점심, 저녁이 그렇습니다. 그들은 자연적인 변화에 익숙하지만 인위적인 진보라는 개념을 갖고 있지 않았습니다. 이들에게 기계적인 시간이 작동하는 산업사회로의 이행이란 감당할 수 없는 혼란과 긴장 그리고 고통을 안겨줍니다.

그것은 마치 근대문명의 상징인 기차의 굉음이 한가로운 농촌 마을를 소란스럽게 만들어 속도의 경쟁으로 내모는, 그리하여 이 자족적인 사회를 그 근저에서부터 파괴하는 것과도 같습니다. 조선왕조의 지배층은 이러한 문명의 패러다임 전환을 제대로 바라보고 이에 대처하는 데 실패합니다. 그 결과가 망국입니다.

[그림 14] 「아산대첩도/왜노점거한경도」(1894, British Library 소장)

청일전쟁 발발 초기에 중국 측에서 나온 이 그림은 두 가지 다른 그림을 합성했다. 오른쪽 절반의 「아산대첩도牙山大捷圖」에는 아산에 상륙한 청국군이 일본군을 일방적으로 무찌르는 장면이 그려 진다. 왼쪽 절반의 「왜노점거한경도倭奴佔踞韓京圖」에는 '왜노' 즉 일본군이 한양 도성의 경복궁으 로 밀고 들어오는 장면이 나온다. 청국군의 '대승'과 일본군의 불법적인 조선 도성 점령을 부각시 키려는 전쟁 기록화의 성격을 잘 보여준다. 갑오맹추甲午孟秋, 1894년 초가을에 '숭산도인嵩山道人'이 그린 것으로 되어 있다.

그림 출처 : https://www.jacar.go.jp/jacarbl-fsjwar-j/main/18940723/index.html

[그림 15] 청일전쟁기 일본의 풍자만화

▶ <문명의 총을 쏘는 일본>

▶ <청국 병사들을 총검으로 찔러 꿴일본 병사>

일본은 '문명'의 이름을 내걸고 전쟁을 벌이지만, 그 과정에서 살육을 아무렇지 않게 저지르는 만행을 보여준다. 전쟁의 승리를 위해서는 어떻게 해도 좋다는 사고방식이 그 밑에 깔려 있다. 사람을 수단으로 삼는 일본의 군국주의는 이렇게 다져진다.

그림 출처 : 한상일·한정선, 『일본, 만화로 제국을 그리다』, 90, 96쪽.

[그림 16] "만약 일본이 우리를 공격한다면"(*The San Francisco Call*, 1906년 9월 23일)

태평양에서 미국으로 들어가는 관문인 샌프란시스코는 미국 내 배일운동의 중심지였다. 이곳의 선정적인 언론은 러일전쟁에서 일본이 승기를 잡자 미일충돌설을 퍼뜨리기 시작한다. 위의 기사는 그러한 하나의 예를 보여준다. 여기에서는 '미카도의 군대Mikodo's army가 샌프란시스코를 점령할지도 모른다는 우려를 제기한다. 스페인과의 전쟁1898에서 포로로 잡혀 '국민적인 영웅'이 되었던 해군 장교 홉슨Richmond P. Hobson이 이러한 자극적인 보도에 동원된다. 그는 전역 후 미국 각지를 돌아다니며 강연을 하는 한편, 유력 신문과 잡지에 기고한 글들에서 일본의 전격적인 미 본토 침공에 대비하여 해군을 획기적으로 강화해야 한다고 주장한다.

[그림 17] 「미일전쟁이 한국에 기회」(『공립신보』, 1907년 9월 6일)

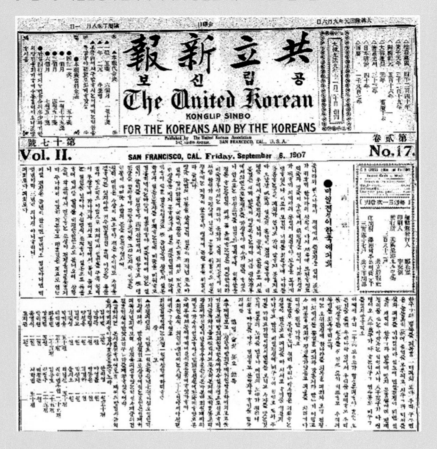

20세기 초 샌프란시스코에 자리를 잡은 한인사회는 백인으로부터 인종차별을 받으면서도 그들의
배일운동을 지지한다. 인종에 앞서 국가와 민족을 먼저 생각하기에 그런 일이 가능했다. '배일'이
라는 목적에서 인종차별주의자들과 함께할 수 있었다. 위의 논설에서는 이렇게 주장한다. "미일전
쟁이 금년이 아니면 명년이오, 명년 아니면 래명년이라, 三년이 지나지 아니하리니 기회로다 기회
로다." 자력에 의한 국권 회복이 불가능한 상황에서 미일전쟁의 가능성에 마지막 희망을 건다.

[그림 18] '제국의 눈'으로 바라보는 한국의 이미지

오직 힘무력만이 정의가 되는 제국주의의 시대에 '대한제국'은 국제사회에서 어디에도 의지할 데
가 없는 미아와도 같은 존재였다. 세계의 변화에 눈감은 나라, 스스로 자립할 수 없는 나라, 주변 강
국에 휘둘리는 나라라는 이미지가 러일전쟁을 전후한 시기에 만들어진다. 이러한 이미지는 한국
이 일본의 '보호국'이 되는 것을 당연시하는 논리로 작동한다. 태평양전쟁기 일본의 패전을 앞둔
시점에 미국이 한국을 국제적인 신탁통치 하에 두고자 했을 때도 그러한 논리를 제시한다.

그림 출처 : 석화정, 『풍자화로 보는 러일전쟁』, 33-35, 72쪽.

[그림 19] <皇室非滅國之利器(황실비멸국지이기)> (『신한민보』, 1909년 3월 31일)

해외, 특히 미주 교민들은 대한제국 멸망의 책임이 황실에 있다고 보았다. 〈황실은 나라를 망ㅎ게 하는 리로운 그릇이 아니라〉는 한글 제목이 붙여진 위의 논설이 대표적인 예이다. 한 면 반에 걸친 이 논설에서는 인민혁명의 가능성까지 내 비추며 이렇게 말한다.

"슬프다[!] 우리 인민이 분간치 못하는 바는 임금과 나라이라. 무릇 임금은 나라를 위하여 둔 것이오, 나라는 임금을 위하여 세운 것이 아니니, 이러므로 임금이란 것은 인민이 자기의 사무를 위탁한 공편된 종[일] 뿐이오, 인민이란 것은 임금으로 하여금 저의 직역을 진력케 하는 최초[의] 상전이라."

제 **4** 강

한인 디아스포라와 외신대한의 건설

—신대륙·신공기·신문명의 바람을 쐬다

"1902년에 하와이로 한국 이민이 시작되여
7천여 명 한인이 도리ᄒ니
그후붓터 미국으로 도리하눈 한인의 수효가
일일 졈다ᄒ야 천여 명에 도달ᄒᆫ지라
그 한인들이 신공긔를 흡수ᄒ눈 날붓터
즉시 신사샹이 발달되야
5천여 년 젼리ᄒ던 부픽사샹과
완고풍습을 일됴에 타파ᄒ고
신학문을 사모ᄒ눈 마음과
졔나라를 사랑ᄒ눈 싱각이 간졀ᄒ야
삼사년 동안에 샤회눈 큰 단톄를 셩립ᄒ야
신한국이라 칭홀만ᄒ고 … "

― 『공립신보』1908년 9월 16일자 「재미한인의 장래」

1. 경계를 넘다 :
월경과 이주

16세기 유럽인들의 주도에 의한 '신대륙' 발견과 태평양 횡단은 지구적 차원의 인구이동을 예고합니다. 처음에는 소수의 정복자들과 그들을 따라다니는 다니는 모험가, 군인, 상인, 선교사들의 이동에 지나지 않았습니다. 그런데 카리브해와 신대륙으로 유입된 전염병과 정복자들에 의한 학살 및 강제노동 등으로 말미암아 원주민의 숫자가 급격하게 줄어듭니다. 스페인이 가장 먼저 침투한 중부 멕시코의 경우, 1532년에 1천 7백만 명에 달하던 인구가 1608년에는 1백만 명으로 떨어집니다. 오늘날 미국에 해당하는 지역은 더욱 극적이어서 1500년에 500만 명이었던 인구가 1800년에는 6만 명 정도만 살아남았다고 합니다. 인종 절멸이나 다름이 없었지요.

토착인구의 감소는 새로운 노동력을 필요로 합니다. 이리하여 인간이 상품화되는 노예무역이 시작됩니다. 아프리카인들이 포획되어 카리브해와 신대륙으로 팔려옵니다. 미국 에모리대학의 한 연구센터에서 최근 제시한 통계에 따르면 그 인원은 1,200만 명을 넘어섭니다. 이들 중 약 2백만 명이 대서양을 건너는 중에 희생됩니다. 살아남은 사람들은 설탕, 담배, 면화와 같은 환금작물을 재배하는 플랜테이션에 투입됩니다. 이들의 노동력에 기초하여 대서양 삼각무역이 발달하고 근대 자본주의 문명이 생성됩니다.

19세기에 들어서면 영국과 미국이 노예무역을 금지합니다. 산업혁명의 진전에 따라 기계가 노예를 대신합니다. 이를 배경으로 유럽인들이 본격적으로 신대륙으로 유입됩니다. 1820년 이후 100년 동안 대략 5,500만 명이 신대륙으로 들어옵니다. 그들 대부분의 행선지는 미국이었지요. 그들은 주로 개인 또는 가족 단위의 자립형 이민입니다. 바야흐로 대륙 간 이민시대가 열립니다.

19세기 중반에는 미국 서부에서 철도와 광산 개발이 활발하게 이루어집니다. 중국인 노동자'coolie'들이 그 현장에 투입됩니다. 이리하여 아시아대륙에서도 신대륙으로의 이주가 본격화되지요. 이때에 중간 기착지가 하와이입니다. 17·18세기 유럽 자본이 투입되어 카리브해에서 성황을 이루었던 설탕 산업은 하와이로 옮겨옵니다. 미국인 선교사 후손들이 주로 경영하는 하와이 사탕수수농장에서는 중국인 노동자들을 먼저 고용합니다. 이들 중 일부가 계약노동이 끝나면 임금이 훨씬 좋은 미국 본토로 들어오지요. 그 관문이 샌프란시스코였고, 이곳에 차이나타운이 만들어집니다.

1848년에 캘리포니아 거주 중국인은 7명에 지나지 않았는데 10년 후에는 3만 5천 명이 됩니다. 1860년에는 캘리포니아인 10명 가운데 한 명이 중국인이었다고 합니다. 브루스 커밍스 교수의 표현에 따르면 이들이 '오래된 캘리포니아인'입니다. 그들은 "거칠고 천한 용모에 우스꽝스러운 옷을 입은 엄청난 수의 동양 자식들"로 묘사됩니다. 이들에 대한 고정관념과 인종차별은 1882년에 중국인 이민을 제한하는 법령을 낳습니다.

이들의 빈자리를 일본인, 이어서 한국인들이 메꾸게 됩니다.

이제 우리의 이야기를 할 차례입니다. 조선은 농업사회이고, 조선인들은 땅에 기대어 살아왔습니다. 그들은 자기가 낳고 자란 고향에서 살다가 흙으로 돌아갑니다. 조상 대대로 그렇게 살아왔지요. 그들에게 고향을 떠난다는 것은 삶의 뿌리가 뽑히는 것과도 같습니다. 그런 사람들을 떠도는 사람, 곧 유민流民이라고 합니다. 이것보다 더한 것이 월경越境입니다. 국가의 경계를 넘는 것이지요. 정부는 그런 사람들을 극형으로 다스립니다.

그럼에도 불구하고 18세기 중엽이 되면 압록강과 두만강을 건너 만주와 연해주로 이주하는 사람들이 생겨납니다. 자연재해나 봉건적인 수탈로 인하여 국내에서는 도저히 살아갈 수 없는 상황에서 내리는 최후의 선택이었지요. 이 무렵 만주와 연해주에는 개발의 움직임이 일어납니다. 그 발단은 러시아의 동진입니다.

아편전쟁 후 청나라가 변경에 힘을 쓰지 못하는 상황을 이용하여 러시아는 프리모르스키 지역Primorsky Krai, 즉 연해주를 차지합니다. 그 남단의 항구도시가 블라디보스토크이지요. 1860년에 중국으로부터 넘겨받아 무역항 및 해군기지로 개발된 이 도시는 러시아가 태평양방면으로 진출하는 관문으로 부상합니다. 블라디보스토크를 당시 조선인들은 해삼위海蔘威 또는 해항海港이나 강동江東이라고 부릅니다. 여기서 강동이란 두만강 동쪽이라는 뜻입니다.

러시아의 동방 진출은 동아시아 3국을 긴장시킵니다. 청국은 그들의 발상지라고 하여 봉금封禁 정책을 펴왔던 만주로의 이주를 점차 허용하는 방향으로 나아갑니다. 러시아의 연해주 개발에 맞서는 동시에 중국 본토의 인구증가와 기근에 대한 해결책이었지요. 그 결과 한인漢人들이 대거 만주로 들어옵니다. 1840년에 170만 명이었던 이 지역 인구가 1860년대에 3백만 명으로 늘어나더니 1890년대 말에는 5백만 명을 넘어섭니다. 이로부터 10년 후에는 그 숫자가 3배로 늘어나 1,500만 명에 달합니다. 당대 아시아대륙 내 인구이동으로서는 최대 규모입니다.

1880년대가 되면 조선인들의 만주와 연해주로의 이주 또한 비교적 자유로워집니다. 개항으로 바닷길이 열린 상황에서 육로만 통제할 수는 없는 일이었지요. 원산에서 바로 블라디보스토크로 가는 항로가 개설되어 있는데 두만강을 건너지 말라고는 할 수 없게 됩니다. 이리하여 국가들 사이의 경계가 허물어집니다.

1890년대에 들어서면 만주와 연해주 곳곳에 한인 정착촌이 생겨납니다. 두만강 대안의 연변지구에만 조선인 개척민이 약 8천 호, 3만 5천 명에 이르렀다고 합니다. 청일전쟁 발발 후 연해주의 한인 정착촌을 답사한 이사벨라 버드 비숍은 이렇게 진단합니다.

한국에 있을 때 나는 한국인들을 세계에서 제일 열등한 민족이 아닌가 의심한 적이 있고 그들의 상황을 가망 없는 것으로 여겼다. 그러나 이곳 프리모르스키연해주에서 내 견해를 수정할 상당한 이유를 발견하게 되었다. 이곳에서 한국인들은 번창하는 부농이 되었고 근면하고 훌륭한 행실을 하고 우수한 성품을 가진 사람들로 변해갔다. … 이들의 번영과 보편적인 행동은 한국에 남아 있는 민중들이 정직한 정부 밑에서 그들의 생계를 보호받을 수만 있다면 천천히 진정한 의미의 '시민'으로 발전할 수 있을 것이라는 믿음을 나에게 주었다.

요컨대 한국민의 자질과 자치 능력은 다른 문명국 사람들과 비교할 때 뒤떨어지지 않지만, 문제는 현 조선의 군주와 지배층이 그들의 잠재력을 계발하는 데 실패했다고 보는 것입니다. 무엇보다도 백성들의 '벌이earnings' 즉 생산 활동을 정부가 보장하고 보호해야 하는데, 조선에서는 지배층의 탐욕으로 백성들의 생산 의욕을 저하시키고 사회의 기풍을 타락시키고 있다는 것이 비숍의 진단이었습니다.

한편, 20세기에 들어서면 대한제국의 백성, 즉 대한인들이 태평양을 건너 신대륙으로 이주할 수 있는 길이 열립니다. 맨 처음 중국인 노동자를 들여왔던 하와이의 사탕수수 농장주협회는 미국 정부의 중국인 입국 제한법령에 따라서 일본인들로 대체합니다. 이때 메이지 정부는 노동이민의 송출을 통하여 외화를 획득하는 한편, 태평양상의 전략적 요충지인 하와이에 '신일본'의 뿌리를 내리려는 의도를 갖게 됩니다. 이리하여 일본인들이 대거 하와이로 들어옵니다. 이곳 전체 인구의 40퍼센트를 차지할 정도였지요. 미국은 1898년에 하와이를 병합하고 일본인 이민을 제한합니다.

하와이의 사탕수수농장주협회는 이제 한국인 노동자를 들여오기로 결정합니다. 이 일을 성사시키려면 고종과 대한제국 정부를 설득해야 하는데, 의료선교사 출신의 주한 미국공사 알렌이 그 일을 해결해 줍니다.

알렌은 고종을 설득할 때 중국인들이 들어가지 못하는 하와이에 한국인은 들어갈 수 있다면서 이번 일이 성사되면 한미관계에도 도움이 될 것이라는 암시를 줍니다. 고종은 후자에 좀 더 마음이 끌렸던 듯합니다. 이때 한반도와 만주를 둘러싸고 러일관계가 험악해지면서 미국의 역할에 기대를 걸어야 하는 상황이었지요.

1902년 12월 22일, 하와이로 가는 첫 이민단 122명이 제물포항을 출발합니다. 그들은 고종이 새로 만든 유민원綏民院이라는 기관에서 발행한 「여행장」오늘날의 여권을 소지합니다. 그들은 일본 선적의 증기선을 타고 한반도 남해를 돌아 나가사키에 도착합니다. 이곳에서 행해진 신체검사에서 20명이 탈락합니다. 합격한 사람들은 태평양을 건너는 미국 선적의 증기선S.S. Gaelic으로 갈아탑니다. 이 배는 고베와 요코하마를 거쳐 1903년 1월 13일 새벽 하와이 호놀룰루에 도착합니다. 이곳에서 다시 신체검사가 이루어지고 16명이 상륙불허 판정을 받습니다. 결국 86명 만이 하와이 땅을 밟게 됩니다. 이들이 우리나라 최초의 공식적인 해외 이민입니다.

하와이로 가는 길은 결코 순탄치 않았습니다. 태평양을 건너야 하기 때문입니다. 일본 요코하마에서 하와이 호놀룰루까지만 해도 직선거리로 3,400해리6,300킬로미터에 달합니다. 제물포항에서 출발한 한인 이주자들은 대개 일본의 고베에서 머물며 신체검사를 받은 후 배를 갈아타고 태평양을 건넙니다.

그 과정을 이민 제1세대인 최하나Hannah Chur Ham, 1882-1979의 구술자료를 통하여 살펴보지요. 양반 출신인 그녀는 결혼 후 "대한서 지내려 했지만 나라가 분주하니깐 어떻게 살 수 없어" 남편과 함께 하와이로 가기로 결심합니다. 그녀의 남편 역시 양반 출신인 함호용Ho Young Ham이었습니다. 최하나는 나중에 남편의 성을 따서 함하나로 불립니다.

최하나는 고베의 임시거처인 유숙소에서의 생활을 이렇게 회고합니다. "신호는 일본말로는 '고베'라고 하는데 갔더니 큰 집이 있었어. 꼭 스테이블stable, 마구간 같은 집인데 바닥에 럭rug을 깔았어. 일본말로는 다다미라고 불렀지. 그때가 3월이었는데 비가 억수로 왔어. 모두들 거기로 신들을 신고 흙을 철벅 철벅대며 들어왔지. 두 내외 있는 사람, 아들딸 있는 사람, 한 방에 열씩 스물씩 있었는데 이불을 가져온 사람들은 바닥에다 그냥 깔고 잤어. 물이 철벅 철벅한 그 위에서 말이야. 그 이불이 흙 천지가 되었지. 돗자리를 가져온 사람들은 돗자리 깔고 자고 … 이렇게 숭악하게 어떻게 살어, 대한으로 도로 갔으면 했지."

최하나는 고베에서 그렇게 일주일을 지낸 후 몽고리아 Mongolia라는 배를 탑니다. 미국 선적의 이 배는 14,000톤급의 대형 여객선으로 1,800여 명일등 350명, 이등 68명, 3등 1,400명을 수용할 수 있었지요. 대개 외교관이나 사업가 또는 부유한 여행객들이 이용하는 일등선실은 배의 상층에 위치하며 전용 식당과 사교실, 끽연실, 음악실 등이 따로 마련되어 있었습니다. 주로 이민자들을 수용하는 3등 선실steerage은 배의 하층에 위치하며 화물칸과 붙어 있습니다. 객실 겸 화물 창고였던 셈이지요.

그 객실에서 지낸 최하나의 이야기를 다시 들어보지요. "배 기름 냄새가 지독했고 소·말을 함께 실어서 소·말 냄새까지 나서 구역질이 절로 나왔어. 그 와중에 밥을 먹으라고 박이가 땡땡이를 땡땡 치면 사람들은 가서 밥을 가져와 먹었지. 하지만 나는 구역질이 심했고 내외가 드러누워, 열흘을 굶고 있으니까 기운이 하나도 없어서 그전에 대한 땅에서 가져간 삼蔘이라는 약을 칼로 갈아 그 가루를 조금씩 물하고 같이 먹었어. 그렇게 삼가루를 일주일 반, 열흘 정도 먹으면서 지내다 호놀룰루에 오니깐 머리가 흔들흔들하고 …… ”

이제 태평양은 상상의 지리적 공간으로부터 구토와 배멀미를 동반하는, 그것도 하루 이틀이 아니라 열흘씩이나 지속되는 체험의 공간으로 바뀝니다. 그 광활한 바다는 동양과 서양, 구대륙과 신대륙을 가르는 지리적 경계이자 문명적 경계이기도 합니다. 이민자들은 그 경계를 물고개 水嶺라고 말합니다. 이 험난한 고개를 넘어야만 미국 땅에 발을 디딜 수 있었습니다.

가녀린 양반집 규수였던 최하나는 1905년 5월 18일 하와이 호놀룰루에 도착합니다. 그녀는 남편과 함께 마우이섬 ‘부네네’Puunene의 사탕수수농장에 배치됩니다. 그들 앞에는 또 다른 고난이 기다리고 있었습니다. 그것은 집단적인 캠프 생활과 힘든 노동입니다. 그들이 처음에 기대했던 것과는 많이 달랐지만 ‘계약노동’이었던 만큼 현실에 적응할 수밖에 없었습니다【그림 20】.

1903년 1월 3일부터 1905년 8월 8일까지 총 64차례에 걸쳐 태평양을 건너 하와이에서 새로운 삶을 시작한 한인은 모두 7,415명에 달합니다. 미국 국립문서기록관리청에서 넘겨받은 그들 명단은 인천의 이민사박물관 벽에 새겨져 있습니다. 하와이 이민이 갑자기 중단된 것은 러일전쟁에서 승기를 잡은 일본의 압력과 대한제국 정부의 체계적인 이민정책의 부재 때문입니다. 일본 정부는 하와이 노동시장에서 한국인이 일본인과 경쟁하는 것을 처음부터 탐탁하게 여기지 않았습니다.

한편 러일전쟁이 한창 진행되던 1904년 11월부터 국내 신문에 멕시코로 이주할 「농부모집광고」가 실립니다. 이 광고에서는 멕시코가 미국의 이웃에 있는 부강한 나라로서 세계 중의 '극락국'이라고 선전합니다. 일종의 국제이민 브로커와 일본의 대륙식민회사가 결탁한 이 불법적인 사업에 한인들이 몰립니다【그림 21】.

1905년 4월 초 1,033명의 한인이 제물포항을 떠납니다. 한국에서 송출된 단일 이민으로는 규모가 가장 컸습니다. 그들은 40여 일의 항해 끝에 멕시코 유카탄반도에 도착한 후 25개 이상의 에네켄 농장에 분산, 배치됩니다. 그들은 4년간의 계약노동이지만 실제로는 부채노예의 형태로서 농노와 다를 바 없었습니다. 1909년에 가서야 그들은 자유의 몸이 됩니다. 그렇지만 오랫동안 농장에서의 고립된 생활로 말미암아 사회 적응과 일자리 찾기에 어려움을 느낍니다. 그들 중 일부는 미국 자본의 유입으로 호황을 맞이한 쿠바로 건너가 정착합니다.

20세기 초 태평양을 건넌 한인들은 노동이민의 특성상 20~30대 독신 남자들이 대부분이었습니다. 이 문제를 해결하기 위한 방편으로 '사진혼인'이 이루어집니다. 1910년부터 1924년 사이에 1,000명 내외의 신부들이 하와이와 미국 본토로 건너옵니다. 이들은 재미한인사회의 안정적 발전에 크게 기여합니다. 한편, 이민이 아니라 유학을 목적으로 미국으로 건너온 한인들도 적지 않습니다. 조미수호조약이 체결된 후부터 일제 식민통치기에 이르기까지 1,000명 가까운 유학생들이 미국으로 건너옵니다. 그들 가운데 상당수는 미국에 정착하여 초기 한인사회를 이끌어가는 역할을 맡습니다.

이렇게 보면 20세기 초반에 대략 1만 명 수준의 한인들이 하와이와 아메리카대륙으로 들어왔음을 알 수 있습니다. 노동이민자들은 대체로 조선왕조에서 소외되거나 억압받던 몰락 양반이거나 하층민이었습니다. 농촌에서 밀려난 도시 노동자와 일용잡역부, 군인, 하급관리, 농민, 수공업자, 광부, 목공, 머슴, 승려 등이었지요. 그들의 전체적인 교육수준 또한 낮았던 것으로 알려집니다. 국내에서 주로 개항장과 철도 연변의 도시들에 거주하던 그들은 하와이에 도착하자마자 각처의 사탕수수농장에 분산, 배치되어 집단생활에 들어갑니다. 그리고 노동계약이 끝나면 도시로 진출하거나 미국 본토로 이주합니다.

처음부터 미국 유학을 꿈꾸고 하와이의 노동이민 모집에 응했던 사람들도 있었습니다. 1905년에 자신의 나이를 속이고 하와이 이민 대열에 끼어든 차의석Easurk Emsen Charr, 1895-1986이 그런 사례입니다. 그는 나중에 미국 시민권을 획득하고 『금산The Golden Mountain』이라는 영문 자서전을 냅니다. 이 책에서는 미국이 기회의 땅이자 약속의 땅으로 묘사됩니다. 그는 이렇게 말합니다. "오, 미국! 오, 크고 아름다운 나라! 오, 금산의 땅! 오, 그 나라에서 태어났더라면 얼마나 좋았을까!"

하와이 이주자들은 집단농장에서의 가혹한 노동조건, 언어장벽과 문화갈등, 인종차별 등 숱한 어려움을 극복하고 한인사회의 기반을 닦습니다. 그들은 다인종, 다민족 사회에서 유색인종인데다 소수민족이었습니다. 한인들은 하와이 전체 인구의 2퍼센트에 지나지 않았습니다. 그들은 본국 정부의 보호도 받지 못합니다. 그야말로 '틈새적 존재'로서 스스로 생존 방식을 터득해야 하는 상황에 놓입니다. 국가로부터 소외받고 사회로부터 고립된 한인들은 그들만의 교회와 학교를 만들고 자치단체를 꾸리는 한편, 한국의 풍습과 언어·역사를 보존하면서 민족적 정체성을 지켜나가고자 노력합니다. 이렇게 하여 서반구에 한인공동체가 형성됩니다.

2. 이주소설 :
육정수의『송뢰금』

　　대한제국기 하와이와 미주 대륙으로의 이민은 어수선한 시대 분위기 속에 사회의 관심을 끌면서 신소설의 소재로 등장합니다. 그러한 작품 가운데 하나가『송뢰금松籟琴』상권, 박문서관, 1908입니다. 이 제목에 나오는 송은 소나무, 뢰는 퉁소, 금은 거문고입니다. 소설의 표지를 보면 큰 소나무와 거문고가 나옵니다. 산 아래의 한 절간에서 여자 주인공은 거문고를 타고, 남자 주인공은 퉁소를 부는 장면을 묘사한 것이지요【그림 22】.

　　『송뢰금』은 우리나라 최초의 이민소설로서 하와이로 한인이 이주하게 된 시대적 배경과 그 과정을 사실적이며 구체적으로 다루었다는 점에서 일찍부터 국문학계의 주목을 받아 왔습니다. 이 작품의 '리얼리티' 확보는 저자인 육정수1885-1949의 가족사와 개인 체험에 바탕을 두었기에 가능했다는 것도 어느 정도 밝혀집니다. 그런데『송뢰금』은 상권만 나오고 그 후속편이 나오지 않은 미완의 소설입니다.

　　왜 그랬을까요. 이 문제를 해명하려면 그 소설이 나온 이듬해 서울에서 출간된『포와유람기布哇遊覽記』와 함께 살펴보아야 합니다. 여기서 '포와'란 하와이를 가리킵니다.『송뢰금』이 가공의 이주소설이라면,『포와유람기』는 제2차 하와이 이민단을 이끈 현순이라는 인물의 개인 체험기입니다. 전자가 소설 속 주인공들이 일본 고베에서 하와이로 가는 이민선에 오르기 직전까지의 과정만을 다루었다면, 후자는 그 과정을 생략하고 한인들의 하와이 도착 이후의 상황에 대하여 기술하고 있습니다. 육정수가 『송뢰금』의 후속편을 내지 않았던 것은 이 때문이었습니다.

만약 『포와유람기』가 나오지 않았다면, 육정수는 『송뢰금』의 하권을 집필할 수 있었을까요. 그렇지 않았을 것입니다. 육정수는 그의 생애를 통틀어 하와이를 가본 적이 없습니다. 현지에 대한 구체적인 정보나 경험이 없이 '이주' 소설의 리얼리티를 확보한다는 것은 매우 어려운 일입니다. 하와이는 한국과는 완전히 다른 기후와 환경 속에서 다양한 인종과 민족이 한 데 뒤섞여 살던 '인종전시장'이었습니다. 이 모습을 어떻게 상상만으로 그려낼 수 있겠습니까. 『송뢰금』의 상권이 육정수의 개인적인 체험에 바탕을 둔 소설이었다는 점을 상기한다면, 이 작품이 미완성으로 끝날 수밖에 없었던 이유를 미루어 짐작할 수 있습니다.

앞서 설명했듯이 한인들의 하와이 이주를 기획한 것은 이곳의 사탕수수농장주협회입니다. 그들은 고종의 허락이 떨어지자 데쉴러David W. Deshler라는 사람을 한국에 보냅니다. 일종의 대리인이었지요. 데쉴러는 한국에 도착하자 개항장 인천에 동서개발회사The East West Development Company와 데쉴러은행Deshler Bank을 설립합니다. 이민자를 모집하는 일은 동서개발회사가 맡습니다. 데쉴러은행은 선발된 이민자들의 경비, 즉 뱃삯과 하와이 이민국에 제시할 '휴대금show money'을 빌려주는 업무를 처리합니다.

육정수와 현순은 동서개발회사에서 함께 일합니다. 육정수는 배재학당 출신이고, 현순은 관립 한성영어학교에 다닌 바 있기에 두 사람 다 영어 통역이 가능했습니다. 육정수는 동서개발회사의 사무원으로 인천 본점에서 1년, 원산 지점에서 2년, 부산 지점 1년간 근무합니다. 그리고 이민 송출의 중간 거점인 일본 고베의 사무실 겸 합숙소에 파견되기도 합니다. 『송뢰금』 상권이 원산에서 고베까지의 이야기만을 다루었던 이유는 육정수의 개인 체험이 여기에서 끝났기 때문입니다.

『송뢰금』은 몰락 양반의 처지로 내몰린 김[경식] 주사이하 김주사로 줄임와 그 가족—박씨 부인, 딸 계옥17세, 어린 아들 한봉—의 이산과 재회로 나아가는 과정을 대화체 형식으로 풀어나갑니다. 그러니까 이 소설은 육정수가 이민 모집과 송출의 현장에서 보고 듣고 느낀 것들을 가공의 인물들을 내세워 재구성한 것이었지요.

육정수는 이야기의 실마리를 1903년 말 하와이로 홀연히 이민을 떠났던 김주사가 국내에 남겨진 부인에게 보낸 편지로부터 풀어갑니다. 1904년 '팔월 초일일'에 작성된 이 편지의 발신지는 '미국 영디 하와이 골로아 한인룡쟝'으로 되어 있습니다. 여기서 골로아는 하와이제도 북쪽에 위치한 카우아이섬의 콜로아Koloa를 가리킵니다. 김주사가 이곳 사탕수수농장의 한인 캠프에서 가족에게 편지를 썼다는 설정입니다. 장문의 이 편지에서 김주사는 자신이 홀로 하와이로 떠나게 된 배경과 동기에 대하여 먼저 털어놓습니다. 한 대목만 소개할까요. 원문 그대로입니다.

연이 이러난 풍파는 집일이 창황ㅎ야 평양으로 낙향홈은 시셰 초경홈을 긔다리더니 하리 동풍에 젼운이 몽몽ㅎ야 칠셩문 외에 포셩이 진동ㅎ고 대동강 상에 젼션이 편만ㅎ야 일어나는 젼쟝이 쉽지 안니ㅎ매 ⋯⋯

무슨 뜻인지 이해가 됩니까. 쉽지 않지요. 한문을 그냥 한글로 옮겨 놓았기에 뜻이 통하지 않습니다. 그 편지의 내용을 뜯어보면 김주사가 하와이로 훌쩍 떠나기로 결심한 데에는 두 가지 이유가 있었던 것으로 나타납니다. 첫 번째는 청일전쟁에서부터 러일전쟁에 이르는 시대적 혼란입니다. 불과 십 년 사이에 조선은 두 차례의 큰 전란을 겪는데, 이 사이에 김주사와 그의 가족은 헤어집니다. 두 번째는 개인의 불운과 경제적 궁핍입니다. 이는 전란 외에도 지배층의 무능과 부패, 수탈에서 비롯된 것이기도 합니다. 이리하여 "삼쳔리 넓은 땅에 낙토樂土가 바이 업서 도쳐에 수운愁雲이라"는 한탄이 나옵니다. 한때 한양 목멱산 아래 양반골에 살면서 세상사에 뜻을 두었던 김주사는 결국 태평양의 '망망한 파도우에' 몸을 싣습니다.

이어진 편지글에서 김주사는 이제 자신이 하와이에 자리 잡았으니 부인더러 딸과 아들을 데리고 들어오기를 청합니다. 그 이유는 딱 두 가지, 돈과 지식입니다. 먼저 하와이에서의 농장 생활은 '근근이' 지내면 한 가정을 먹여 살릴 수 있다고 합니다. 다음으로 어린 아들한봉이 장성하면 미국 본토로 보내 '공부'를 시키겠다고 합니다. 그러니까 유학을 통하여 신지식을 얻도록 하고, 이를 바탕으로 조선을 문명개화의 길로 이끄는 '재목'을 만들겠다는 것이지요. 이는 원래 개화파였던 김주사가 품었던 '뜻'을 아들이 이어받도록 하는 일이었습니다.

개화기 조선 청년들에게 미국 유학의 꿈을 심어준 첫 세대 인물로는 앞서본 서재필과 윤치호를 꼽을 수 있습니다. 그다음 세대가 배재학당에서 서재필에게 배웠던 이승만입니다, 그는 1904년 11월 초 미국 유학의 길에 오른 후 자신이 인연을 맺었던 『제국신문』에 장문의 편지를 두 차례 보냅니다. 첫 번째 편지에는 이런 이야기가 들어갑니다. "진실로 공부하고자 하는 이들이 이 돈이나 변통하여 가지고 미국에 가서 천역賤役이라도 하여 얻어먹어 가면서라도 학문을 잘 배와 가지고 돌아오면 나라에 도움이 유조할지라 총명 자제들을 많이 권면코자 하는 바이로다."

이 편지는 『제국신문』의 제1면 논설란에 실렸으니 당시 해외 유학에 뜻을 둔 조선의 청년에게 적지 않은 영향을 주었을 것으로 짐작됩니다. 이른바 신소설의 작가들이 유학을 '구국'의 첫걸음으로 묘사한 것도 이러한 시대적 흐름을 반영입니다. 육정수는 이승만보다 십 년 아래였지만 청일전쟁 후 배재학당에 함께 다니고 협성회에서도 같이 활동을 했었습니다. 이렇게 보면 『송뢰금』에서 김주사가 하와이 이주를 아들의 미국 유학의 기회로 삼고자 했던 상황 설정을 이해할 수 있습니다.

그런데 자기가 살던 고향을 버리고 '만리타향' 하와이로 간다는 것은 결코 쉽게 내릴 수 있는 결정이 아니었습니다. 하여, 김주사는 편지에서 이렇게 말합니다. 우리 가족이 한양에서 평양으로, 평양에서 원산으로 거처를 옮겼던 것처럼 그냥 하와이로 오면 된다. 오직 차이는 '도로 원근'일 뿐이며, '죵당'에는 조국으로 돌아갈 것이다. 이러한 김주사의 말은 국가의 경계를 허물고 태평양이라는 지리적 공간을 대폭 축소시킵니다. 마치 이웃처럼 말입니다. 이제 태평양은 망망대해의 장애물이 아니라 한국과 미국, 구대륙과 신대륙을 연결하는 가교로서 마음만 먹으면 언제든 건널 수 있다는 생각을 하기에 이르렀지요.

김주사의 가족은 이러한 편지에 설득되어 하와이로 가기로 결정합니다. 그들은 원산에서 배를 타고 중간 기착지인 일본 고베항에 도착합니다. 이곳에서 태평양을 건너는 선편으로 갈아타기 위해서는 신체검사를 통과해야만 합니다. 그 상황을 묘사한 대목을 한번 볼까요. 현대식 문장으로 바꾸었습니다.

태평양을 건너갈 배 한 척이 장기[나가사키] 항에서 떠났다는 전보가 오더니 농민의 안질 검사를 한다고 유숙소 일판이 바짝 떠들며 너른 마당에 체조시키듯이 사열로 삼백여 명을 늘어세우고 하나씩 호명을 하여 앞에 세우니 눈이 노랗고 코가 높다란 서양 의원이 손에다 뾰족한 못 같은 것을 들고 눈을 뒤집어 보며 「올라잇 굿」하기도 하며 「튜래코마」 하기도 하는데 「굿」 소리를 들은 사람은 과거에 급제나 한 듯이 좋아서 내려오며 「코마」 소리 만나는 사람의 얼굴은 주름살이 잡히더라 그럭저럭 계옥이 일행 차례가 되었는데 부인 모자에게는 「올라잇」이라 하더니 계옥의 눈을 보고는 의원이 고개를 설렁설렁 흔들며 「씨뷔어원」이라 하니까 사무원이 입맛을 쩍쩍 다시며 이번 선편에는 못가시겠소 안질이 대단하다니 치료를 한 후에라야 될 터이요 하는 소리에 계옥이 모녀의 간담이 뚝 떨어지는 듯하더라

이 글은 한 편의 드라마를 보는 것과 같은 시각적 효과를 자아냅니다. 이민자들의 신체검사를 하는 서양 의사가 「올라잇 굿」All right, good!이라고 하면 안질 검사에서 합격한 것입니다. 이 소리를 들은 사람은 과거에서 급제나 한 듯이 좋아합니다. 반면에 「튜래코마」Trachoma!라는 소리를 들은 사람은 낙망하여 울상이 되지요.

당시 미국은 외부에서 이민자들을 받아들일 때 정신적, 신체적 질병이 있는지를 검사하는데 결막염의 일종인 트라코마는 'A등급' 전염병으로 분류되어 입국 불허의 사유에 해당됩니다. 따라서 이민자들은 사전에 이 질환을 치료해야만 미국 땅을 밟을 수 있습니다. 안질 검사는 '백색'의 문명국가로 들어가기 위한 필수적인 통과 절차이자 의례였던 셈입니다. 이때 순간적으로 이루어지는 판정은 이민자들의 운명을 갈라놓습니다. 계옥이 어머니와 남동생은 「올라잇」 소리를 들었지만, 계옥은 「씨뷔어원」Severe! 이라는 판정을 받습니다. 이는 질환이 '심각하다'는 뜻입니다. 계옥은 결국 이민선을 타지 못한 채 고베에 홀로 남겨집니다.

그 후 계옥은 고베에 머물면서 눈병 치료와 공부를 하면서 세월을 보냅니다. 해가 바뀌니 일본이 러시아와의 전쟁에서 크게 이겼다는 소식이 전해옵니다. "기쁜 기색이 일본 전국에 가득하고 제등 행렬의 경축은 거리거리 벌려 서서 만세 소리가 공중에 사무칩니다." 얼마 후 한국 정부가 이민금지령을 내렸다는 말이 전해집니다. 동서개발회사의 고베 직원으로부터 이 말을 듣게 된 계옥은 절망에 빠집니다.

그럼 어떡해요, 저는 신호[고베] 항에서 죽으란 말씀이옵니까!
사고무친한데 믿을 사람이 누구이옵니까, 이제와서는 가도 오도 있지도 다못하게 되었사오니 어찌하면 좋단 말입니까! 편하게 공부라도 하자는 것이아니라 그래도 발 디딜 곳은 있어야 하지요

이러한 계옥의 절규는 한 개인의 불행이자 당시 대한제국이 처했던

비극적인 상황을 말해줍니다. 계옥이 이국땅에서 가도 오도 못하는 신세가 되었듯이 대한제국 또한 약육강식의 세계에서 외세의 눈치만을 살피다가 제 갈 길을 잃었습니다. 이른바 제국과 식민, 문명과 야만의 경계에서 '반개半開'의 미몽과 혼돈에 빠져들었던 대한제국은 스스로 멸망의 길을 재촉합니다. 개인이 이러한 망국의 불행에서 벗어나고자 조상 대대로 발붙이고 살아온 '본향'을 떠나 이국만리의 '타향'으로 가고자 하지만, 계옥에게는 이마저도 허락되지 않은 채 소설은 끝을 맺습니다.

3. 체류기록 :
현순의 『포와유람기』

현순1879-1968은 조선 후기에 이름난 역관 집안에서 태어납니다. 따라서 외국 문물에 대한 개방성을 타고났다고 볼 수도 있겠지요. 그는 관립한성영어학교를 중퇴한 후 일본 도쿄로 건너가 중등학교를 다닙니다. 이때에 기독교로 개종합니다. 그는 일본의 제국대학으로 진학하고 싶었지만 가정 사정으로 포기합니다. 귀국 후에는 앞서 말한 동서개발회사에 취직합니다.

1903년 2월, 현순은 제2차 이민단90명을 이끌고 하와이로 갑니다. 최종 입국이 허용된 사람은 64명입니다. 이들은 오아후섬 북단의 카후쿠 Kahuku 농장에 배치됩니다. 이로부터 4년이 지난 1907년 5월에 현순은 귀국합니다. 그동안 두 딸과 아들이 태어납니다. 이들은 가장 이른 시기에 한국계 미국인이 됩니다. 현순은 하와이에서 가족과 함께 지내고 통역과 전도사로 일했기 때문에 현지 사회에의 적응도가 높았습니다. 대부분의 이주 노동자들이 농장 캠프에서 집단생활을 했기에 사회로부터 격리되어 있었던 것과는 다른 상황이었지요.

『포와유람기』국한문, 58쪽가 나올 수 있었던 것도 그 때문입니다. 이 책은 1909년 초 국내에서 출간됩니다. 제목에 '유람'이 들어갔지만, 이 책은 단순한 여행기가 아닙니다. 먼저 목차부터 살펴보지요【그림 23】.

제1장 총론 : 하와이로의 한인 이주와 정착 과정

제2장 지리 : 하와이의 자연·인문지리와 8개 섬 개황

제3장 역사 : 하와이 '발견'에서부터 미국 병합까지의 역사

제4장 경지 : 하와이의 사탕수수 재배와 농장 노동자 상황

여기에서 알 수 있듯이 『포와유람기』는 하와이의 지리와 역사 및 경작지 등에 대하여 소개한 일종의 이민 안내서와도 같습니다. 이 책을 보면 20세기 초 하와이의 상황을 대충 짐작할 수 있지요. 분량은 얼마 안 되지만 요령 있게 정리되어 있습니다. 아직 추측이지만, 당시 일본에서 해외 이주의 붐을 타고 다양한 형태로 출간되던 하와이 관련 안내서들을 발췌, 번역했을 가능성이 높습니다. 현순의 일본 유학이 그런 면에서 도움이 되었겠지요.

한편, 『포와유람기』에는 한인들의 하와이 이주 및 정착 과정이 다루어집니다. 제1장과 제4장 일부가 그러합니다. 이 부분은 현순의 현지 체험에 바탕을 둔 것으로서 역사적인 자료로서의 가치를 지닙니다. 이에 기초하여 한인들의 하와이 정착과 공동체 형성에 대하여 살펴보도록 하지요.

태평양을 건넌 한인들은 호놀룰루에 도착한 후 하와이 여러 섬의 사탕수수농장으로 배치됩니다. 그리고는 인종별 민족별로 나누어진 캠프의 공동생활에 들어가지요. 가장 늦게 하와이로 들어온 한인 노동자들에게 배당된 캠프는 주변 환경이나 주거 시설이 열악합니다. 현순은 이렇게 말합니다.

동료 한인들은 이 지독한 막사에 입주하고 사탕수수 밭에서 혹독한 노동을 하는 것에 낙심했다. 나는 그들에게 우리는 명예로운 국민이고 태평양의 낙원에 왔다고 격려했다. 그러니 다행으로 생각하고 농장에서 열심히 일하자고 했다.

여기서 태평양의 낙원이란 하와이의 기후와 자연환경을 말하는 것이고, 혹독한 노동이란 한인들의 고된 농장 생활을 가리킵니다. 한인 노동자들은 매일 4시 반에 기상하여 아침을 먹고 기차 정거장으로 가서 지붕이 없는 화차를 타고 농장의 일터로 갑니다. 현순은 루나Luna라고 불리는 감독의 통역을 맡습니다. 한인들은 열심히 밭줄파기, 관개용 도랑파기, 제초, 수수벗기기, 절단 등의 일을 합니다. 하루 10시간 이상의 중노동이었지요.

그러한 여건에서도 현순은 야간에 영어교실을 열었습니다. 이 교실에 20명의 청년이 나옵니다. 현순이 조수로 돕는 주말의 교회 예배에는 50명 정도가 참석합니다. 스스로 돕는다는 뜻의 자조회도 만듭니다. 그 규칙을 보면 상호 친교를 강화하고, 부녀자들을 보호하고, 도박과 음주를 금하며, 수상쩍은 여자들의 막사 출입을 금지한다고 되어 있습니다. 카후쿠 막사의 자조회 소식은 하와이 전체에 퍼집니다. 이리하여 10명 이상의 동포가 모여 사는 곳이면 동회洞會를 만들고 동장과 사찰을 뽑아 질서와 친목을 유지합니다. 한편으로는 학교를 설립하여 아동들에게 우리말과 역사에 대하여 가르칩니다.

이러한 한인공동체에는 또 다른 과제가 주어집니다. 그것은 현지 주류사회와의 소통을 어떻게 할 것인가의 문제입니다. 일본인의 경우에는 하와이 전체 인구의 40퍼센트 정도가 되었기에 그들만의 공동체로도 충분히 살아갑니다. 그들은 하와이 내에 '소小일본'을 만들지요. 한인들은 그렇게 할 수 없었습니다. 7천여 명이 하와이 각처의 농장에 흩어졌으니 인종차별과 언어장벽, 문화적인 이질감 등으로 사회로부터 완전히 고립될 수 있었습니다. 이렇게 되면 현지 적응에 실패하여 계약노동이 끝나는 대로 귀국 길에 오를 수밖에 없습니다.

현순은 이 문제에 대한 해결책을 찾습니다. 그것은 기독교화의 길입니다. 한인들이 오직 교회를 중심으로 뭉칠 때 하와이를 통치하는 미국인들과 소통할 수 있다고 본 것입니다. 『포와유람기』의 「한인의 기독교와 교육의 발전」이라는 장에서는, 하와이로 이주한 한인들이 일본이나 청국에서 온 사람들처럼 '우상'을 숭배하지 않고 기독교를 믿으니 미국인들이 한국인을 호의적인 눈으로 바라보기 시작했다고 말합니다. 그러면서 미국인들은 하와이로 온 한인들의 처지를 미국으로 이주한 초기 청교도들이 영국의 속박에서 벗어나 신대륙에 왔던 것같이 생각하여 동정하게 되었다고 합니다.

현순은 전도사로 활동하면서 그러한 사례들을 목격합니다. 오아후의 에와Ewa 농장에서 일하던 한인들이 교회당을 건축하기로 하고 3백 달러를 모금한 후 농장주에게 연조를 요청한 일이 있었습니다. 그랬더니 농장주가 크게 기뻐하며, "너희 한인은 비록 노동자일지라도 종교의 사상이 견고하니 우리들이 미치지 못하는 바이다"라고 말하고는 천 달러를 희사하여 큰 회당을 만들어 주었다는 것입니다. 이리하여 한인공동체의 중심에 교회가 자리를 잡게 됩니다.

1903년 11월 호놀룰루에 한인감리교선교회Korean Methodist Mission가 조직됩니다. 이 선교회는 1905년 4월에 정식 교회로 인준을 받습니다. 이 무렵 하와이제도 중 세 개의 섬에 14개의 한인교회가 만들어지고 400명의 교인이 등록했다고 합니다. 감리사 와드만John W. Wadman은 1905년도 연회보고서에 이렇게 기록합니다. "하나님의 놀라운 역사가 한인교회와 같이하신 것에 대하여 일일이 보고할 시간이 없습니다. 하와이의 한인 6,000~7,000명이 각 섬에 흩어져 있는데, 그 중 1,000~2,000명이 감리교인이거나 교인 후보자들입니다. 통틀어 30여 개의 전도소를 설립하였고, 10명의 정식 목회자와 4명의 교사를 채용했습니다."

현순은 한인 목회자 그룹에 포함됩니다. 그는 카후쿠 농장에서 호놀룰루로 거처를 옮겨 한인감리교회에서 일합니다. 그는 와드만의 지휘를 받는 순회 설교사로서 카후쿠와 모클레이아에 예배당을 세웁니다. 나중에는 하와이제도 최북단에 위치한 카우아이섬에 파견됩니다. 이곳에서는 2천 명의 동포가 농장에서 일하고 있었습니다. 현순은 현지의 유력한 농장주들의 도움을 받아 한인교회를 세웁니다.

한인 노동자들은 애초 하와이에 들어올 때 돈을 벌어 귀국할 생각이었습니다. 그런데 러일전쟁 후 대한제국이 멸망의 길에 들어서자 그 꿈을 포기합니다. 현순의 말에 따르면, 하와이로 건너왔던 8천여 동포 중 귀국한 사람은 5~6백 명에 미치지 못하고 미국 본토로 건너간 사람은 2천 5백 명이니 현금 하와이에 거류하는 동포가 최소 5천 명이었다고 합니다. 이들은 결국 하와이를 '제2의 고향'으로 인정하고 각각 제 나름대로 정착할 방도를 찾습니다. 태평양의 한가운데 이렇게 한인사회의 터전이 마련됩니다.

19세기 말 스페인과의 전쟁 후 태평양은 '미국의 호수'로 변모합니다. 이에 따라 하와이의 지정학적 가치도 높아집니다. 현순은 『포와유람기』에서 '태평양시대'의 도래를 예고합니다. 그 내용을 요약하면 이렇습니다. "20세기에 이르러 각국 운명의 소장은 그 나라 상업의 성쇠 여하에 달려 있다. 역사적으로 보면 세계 교역의 중심 무대는 지중해에서 대서양으로 이동했는데, 이제는 대서양에서 태평양으로 옮겨 오고 있다. 이러한 시대 변천에 따라 세계 상업과 해운의 패권 또한 영국에서 미국으로 넘어온다. 하와이는 동서교통의 중심지이다. 따라서 '상전商戰'과 '병전兵戰'의 일대 요새가 된다. 미국은 하와이를 아시아로 진출하기 위한 교두보로 삼고 있다. 일본은 이에 반발한다. 언젠가 두 나라는 태평양의 패권을 놓고 충돌할 수밖에 없을 것이다."

하와이에 대한 현순의 이러한 설명은 장차 이곳 한인사회가 해외 독립운동의 기지가 될 수 있음을 예고합니다. 그는 3·1운동 후 '기독교 대표'로 중국 상해로 건너가 대한민국 임시정부를 건립하는 데 앞장섭니다. 통합정부가 수립된 후에는 하와이로 돌아와 이곳에서 한인사회를 지도하면서 민족의식을 고취시킵니다. 그는 한국의 독립에 대한 희망을 놓지 않습니다.

4. 대한인국민회와 무형정부 선포

미국의 역사학자 케빈 케니Kevin Kenny, 보스턴컬리지 교수는 디아스포라에 대한 입문서에서 이렇게 말합니다.

모든 디아스포라 의식은 실제든 상상이든 고향과 연결되어 있다. 고향 땅은 이민자들과 그들의 조상이 떠나온 곳을 의미하는 경우가 많다. 어떻게 보면 고향이 없기 때문에 고향이라는 개념에 더 강렬하게 집착하게 된 것인지도 모른다. 디아스포라는 민족주의의 원천이다. 기본적으로 이주자 사회는 고향을 돕고자, 고국이 외세의 지배에서 벗어나 독립 민족국가를 건설하도록 지원하고자 한다. 한 마디로, 디아스포라는 세계 곳곳에 퍼져 있는 같은 기원을 가진 사람들을 연결하고 그 관계를 강화시키는 정치적·문화적 실천이다.

유태인이 거의 2천 년 동안 그들의 국가가 없었던 것에 비교할 때, 한민족의 이산은 그 유래와 기간이 무척 짧지만 우리 역사에 강렬한 흔적을 남깁니다. 19세기 중엽부터 시작된 한인의 국외 이주는 지구적 차원의 인구이동과 맞물려 만주와 시베리아에서부터 태평양 건너편의 하와이와 미국 본토, 그리고 카리브해의 유카탄반도와 쿠바까지 넓게 펴져 나갑니다. 한민족의 이산이 중세적인 왕조체제에서부터 근대 국민국가로의 이행기에 일어났다는 사실에도 우리는 주목해야 합니다.

한반도가 일본 영토로 편입된 이후에는 한인들의 국외 이주가 더욱 가파르게 진행됩니다. 가족의 생계 때문이든 학업 때문이든 정치적 망명이든 어쩔 수 없이 한반도를 떠나야 했던 한인들은 추방과 이산의 쓰라림을 모국의 독립에 대한 희망과 열정으로 달랩니다. 해방 직전 시기에 국외에 거주하는 한인들의 숫자는 대략 400~500만 명에 달합니다. 당시 국내 인구가 2,500만 명 정도로 추산되니 6명 중 1명꼴로 나라 밖에 살고 있었던 셈입니다.

일제의 식민통치는 서구 열강의 그것과 비교할 때 두 가지 특징을 지닙니다. 첫 번째는 근거리 식민지였다는 점입니다. 일본인의 한반도 이주가 쉽게 진행될 수 있었지요. 이것은 곧 한민족의 추방을 의미합니다. 두 번째는 무력에 기반한 직접 식민통치 방식입니다. 조선총독부가 처음 설치될 때 치안 책임자인 아카시 모토지로 경무총감 겸 조선주차헌병사령관은 '기포성산碁布星散'이라는 말을 씁니다. 이는 바둑판 위의 돌이나 하늘의 별처럼 한반도 전역에 헌병과 경찰을 촘촘히 배치하여 조선인을 꼼짝달싹하지 못하도록 만들겠다는 의지의 표현이었습니다. 이른바 상시 계엄령과도 같은 무단통치였지요.

한민족의 독립운동은 일제의 통감부 설치부터 국내가 아닌 국외의 한인사회에서 전개될 수밖에 없었습니다. 그 가운데 교민들의 숫자는 적지만 초기 조직화 단계에서 구심점이 되었던 단체가 샌프란시스코에 본부를 둔 대한인국민회입니다. 여기서 우리는 '국민'이라는 단어에 주목할 필요가 있습니다. 그것은 왕조시대의 신하와 백성을 뜻하는 '신민臣民'과는 구분되는 개념입니다. 하와이와 미주대륙의 한인들이 국민이라고 할 때 그것은 곧 나라의 주인이라는 뜻을 지녔습니다.

대한인국민회는 일본이 대한제국을 그들의 '보호국'으로 만들 때 샌프란시스코에서 결성된 공립협회에 뿌리를 둡니다. 다음에 소개하는 문답은 공립협회의 기관지인 『공립신보』에 실립니다1907년 8월 16일자.

갑 : 대한독립의 기초는 어데 있느뇨?

을 : 미국에 있는 공립협회니라.

갑 : 미국에 거류하는 대한인이 불과 천여 명인데, 공립 회원이 불과 칠·팔백이니 수효로 말하여도 내지內地에 있는 동포의 2천만분의 1이 되지 못하고 학식으로 말하여도 내지에 있는 문인재사文人才士를 따를 수 없으니 무엇으로 독립 기초가 되겠는가?

을 : 그대가 미국 독립사를 보지 못하였는가! 독립 대업은 와싱턴의 공이라 하지만 독립 기초는 먼저 건너온 112인에게 있다 할지며, 4억만 인민 있는 청국도 4천만의 일본을 대적치 못하니 이로써 보더라도 사람 수효가 많고 적은데 있지 아니하고 마음과 정성이 합하고 아니 합하는 데 있다 할지며, 오늘날 한국을 망하게 한 자는 귀족 양반과 문인재사라 할지라 할 터이니 우리는 불취不取하며, 수효는 비록 적다 하나 정신상과 심기적으로 7백 회원이 한마음 되니 이 어찌 독립 기초가 아니리오.

이 문답은 대한제국의 국권 상실기 미국 서부에 주로 거주하던 한인들이 어떤 생각으로 공립협회를 만들게 되었는지를 잘 보여줍니다. 그들은 스스로를 미국 독립의 정신적 기초를 마련한 '청교도 조상들Pilgrim

Fathers'에 비유하는 한편, 대한제국을 멸망케 한 자들로서 국내의 지배층과 유교적 지식인들을 지목합니다. 따라서 비록 소수이지만 재미한인들이 신대한의 주역이 될 수밖에 없다는 결론을 내립니다.

어찌하여 그러한가? 이 물음에 대하여 그들은 다음과 같이 설명합니다. "근래 태평양을 건너 미국으로 들어온 한인들이 점점 늘어나 대략 천여 명에 달하는데, 이들은 신공기를 흡수하는 날부터 즉시 신사상이 발달하여 오천여 년 전래하던 부패 사상과 완고한 풍습을 일조에 타파하고 신학문을 사모하는 마음과 제 나라를 사랑하는 생각이 간절하여 불과 3~4년 동안에 사회는 큰 단체를 성립하여 신한국이라고 칭할 만하며, 학문은 소·중·대학생이 적지 않아 신지식이 발달하고, 재정은 비록 노동을 하더라도 의식이 흡족할뿐더러 자선사업이 또한 적지 않으니, 우리가 만든 신문은 국내로 들어가서 동포의 깊은 잠을 깨우며 난신적자의 악한 혼을 놀라게 하여 무리한 정부에서 압수하는 일까지 당하였으니 미주한인의 과거 역사가 세상 사람을 대하여 말하기에 과히 부끄럽지는 않을 터이다." 『공립신보』, 1908년 9월 16일자 「재미한인의 장래」

이 기사는 당시 미주 한인들의 긍지와 사명감이 어떠했는지를 잘 보여줍니다. 당시 국내 언론도 재미한인사회에 대하여 찬탄의 시선을 보냅니다. 이를테면 『대한매일신보』는 「공립협회」라는 제목의 논설에서, 이 단체가 미국 샌프란시스코에 사는 한국 인사들이 특연히 세계 열국과 공립적 사상으로 하나의 사회를 조성한 것인바 대한에 한 줄기 독립의 서광을 비추었다고 말합니다. 이 신문의 또 다른 논설에서는 공립협회의 소식을 전하며 북미주에 하나의 '신한국'을 조성했다고 치켜세웁니다.

개신유학 계열의『황성신문』도 그와 비슷한 논조의 사설과 기사들을 내보냅니다. "오호라 아 단군후예의 신성종족이여 금일에 이르러 조국을 충애하는 열혈이 유독 해외동포에게 재하고 문명의 전진할 생각이 유독 해외동포에게 재한가"라고 탄식하면서 국내 인사들의 사회와 국가에 대한 무관심한 태도를 질타합니다. 암울한 시대에 해외동포의 활동 소식은 국내 인민들의 각성과 분발을 촉구하는 재료로 활용됩니다.

미주와 하와이 한인단체들은 일본의 한국병합이 임박한 시점인 1909년 2월 1일 국민회를 창립합니다. 이때 샌프란시스코의『공립신보』는 『신한민보The New Korea』로, 호놀룰루의『한인합성신보』는『신한국보The United Korean News』로 각각 그 제호를 바꿉니다. 대한제국을 대체할 신한국 건설에 앞장서겠다는 의지를 보여주고자 한 것입니다. 그해 11월 17일자『신한민보』에는「무엇을 국민이라 하나뇨」라는 논설이 실립니다. 그 중에는 이런 대목이 나옵니다.

남에게 정복을 당한 백성을 가로되 노예라 하며, 전제정치에 눌리운 백성을 신복이라 하며, 입헌군주 백성을 가로되 인민이라 하나니, 입헌과 공화를 물론하고 그 백성의 공론으로 그 나라 정치를 행하는 자라야 이를 국민이라 하나니라.

이어서 "국민이란 말은 반드시 완전한 입법·행정·사법과 개인의 자유가 있은 연후에야 가할지라"는 점을 강조합니다. 요컨대 신한국은 왕이 없는 나라, 즉 미국이나 프랑스와 같은 공화국가가 될 것임을 밝힙니다.

그 논설은 이렇게 끝납니다. "국민이여 국민이여 신한국을 건설할 국민이여."

좀 산만하게 풀어진 이야기를 간추려볼까요. 미주와 하와이의 한인단체들은 대한제국이 일본의 '보호국'으로 전락하는 순간부터 무기력한 군주와 일본에 빌붙는 정부 대신과 관료들, 그리고 국망의 순간에도 스스로 나라의 주인임을 자각하지 못하는 백성들에게는 더 이상 희망이 없다고 판단하고 국민회를 결성하기에 이릅니다. 앞으로의 과제인 신한국 건설은 오랫동안 전제정치의 압제를 받아온 대한의 백성에게 주권 의식을 불어넣어 '국민'으로 만드는 일부터 시작해야 하는데, 이 과업을 담당할 주체는 신대륙에서 신사상과 신문명을 흡수한 미주 한인일 수밖에 없다는 결론에 도달합니다.

1910년에는 대한제국이 역사 속으로 사라집니다. 해외 한인에게는 돌아가야 할 조국이 없어집니다. 돈을 벌어, 또는 공부를 하여 금의환향하겠다는 꿈들은 물거품이 되고 맙니다. 그들은 미국 내의 일시적인 체류자에서 영구적인 거주자로 남습니다. 미국에의 귀화는 허락되지 않습니다. 그들은 '백색국가'에서 이질적이고 의심스러운 '외국인alien'일 뿐이었습니다. 이산된 민족으로서 국가를 다시 찾는 길 이외에 다른 선택지가 없었습니다. 이제 신한국 건설이 그들의 꿈이자 삶의 목표가 됩니다. 그것은 스스로 인간의 존엄을 회복하는 길이기도 합니다【그림 24】.

1910년 10월 5일자 『신한민보』에는 「대한인의 자치기관」이라는 논설이 실립니다. 그 첫 대목은 이렇습니다.

오늘 우리는 나라가 없는 동시에 정부도 없으며 법률도 없으며 일체 생명 재산을 보호할 기관이 없으니 우리 동포는 즐겨 적국의 법률을 복종하여 원수의 소와 말이 되고자 하나뇨. 금일 이십세기는 그 정체 헌법·공화의 어떠한 것을 물론 하고 자치제도가 정치상의 주안主眼─되는 문제라.

이어서 그 논설에서 다음과 같이 선언합니다.

이제 형질상의 구한국은 이미 망하였으나 정신상의 신한국은 바야흐로 울흥鬱興, 부쩍 일어난다는 뜻임 하기를 시작하니 어찌 희망이 깊지 아니함이오.

현실의 절망감을 미래에의 희망으로 바꾸고자 한 하와이와 미주대륙의 한인들은 대한인국민회라는 단체를 만들고 독립운동의 기치를 내겁니다. 그 후 이 단체는 샌프란시스코에 중앙총회를 두고 북미와 하와이, 시베리아, 만주 등지에 지방총회를 설치함으로써 스스로 해외 한인을 대표하는 유일무이한 무형정부임을 선포합니다. 그것은 한반도의 외부로 옮겨진 국가로서 장차 한국 민족운동의 주도권이 '오염된 내지'가 아니라 애국심과 단결심으로 교민들이 뭉친 해외로 넘어감을 뜻합니다. 이들에게는 동양의 아일랜드인이라는 평가가 주어집니다.

바야흐로 독립된 주권과 영토가 없이 오로지 한인공동체만이 존재하는 '외신대한'이 탄생합니다. 그것은 나라 밖의 나라, 영토 없는 민족의 디아스포라 공동체였습니다. 역사란 때론 반전을 낳기도 합니다. 대한제국의 멸망이 곧 공화제 국가 건설의 밑거름이 되었으니 말입니다. 이러한 역사 인식 체계에는 식민지 시대란 존재하지 않습니다. 대한제국의 해체가 무형정부인 대한인국민회를 낳고, 이 국민회가 3·1운동 후 대한민국 임시정부의 탄생으로 연결되기 때문입니다. 오늘의 대한민국은 그 연속선 상에 위치합니다.

미주대륙과 하와이에서의 신한국 건설과 관련하여 우리가 잊지 말아야 할 두 사람이 있습니다. 안창호1878~1938와 박용만1881~1928입니다. 두 사람 다 개항 직후에 태어나서 한반도가 외세의 격전장으로 변하는 것을 보고 미국으로 건너갑니다. 유학, 즉 선진 학문과 문명을 배워 조국의 국권 보전에 기여하려는 것이 그들의 목적이었지요【그림 25】.

1902년 10월 14일, 이제 막 결혼한 처이혜련와 함께 샌프란시스코에 도착한 안창호는 현지 신문과의 인터뷰에서 이렇게 말합니다. "우물 안 개구리인 조국을 위해 교사가 되는 것"이 자신의 꿈이라고. 이때의 인터뷰는 한국에서 선교 활동에서 종사한 적이 있던 알렉산드로 드류 박사의 주선과 통역으로 이루어집니다.『샌프란시스코 크로니클San Francisco Chronicle』지에 실린 그 기사의 제목은 「한국, 잠들고 있는 나라Corea, The Sleeping Land」입니다 1902년 12월 7일자. 하루가 다르게 변하는 세계로부터 격리된 한국의 상황을 호기심 어린, 때론 경멸적인 시선으로 바라보는 것이었지요.

그 후 안창호는 학업보다도 생업에 뛰어들어 미국 서부지역에 한인 공동체를 만드는 데 앞장섭니다. 아시아에서 미국으로 입국할 때 반드시 거쳐야 하는 관문인 샌프란시스코에 친목회-공립협회-국민회-대한인국민회로 이어지는 한인 단체를 결성하지요. 한편으로 안창호는 로스앤젤레스 근처의 리버사이드에 파차파 캠프Pachappa Camp라는 한인촌을 건설합니다. 이 캠프에는 1907년에 200명 이상의 한인들이 거주하고, 오렌지 수확기에는 300명 이상이 모여들었다고 합니다. 이들은 남북으로 길게 뻗은 오리건과 캘리포니아주의 농장들을 오르내리며 일하는 계절제 노동자였지요.

『파차파 캠프, 미국 최초의 한인타운』이라는 책을 펴낸 장태한 교수UC Riverside 소수민족학과는 이렇게 말합니다. "파차파 캠프는 도산안창호이 미국에 도착한 직후 자신의 꿈을 시험해 본 미국 최초의 한인 동네이며 최대의 한인타운이다. 도산은 우선 한인 이민자들에게 생활고를 해결할 수 있도록 한인노동국을 설립하여 취업의 문호를 활짝 열어주었다. 그래서 한인들이 몰려들기 시작했다. 파차파 캠프는 타 지역과는 달리 가족중심의 공동체였다. 도산은 민주주의 절차에 따라 엄격한 규율과 질서를 요구했으며, 타 인종에게 모범이 되도록 근면과 정직을 강조했다. 또한 한인 장로 선교회와 학교를 설립하여 신앙생활을 하면서 자녀교육도 할 수 있도록 했다. 파차파 캠프 한인들은 또한 토론회도 조직하고 열띤 토론도 했다."

미주대륙의 한인 공동체는 이렇게 형성됩니다. 그것은 민주주의의 핵심인 '자치'에 기반한 생활공동체이자 신앙과 교육 공동체이기도 합니다. 안창호는 이러한 공동체 건설에 있어서 탁월한 리더십을 보여줍니다. 솔선수범하는 자세, 자신을 낮추고 조직에 헌신하는 태도, 먼 미래를 내다보되 오늘의 생활에 충실하는 모습, 이런 면모가 안창호를 초기 미주한인사회의 지도자로 만듭니다.

한편, 안창호가 만든 한인공동체를 대한제국을 대체하는 무형정부로 만드는데 앞장선 사람이 박용만입니다. 그는 네브래스카 주립대학에서 정치학을 공부하는 동안1908-12, 두 가지 실험을 동시에 진행합니다. 즉 네브래스카에 거주하는 한인들을 대상으로 대한인거류민회를 조직하고, 그들이 내는 인두세1년에 3달러로 한인소년병학교를 운영하는 것입니다. 일종의 자치정부와 국민개병제 실험이었지요.

박용만은 1911년 2월 초 대한인국민회의 기관지인 『신한민보』의 주필로 취임한 후 자신이 품었던 정치적 구상을 펼쳐 보입니다. 3월에는 「조선 민족의 기회가 오늘이냐 내일이냐」는 논설을 발표한 데 이어서 4월에는 「조선독립을 회복하기 위하여 무형한 국가를 먼저 설립할 일」을, 그리고 5월에는 「정치적 조직의 계획」이라는 논설을 연속적으로 게재하여 '가정부' 즉 임시정부 조직 캠페인을 전개합니다. 그가 제시한 결론은 이렇습니다. "오직 새 조직과 새 정신으로 잘난 사람 못난 사람 없이 일체로 법률상 범위에 들어앉아 각각 책임을 다할 뿐이니 이는 소위 무형한 국가와 무형한 정부를 성립함이라."

박용만의 이런 주장은 1912년 11월 20일에 발표된 대한인국민회의 「중앙총회 결성문」에 반영됩니다. "지금 국내외 국외를 물론하고 대한 정신으로 대한민족의 복리를 도모하며 국권 회복을 지상 목적으로 세우고 그것을 위하여 살며 그것을 위하여 죽으며 그것을 위하여 일하는 단체가 어데 있는가. 오직 해외에 「대한인국민회」가 있을 뿐이오 그 외에 아모리 보아도 정신과 기초가 확립된 단체를 찾아 볼 수 없는 것이 현상이다.” 이때 선포된 결의안에는 “대한인국민회 중앙총회를 해외 한인의 최고기관으로 인정하고 자치제도를 실시할 것”이 명시됩니다.

비록 이때에 임시정부의 형태로까지 나아가지는 못했지만, 그 바탕이 될 무형국가론과 무형정부론의 이론적 기초가 박용만에 의하여 제시되었다는 사실에 주목할 필요가 있습니다. 그는 대한인국민회의 구성원이 사회단체의 임의적인 ‘회원’이 아니라 근대국가의 성원, 즉 ‘국민’이라는 의식을 지녀야 한다는 신념을 갖고 있었습니다. 그래야만 그들이 세금과 병역의 의무를 다하여 잃어버린 나라를 되찾을 수 있다고 봅니다. 그가 의무금과 국민개병제를 강조했던 것도 그러한 신념에 따른 것이었음을 간과해서는 안 됩니다.

한 가지 더 보탤 것이 있습니다. 박용만이 일본의 한국병합을 전후하여 한인소년병학교네브라스카주와 대조선국민군단하와이을 만든 데에는 나름대로 국제정세의 흐름에 대한 판단이 바탕에 깔려 있었습니다. 그것은 당시 미국을 비롯한 서방세계의 언론과 일본에서까지 오르내리던 미일충돌설에 대한 기대입니다.

박용만의 그런 기대감은 1911년 3월 29일자 『신한민보』에 실린 「조선민족의 기회가 오늘이냐 내일이냐」는 장문의 논설에 잘 드러납니다 1면과 4면 게재. 이 글에서는 1815년의 워털루전쟁이 나폴레옹을 무너뜨려 구라파에 자유를 가져왔다면, 1915년에는 미일충돌이 ‘태평양문명’을 발달시켜 아시아의 행복을 만들어 줄 것이라면서 이렇게 말합니다. “오호 만일 이것[미일충돌]이 아니면 청국이 과연 숨을 쉬기 어렵고 조선반도의 거룩한 민족이 다시 기운을 펴기가 어려울 지로다.”

여기에서 1915년이 거론된 것은 파나마운하의 준공을 의식한 것입니다. 이 운하가 개통되면 미국의 대서양함대가 바로 태평양으로 이동할 수 있어 미군의 해군력이 일본을 압도하게 되고, 따라서 미일충돌의 가능성이 훨씬 커집니다. 이러한 예측은 러일전쟁 후 서방 언론에서 꾸준히 제기된 바 있습니다. 박용만의 미일충돌설은 가정부 수립론으로 연결됩니다. 그 대목을 한번 볼까요.

일찍이 여러 나라의 역사를 상고하여 보고 또한 당시의 정형을 궁구하여 보건대 만일 조선 국민으로 하여금 완전한 조직체가 있어 사회의 의미로 이것을 유지하지 말고 곧 정치적 의미를 유지하여 의무와 권리가 명백히 분석되고 정사와 명령이 엄정히 실행되지 않으면 결단코 성공하기 어렵도다.

이 글에서 박용만은 다시금 사회의 의미가 아닌 정치적 의미에서의 '완전한 조직체'의 필요성을 강조하고 있습니다. 그래야만 미일충돌의 기회가 왔을 때 한국의 독립으로 나아갈 수 있다고 보는 것입니다. 미일충돌설과 가정부 조직론 그리고 국민개병제에 입각한 독립전쟁론, 이것이 박용만이 생각해 낸 독립방략이자 가슴 속에 품고 있던 꿈이었습니다. 이러한 그의 소망은 1917년 중국 상해에서 발표된 「대동단결선언」을 거쳐 대한민국 임시정부의 수립으로 연결됩니다.

[그림 20] 하와이 이민 모집 「고시」(1903, UCLA 소장)

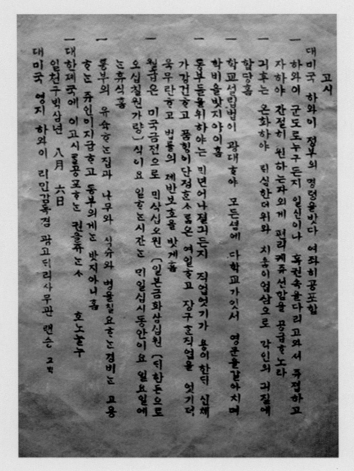

하와이 이민 사업이 본궤도에 오른 시점에 나온 「고시」이다. '대미국 영지 하와이 리민감독겸 광고디리사무관 랜슝'의 명의로 공고된 이 문안에는 이민 조건이 명시되어 있다. 그중 월급 십오 달러는 당시 우리나라 돈으로 오십칠 원 정도 되는 상당한 금액이었다. 그런데 두 나라의 생활 수준과 현지에서 한 달에 써야 하는 생활비를 고려하면 넉넉한 돈이 아니었다. 다만, 사람이 살기 좋다는 하와이의 자연과 기후 조건, 주택 제공, 무상 의료와 교육 혜택 등은 도시의 하층민과 유학을 꿈꾸는 청년에게 솔깃한 제안일 수 있었다. 이 때문에 처음에는 망설였던 사람들이 한번 이민의 길이 트이자 그 뒤를 따라갔다. 3년이 채 안 되는 짧은 기간에 7천 명 넘는 사람이 하와이로 들어온다.

[그림 21] 멕시코 「농부모집 광고」(『대한일보』, 1905년 1월 29일)

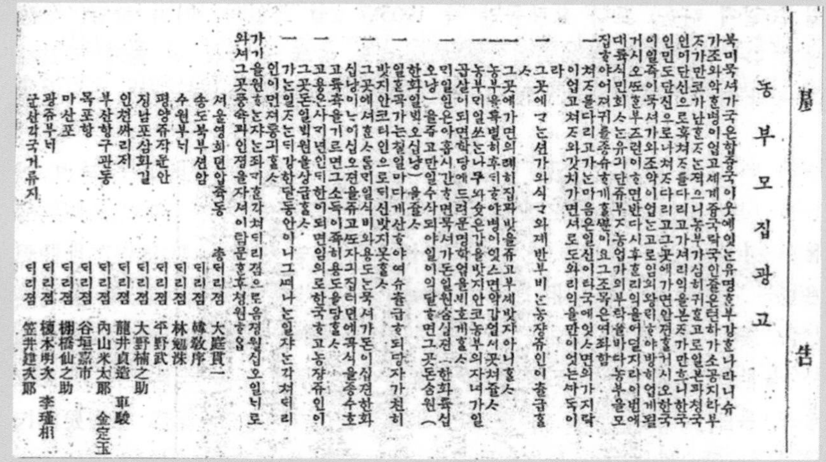

廣告

농부모집광고

북미묵서가국은합즁국이웃에잇는유명ᄒᆞᆫ부강ᄒᆞᆫ나라니슈
가조와악ᄒᆞᆫ병이업고세계즁극락국인즁온런ᄒᆞ가소공지라부
ᄌᆞ가만코가난ᄒᆞᆫᄌᆞ는적으니농부가심히귀ᄒᆞᆫ고로일본과청국
인이단신으로혹쳐ᄌᆞ를다리고가셔리익을본ᄌᆞ가만ᄒᆞ니한국
인민도단신으로나쳐ᄌᆞ다리고그곳에가면안젼ᄒᆞᆯ거시오한국
이일쥭이묵셔가와조약이업는고로임의왕리ᄒᆞ야방히업게될
거시오또ᄒᆞᆫ부조련이ᄒᆞ면반다시후ᄒᆞᆫ리익을어덜지라이번에
대륙식민회사는유긔단쥬부ᄌᆞ농업가의부탁을바다농부을모
집ᄒᆞ야어져귀를죵슈ᄒᆞ게ᄒᆞᆫ쌘이요그조목은여좌함

一 쳐ᄌᆞ를다리고가는마음은일신이타국에잇ᄉᆞ면외가지락
이업고쳐ᄌᆞ와갓치가면셔로도와리익을만이엇는ᄯᅢ독이
라
一 그곳에ᄀᆞ는션가와식ᄀᆞ와제반부비는농쟝쥬인이출급ᄒᆞᆯ
ᄉᆞ
一 그곳에가면의례히집과밧을쥬고부세밧지아니ᄒᆞᆯᄉᆞ
一 농부을특별히후ᄃᆡᄒᆞ야병이잇ᄉᆞ면약갑업서곳쳐쥴ᄉᆞ
一 농부미일쓰는나무와숫은갑을밧지안코농부의자녀가일
곱살이되면학당에드려문명학업을비호게ᄒᆞᆯᄉᆞ
一 미일인은아홉시간ᄒᆞ면묵서가돈일원숨십젼(한화륙십
오냥)을쥬고만일수삭되야일이익달ᄒᆞ면그곳돈숨원(
한화일빅오십냥)을쥴ᄉᆞ
一 일ᄒᆞᆫ곡가는칠일마다계산ᄒᆞ야여슈출급ᄒᆞ되당자가친히
밧지안코타인으로ᄃᆡ신밧지못ᄒᆞᆯᄉᆞ
一 그곳에셔ᄒᆞᄉᆞ톰미일식비와용도는묵셔가돈이십젼한화
십냥이ᄂᆞ이십오젼을쥬고또자긔집더면에곡식을종수ᄒᆞ
고륙축을기르면그소득이쥭히용도을당ᄒᆞᆯᄉᆞ
一 고용은사ᄀᆡ년인ᄃᆡ한이되면임의로한국ᄒᆞ고농쟝쥬인이
그곳돈일빅원을상급ᄒᆞᆯᄉᆞ
一 가는일ᄌᆞ는ᄃᆡ강한달동안이니그ᄯᅢ나는일자는각쳐ᄃᆡ리
인이먼저통긔ᄒᆞᆯᄉᆞ
가기을원ᄒᆞ는쟈는좌긔ᄒᆞᆫ각쳐ᄃᆡ리점으로음정월십오일ᄂᆡ로
와셔그곳풍속과인정을자셔이탐문ᄒᆞᆫ후청원ᄒᆞ옵

셔울영희면압죽동 춍ᄃᆡ리점 大庭貫一
송도북부션압 ᄃᆡ리점 韓敬序
수원부ᄂᆡ ᄃᆡ리점 林勉洙
평양쥬작문안 ᄃᆡ리점 平野武
진남포삼화길 ᄃᆡ리점 大野楠之助
인천싸리지 ᄃᆡ리점 龍井貞造 車駿
부산항구관동 ᄃᆡ리점 內山米太郎 金定玉
목포항 ᄃᆡ리점 谷垣嘉市
마산포 ᄃᆡ리점 棚橋仙之助
광쥬부ᄂᆡ ᄃᆡ리점 榎本喇太 李瑾相
군산각국거류지 ᄃᆡ리점 笠井建次郎

이 「농부모집 광고」를 게재한 『대한일보』는 러일전쟁 직후 일본인이 발간한 신문이며, 그 광고를 낸 대륙식민회사 또한 일본인 회사이다. 이때 대한제국은 멕시코와 국교가 없었다. 처음부터 불법적인 모집이었다. 광고에 나온 두 번째 조항을 보면, 멕시코로 가는 모든 비용을 한인 이주자를 고용하는 '농장주인'이 지급하는 것으로 되어 있는데, 이것은 그들이 채무노예로 전락하는 올가미가 된다. 이런 실상이 국내에 알려지면서 사회적으로 문제가 되자 멕시코로의 이주는 더 이상 진행되지 않는다.

이 무렵 한국의 내정에 개입하기 시작한 일본은 그것을 하나의 빌미로 삼아 하와이로의 이주까지도 금지하도록 압력을 넣는다. 한국인의 공식적인 해외 이주는 3년 만에 중단되고 만다. 참고로 위의 광고를 보면, 이민 모집의 대리점이 서울을 비롯하여 송도, 평양, 진남포, 인천, 부산 등 대도시와 항구 도시로 나온다. 이민 지원자가 농촌이 아니라 주로 도시에 거주하던 일용 노동자 또는 하층민이었음을 짐작하게 한다. 그들은 상상조차 할 수 없는 멀고 낯선 나라에서 새로운 삶을 꿈꾸었다.

[그림 22] 육정수의 『송뢰금』(초간본, 1908, 국립중앙도서관 소장)

이 소설의 첫 대목은 시조를 읊는 것으로부터 시작한다. 일제의 식민통치가 임박한 시점에 '신성'한 한반도에서 '영웅'이 나오기를 바라는 마음이 간절하다.

"백두산白頭山이 외외巍巍ᄒ고 한강슈漢江水가 깁헛스니

삼쳔리三千里 신셩디神聖地에 영웅죵츌英雄鍾[從]出이 안인가

두어라 만단졍회萬端情懷ᄂ 너로위로"

[그림 23] 현순의 『포와유람기』(1909)와 하와이 지도

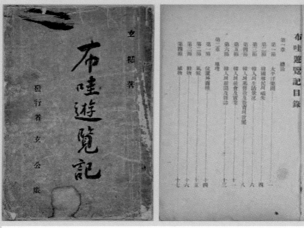

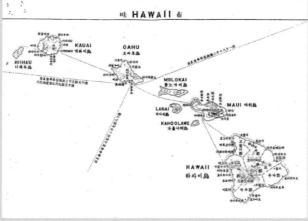

개항 후 한국의 신문과 잡지들에서 하와이에 대한 소개는 간간이 있었지만 하나의 책으로 묶여 나온 것은 『포와유람기』가 처음이다. 국한문으로 된 이 책은 '태평양의 낙원'에 대한 매혹적인 묘사로부터 시작된다. 이 글만 보면 누구나 하와이를 가고 싶다는 마음이 들 정도이다. 아래의 지도는 8개의 크고 작은 섬으로 이루어진 하와이 제도의 모습을 그리고 있다. 그 중심은 오아후섬의 '호놀룰루'이다. 이곳을 기점으로 하여 서쪽으로는 인천, 동쪽으로는 상항桑港, 샌프란시스코, 남서쪽으로는 '시도니Sydney'까지의 거리가 표시되어 있다. 하와이가 태평양의 중심에 자리 잡고 있음을 보여주려는 것이다.

[그림 24] '구한국' 멸망과 '신한국' 건설(『신한민보』, 1910년 9월 21일)

『신한민보』는 대한제국의 멸망을 전후하여 잠시 휴간했다가 발행한 첫 신문의 1면에 세 가지 제목의 기사를 실었다. 그들은 이제 자신들이 '신한국' 건설에 앞장서야 한다고 다짐한다.

(1) 嗚呼舊韓已死已 오호라 녯한국이 죽엇도다

(2) 哀莫哀於亡國民 망국민에셔 더 슬픈쟈―업다

(3) 新韓國을建設乎否 신한국을 건설하랴 못하랴

[그림 25] 외(外) 신대한 건설의 두 주역 : '망국' 전후의 안창호와 박용만

대한인국민회의 초석을 놓은 안창호, 이 단체를 '망국' 후 무형정부로 만들고자 한 박용만의 모습이다. 이 사진은 두 인물의 개성과 독립방략을 잘 보여준다. 안창호는 성실한 노동을 통한 개인의 자립과 단체에의 헌신을 바탕으로 점진적인 독립을 추구하고자 했다. 박용만은 나라를 일본에게 빼앗긴 상황에서 한국민에게 절실히 필요한 것은 '단체'가 아니라 새로운 '국가'라고 보았다. 이것은 결국 안이 아니라 밖에서 나올 수밖에 없다. 외신대한이 그것이다. 그는 나라 밖에 사는 한인들은 너나 할 것 없이 납세와 병역의 의무를 져야 한다고 주장한다. 그는 『국민개병설』1911이라는 책을 펴내고 하와이에서 대조선국민군단을 조직한다.

제 5 강

세계개조와 민족자결운동

— 나라 밖에 나라를 세우다

"나는 세계가 개조될 것으로
생각하고 있으므로
독립선언서를 일본 정부에 보내면
일본 정부는 동양평화를 위하여
조선을 독립시킬 것으로
생각하고 있었다.
　… (중략) …
그리고 나는 유럽전쟁이 한창일 무렵
교도들과 우이동에 갔을 때
전쟁이 끝나면 세계의 상태가 일변하여
세계에 임금이란 것이 없어지게 된다는
말을 한 적이 있다."

-'민족대표' 손병희의 재판정 진술(1919)

1. '서구의 몰락' :
대전쟁과 세계개조

20세기는 세계지구가 한 덩어리로 움직입니다. 제1차 세계대전이 그렇고, 세계대공황이 그러하며, 제2차 세계대전이 그러했습니다. 유럽인들은 제1차 세계대전을 대전쟁Great War으로 불렀습니다. 그 이전의 전쟁들과 비교할 때 너무도 끔찍했기 때문입니다. 1914년 여름, 유럽 전역의 젊은이들은 애국적인 열정에 들떠 전장 터로 나아갑니다. 그들은 시가행진의 들뜬 분위기에 웃으며 이렇게 외칩니다. "크리스마스에는 돌아올께요!"

그런데 이때의 대전쟁은 한 국가가 지닌 인적·물적 자원을 모두 동원하는 이른바 총력전total war이었습니다. 과거 누구도 경험해보지 못한 것이었지요. 기계화된 대량살상과 잔인한 폭력, 피 말리는 참호전 등. 이로 인한 인간성의 피폐는 산업혁명 후 세계를 제압하고 재편했던 서양의 근대문명이 과연 문명이라는 이름에 합당한 것이었는지, 그들이 내세웠던 인간의 이성과 합리성이란 도대체 무엇인지에 대한 근본적인 물음을 제기하기에 충분합니다. 만 4년에 걸친 대전쟁에서 분명해진 것은 이제 다시는 '예전의 시대'로 돌아갈 수 없다는 사실이었습니다.

이 전쟁이 끝날 무렵 독일에서는 『서구의 몰락Der Untergang des Abendlandes』제1권이라는 책이 출간됩니다. 후속편인 제2권은 1922년에 나옵니다. 제목만으로도 충격적이었던 이 책의 저자는 오스발트 슈펭글러Oswald Spengler, 1880-1936입니다. 그는 자신의 책이 역사에 대한 새로운 견해이며 운명의 철학이라고 말합니다. 여기서 운명이라 함은 모든 '문화'가 하나의 유기적인 생명체처럼 생성, 성장, 성숙, 쇠퇴의 과정을 거쳐 소멸한다고 보는 것입니다. 이러한 과정은 봄, 여름, 가을, 겨울이라는 계절의 변화와도 같다고 합니다. 문화의 마지막 단계가 '문명'인데, 유럽의 문화는 18세기에 가을을 맞이하며 19세기에는 삶의 활력을 잃고 기계적인 반복만이 남은 겨울에 들어섰다고 진단합니다.

서구 문명의 몰락은 하나의 운명이다. 문화는 발전해 문명이 되고 흙과 고향이 사라지면서 메갈로폴리스가 발달한다. 그 뒤 대전쟁이 일어난다. 인류를 절멸시키는 무기가 발명되고, 화폐가 사상을 지배한다. 서구 문명은 21세기에 멸망한다.

슈펭글러의 '직관'에 기초한 이러한 예측은 대전쟁으로 황폐해진 유럽인들에게 자신들의 미래를 보는 것처럼 느껴졌을 것입니다. 일종의 문명비판서인 『서구의 몰락』은 초판본이 나온 지 8년 만에 10만 부가 넘게 팔렸다고 합니다.

어떻든 유럽 중심의 세계 구조와 질서는 제1차 대전을 계기로 근본적인 변화를 맞이합니다. 러시아에서는 볼셰비키 혁명이 성공함으로써 인류 역사상 최초로 공산주의 국가가 탄생합니다. 그 지도자인 레닌Vladimir Lenin은 무無병합, 무無배상, 인민 자치권 등의 조건을 내걸고 모든 교전국 인민들에게 평화를 제의하지요. 민족자결권의 개념도 여기에서 나옵니다.

한편, 제1차 대전이 발발할 때에 중립을 내세웠던 미국은 1917년 4월에 세계의 자유와 민주주의를 수호한다는 명분으로 독일에 대하여 선전포고를 합니다. 그 후 윌슨Woodrow Wilson 대통령은 '승리 없는 평화'를 외치면서 14개 조의 강화조건을 제시하지요. 그 안에는 비밀외교의 타파, 경제장벽의 철폐, 최대한도의 군비축소, 식민지 요구의 공평한 조정, 오스트리아·헝가리제국 내 민족들의 자결, 발칸제국의 부흥, 국제연맹의 창설 등이 포함됩니다. 윌슨은 대전쟁으로 인한 유럽의 피폐와 공산주의 혁명의 대두로부터 세계 자본주의체제를 유지, 발전시킬 수 있기를 원합니다【그림 26】.

전후 식민지 문제의 해결과 관련하여 레닌과 윌슨은 다 같이 민족자결주의라는 원칙을 내세우지만 그 내용은 서로 달랐습니다. 윌슨은 연합국 열강 간 타협과 전후 창설될 국제연맹League of Nations하의 위임통치라는 형식을 빌어 식민지 문제를 점진적이며 평화적으로 해결하려고 합니다. 윌슨의 이런 제안에는 세계대전의 원인이 된 열강의 영토적 침략과 패권주의를 배격하고 19세기 말 이래 미국이 줄곧 추구해 온 문호개방 정책에 의거하여 자유무역체제를 구축하려는 의도가 담겨 있었지요.

한편, 레닌은 서방 자본주의와 제국주의를 갈아엎는 세계혁명을 추구합니다. 그는 러시아혁명이 유럽을 거쳐 전 세계로 퍼져나갈 수 있기를 원했습니다. 이를 위하여 모스크바에 세계공산주의운동을 지도할 코민테른Communist International, Comintern을 창설합니다. 레닌은 유럽의 제국주의와 아시아 식민지와의 관련성에 주목합니다. 그는 중국이나 한국, 인도차이나에서 전개되는 약소민족의 해방운동을 지원함으로써 세계혁명을 촉진시키려 합니다.

레닌과 윌슨, 윌슨과 레닌으로 대표되는 전후 세계개조의 움직임은 국외에서 활동하던 한국의 민족주의자들에게 곧바로 영향을 미칩니다. 먼저 시베리아의 한인들이 한인사회당을 결성합니다. 러시아에 새로 들어선 볼셰비키 정권의 협조를 얻어 항일민족운동을 전개하려는 것이었지요. 레닌의 혁명정권은 시베리아에 벌어지는 백군과의 치열한 전투와 자본주의 열강의 포위망을 뚫기 위하여 동방의 약소민족들과 제휴하는 전략을 채택합니다. 이리하여 한국의 민족운동에 사회주의 사상이 스며듭니다.

한편, 하와이와 미주본토의 한인사회를 이끌던 대한인국민회는 미국이 주도하게 될 파리강화회의에 대표를 파견하기로 결정합니다. 이러한 소식이 알려지면서 일본 도쿄에서는 한인 유학생들을 중심으로 한 2·8독립선언이 발표되고, 이는 3·1운동을 촉발시키는 계기가 됩니다. 국내의 종교 지도자들로 구성된 '민족대표'들은 평화적인 시위를 통하여 한국민의 독립 의지를 천명하고, 이를 바탕으로 파리강화회의에 참석한 연합국 열강에 호소함으로써 한국의 독립을 달성하려고 합니다. 그들은 무력과 강권에 의존하던 '구시대'가 지나고 정의와 인도에 입각한 '신시대'가 도래한다는 낙관적인 정세 판단을 하지요.

전후 세계개조에서 우리가 또 눈여겨볼 것은 군주제가 몰락하면서 '민주주의의 시대'가 열렸다는 것입니다. 러시아의 볼셰비키 혁명은 차르 전제체제를 무너뜨립니다. 황제가 다스리던 독일제국과 오스트리아·헝가리제국은 제1차 대전에서 패배하면서 붕괴합니다. 중화제국은 신해혁명에 의하여 이미 무너졌습니다. 바야흐로 임금이 없는 세상이 도래합니다.

3·1운동 후 공화제를 채택한 대한민국 임시정부도 이러한 세계 흐름으로부터 영향을 받습니다. 그렇다고 해서 우리가 앞서 살핀 한인 디아스포라와 신대한 건설이라는 내재적인 흐름을 간과해서는 안 됩니다. 요컨대 '제국'에서 '민국'으로의 변화는 대내외적인 요인이 서로 영향을 주고받으면서 일어난 세계사적이며 문명사적인 전환이었습니다.

2. 3·1운동 :
「선언서」와 「조선독립이유서」

지지난해2019는 3·1운동 100주년이 되는 해였습니다. 이를 기념하여 많은 학술행사가 열립니다. 예전과 크게 달랐던 점은 3·1운동에서 어떤 역사적인 교훈 내지 메시지를 찾고자 하는 시도입니다. 그중에서 인상적인 것은 한반도를 중심에 둔 '평화학'을 정립하자는 제안입니다. 우리의 분단 상황을 염두에 둔 것이었지요. 그것은 충분히 가치가 있고 학문적으로 도전해볼 만하다고 생각합니다.

그런데 전체적으로 볼 때 현재적인 관점에 치중하다 보니 3·1운동이 그 시대에서 지녔던 세계사적, 문명사적 의의에 대한 탐구는 다소 소홀했던 것이 아닌가 하는 아쉬움을 남겼습니다. 오늘 강의는 그런 부분에 초점을 맞추고자 합니다. 자료는 두 가지입니다. 하나는 '민족대표' 33인의 이름으로 발표된 독립 「선언서」입니다. 다른 하나는 33인 가운데 한 사람인 한용운이 옥중에서 집필한 「조선독립이유서」이하 「이유서」입니다. 이 문건은 「조선독립에 대한 감상의 대요」라든가 「조선독립의 서」로 알려지는데, 그 내용이 조선이 왜 독립해야 하는지를 설명하는 것이었기에 「이유서」라고도 부릅니다.

두 문서는 작성 시점이나 형식에 있어 몇 가지 차이가 있습니다. 이를테면 「선언서」가 3·1운동 직전에 완성된 공식 문서라면, 「이유서」는 3·1

운동 이후에 작성된 개인 문건입니다.「선언서」는 그 문서의 성격상 내용을 최대한 압축하여 긴장감을 불러일으켜야 했다면,「이유서」는 개인적인 진술이었던 만큼 그런 제약에서 비교적 자유로웠다고 볼 수 있습니다. 따라서「선언서」가 1,762자인데 비해서「이유서」는 6,700자에 달합니다【그림 27】.

　3·1운동의 대의를 밝힌「선언서」가 있음에도 불구하고 한용운이 옥중에서「이유서」를 써서 대외에 공개한 이유는 무엇이었을까요. 그가 보기에「선언서」의 내용이 미흡하다고 생각했거나 어쩌면 그의 마음에 썩 들지 않았을 수도 있습니다. 그는「선언서」를 기초한 최남선이 이 문서에 서명하지 않는다는 이야기를 전해 듣고는 최남선 대신 자신이「선언서」를 작성하겠노라고 말한 바 있었지요. 한용운의 이러한 제안은 천도교를 대표하여 3·1운동을 앞장서 준비하던 최린에 의하여 거부당합니다. 이러한 사정도「이유서」가 나오게 된 배경이 될 수 있습니다. 어떻든 한용운의「이유서」가 역사적인 자료로 남게 되면서 우리는 민족대표 33인이 3·1운동에 참여한 동기와 목적에 대하여 좀 더 폭넓고 다양한 해석이 가능해집니다.

　「선언서」와「이유서」, 그 각각에 대하여는 지금까지 꽤 많은 연구가 이루어졌습니다. 그런데 두 문건을 함께 놓고 비교·검토한 논문은 아직 보지를 못했습니다. 따라서 오늘의 이야기는 내 개인적인 견해를 정리한 것으로 받아 들여주기를 바랍니다. 먼저「선언서」부터 살펴보지요. 그 첫 대목은 여러분도 한 번쯤 들어보았을 것입니다.

오등은 자에 아 조선의 독립국임과 조선인의 자주민임을 선언하노라.

여기서 오등이란 민족대표 33인을 일컫습니다. 따라서 「선언문」을 최남선이 '기초'했다고 해서 그 개인의 '작품'이 될 수는 없습니다. 간혹 그런 주장이 제기되곤 합니다만, 「선언서」는 어디까지나 33인이 서명하고 발표한 공식 문서입니다. 그들은 엄숙하게 조선이 독립국이며 조선인이 자주민임을 선언합니다.

3·1운동을 준비할 때에 민족대표 간에는 한국의 독립을 '선포'할 것인지 아니면 한국의 독립을 일본 정부에 '청원'하는 형태를 갖출 것인지를 두고 고민과 논란이 있었습니다. 독립 선포와 청원, 이 두가지 방식에는 본질적인 차이가 있습니다. 즉 선포가 한국민의 자주독립 의지를 세상에 스스로 드러내는 것이라면, 청원은 한국의 독립 여부를 일본 정부의 결정과 처분에 맡기겠다는 뜻입니다. 이런 청원은 민족자결주의 원칙에 정면으로 반하는 것이었지요. 다행히도 최종 결론은 선포로 내려집니다. 그야말로 역사적인 결단이었습니다. 이로부터 "대한독립 만세"라는 함성이 터져 나오고, 대한민국 임시정부가 수립될 수 있었지요.

3·1 독립선언 후 전국적으로 퍼진 만세시위는 평화로운 거리 행진으로부터 시작됩니다. 이는 「선언서」에 명시된 공약삼장에 따른 것이었습니다. "최후의 일인까지 최후의 일각까지 민족의 정당한 의사를 발표하되 일체의 행동은 가장 질서를 존중하자"는 약속이 그것입니다. 이 때문에 3·1운동은 비폭력운동으로 세계의 주목을 받게 됩니다.

문제는 여기서부터 시작됩니다. 그런 평화적인 방식으로 어떻게 대한

독립이라는 목표를 달성할 수 있느냐 하는 것입니다. 「선언서」에서는 그 이유로 세 가지를 제시합니다. 첫 번째는 전후 세계개조의 대기운에 합치된다. 두 번째는 일한병합이 한민족의 자발적인 요구가 아니라 일본의 강압에 의한 것으로 이는 구시대의 유물이다. 세 번째는 조선의 독립이 동양 평화, 나아가 세계 평화와 인류 행복으로 나아가기 위한 필수적인 계단이다. 따라서 일본은 이제라도 과거의 잘못을 바로잡고 조선의 독립을 회복시켜 세계개조라는 시대 흐름에 함께해야 한다고 말합니다. 그리고는 이렇게 선포하지요.

아아 신천지가 눈앞에 전개되도다. 위력의 시대가 가고 도의의 시대가 오도다. 과거 전세기에 걸쳐 갈고 닦으며 길러온 인도적 정신이 바야흐로 신문명의 서광을 인류의 역사에 투사하기 시작하도다.

이런 낙관적인 전망은 제1차 세계대전이라는 인류의 참화로 말미암아 강압적이며 폭력적인 세계 구조와 질서가 근본적으로 바뀌고 있다는 시대 인식에 기초합니다. 신천지, 신문명이라는 표현이 그렇지요. 정의와 인도의 시대 도래, 일본의 참회, 조선의 독립, 인류의 평화와 공동 번영, 이것이 「선언서」를 관통하는 정신입니다.

그렇다면 민족대표 33인은 모두 그러한 시대 인식과 정신을 같이하고 있었을까요. 한용운의 「이유서」가 역사적인 자료로서 가치를 지니는 것은 이러한 물음에 어느 정도 답을 줄 수 있기 때문입니다. 그 문건이 외부와 단절된 옥중 기록이었다는 것은 한용운이 평소 세계정세와 조선의 독립에 대하여 깊이 있게 생각하고 있었음을 말해 줍니다.

여기서 잠깐 한용운1879-1944의 행적을 살펴보지요. 그는 어릴 적에 전통 한학을 공부한 후 불교에 귀의한 선승입니다. 20대 초에는 '세계 여행'을 할 생각으로 동포들이 모여 사는 블라디보스토크에 갔다가 그냥 돌아옵니다. 30세에는 일본의 교토와 도쿄와 같은 도시를 둘러 보며 불교학이나 서양철학에 대하여 들어보았다고 합니다. 나라가 망할 때에는 울분을 참지 못하고 만주에서 독립운동에 몸을 맡길 생각도 했으나 뜻하지 않게 총상을 입고는 국내로 돌아옵니다. 이때부터는 일본 불교의 조선 침투에 맞서는 한편 불교의 대중화를 위해 노력합니다. 『조선불교유신론』이라든가 『불교대전』 등을 펴내고 조선불교회 회장을 지냅니다. 1918년 9월에는 『유심惟心』이라는 잡지를 발간합니다.

한용운은 이처럼 해외 사정과 지식계의 동향에 대하여 나름대로 생각하는 바가 있었고, 불교를 통한 대중계몽에도 적극적인 선승이었습니다. 일제강점 초기 꽁꽁 얼어붙은 조선 사회에서 그만의 활동 공간을 확보하고 끊임없이 무언가를 이루려고 했던 한용운에게는 3·1운동이야 말로 그에게 주어진 시대적 소명을 다하는 것으로 받아 들여집니다. 그러기에 최남선을 대신하여 독립 「선언서」를 쓰려고 했고, 이 일이 성사되지 않자 옥중에서 「이유서」를 내놓게 됩니다.

그렇다면 「이유서」는 「선언서」와 무엇이 어떻게 달랐을까요. 첫 번째는 「선언서」가 국가의 독립을 최우선으로 내세웠다면, 「이유서」에서는 국가를 뛰어넘는 세계주의 나아가 '우주주의'에까지 생각이 미칩니다. 두 번째는 「선언서」가 미국을 위시한 연합국의 승리에 기대를 걸었다면,

「이유서」에서는 연합국의 승리라는 사고 자체를 부정합니다. 무력을 앞세우는 군국주의라는 측면에서 보면 독일이나 연합국이나 다를 바 없다고 보는 것이지요. 따라서 이번 대전에서는 독일이 패배한 것도 연합국이 승리한 것도 아니라고 말합니다. 이 대목에서 '독일혁명'에 대한 이야기가 나옵니다.

> 독일혁명은 사회당의 손으로 이룩된 것이니 만큼 그 유래가 오래고 또한 러시아혁명의 자극을 받은 바 없지 않을 것이다. 그러나 총괄적으로 말하면 전쟁의 쓰라림을 느끼고 군국주의의 잘못을 통감한 사람들이 전쟁을 스스로 파기하고 군국주의의 칼을 분질러 그 자살을 도모함으로써 공화혁명의 성공을 얻고 평화적인 새 운명을 개척한 것이다. 연합국은 이 틈을 타서 어부지리를 얻은 데 불과하다.

요컨대 정의와 인도·평화의 신이 독일 국민과 손을 잡고 세계의 군국주의를 깨트린 것이니, 그것이 곧 전쟁 중에 일어난 독일혁명이라고 했습니다. 1918년 11월 7일에 일어난 그 혁명으로 인하여 독일제국이 붕괴하고 바이마르공화국이 들어섭니다. 이 공화국이 연합국과의 휴전협정에 서명하면서 제1차 세계대전은 막을 내리지요. 한용운은 이 끔찍한 대전의 진정한 승자는 혁명을 일으킨 독일 국민이라고 주장합니다. 독일혁명이 러시아혁명의 '자극'을 받아 일어났다는 지적도 흥미롭습니다. 실제로 바이에른지역에서는 사회주의공화국 수립이 선포된 바 있습니다. 전쟁과 혁명이 한데 어우러지면서 세계는 격동의 현장으로 빠져듭니다.

이러한 혼돈의 시대에 한용운은 일본의 군국주의를 정면으로 비판합니다. 만약 일본이 침략주의를 여전히 계속하여 조선의 독립을 부인한다면, 이는 동양의 평화 나아가 세계의 평화를 교란하는 일로써 결국 중국이나 미국과의 전쟁 나아가 세계적 연합전쟁을 유발하여 일본은 '제2의독일'이 될 수밖에 없다는 것입니다. 그러니 조선의 독립을 승인하여 '동양 평화의 맹주'가 되는 것이 일본을 위해서도 바람직하다고 말하지요.

한용운의 이런 논리가 3·1운동의 시점에서 보면 좀 황당해 보일 수 있지만, 일본이 소위 만주사변을 일으킨 후 15년 동안 전쟁을 계속하다가패망했다는 사실을 떠올릴 필요가 있습니다. 한용운은 그 엄혹한 시대에도 일본과 타협하지 않고 꿋꿋하게 버티다가 해방을 한 해 앞두고 세상을 떠납니다. 그는 독일의 군국주의를 해체한 것이 독일 국민이었다는점을 강조할 때, 일본의 군국주의 또한 일본 국민의 손으로 해결할 수 있기를 원했는지도 모릅니다.

이제 「이유서」에서 가장 많이 인용되어 온 첫 대목을 소개하고 한용운에 대한 이야기를 마무리 짓고자 합니다.

자유는 만물의 생명이요 평화는 인생의 행복이다. 그러므로 자유가 없는 사람은 죽은 시체와 같고 평화를 잃은 자는 가장 큰 고통을 겪는 사람이다. 압박을 당하는 사람의 주위는 무덤으로 바뀌는 것이며 쟁탈을 일삼는 자의 주위는 지옥이 되는 것이니, 우주만유宇宙萬有의 가장 이상적인 행복의 바탕은 자유와 평화에 있는 것이다. 그러므로 자유를 얻기 위해서는 생명을 터럭처럼여기고 평화를 지키기 위해서는 희생을 달게 받는 것이다. 이것은 인생의 권리인 동시에 또한 의무이기도 하다. 그러나 참된 자유는 남의 자유를 침해하지 않음을 한계로 삼는 것으로서 약탈적 자유는 평화를 깨뜨리는 야만적 자유가 되는 것이다. 또한 평화의 정신은 평등에 있으므로 평등은 자유의 상대가 된다. 따라서 위압적인 평화는 굴욕이 될 뿐이니 참된 자유는 반드시 평화를 동반하고, 참된 평화는 반드시 자유를 함께 해야 한다. 실로 자유와 평화는 전 인류의 요구라 할 것이다.

위의 인용문 중 먼저 '우주만유'라는 단어에 주목할 필요가 있습니다. 한용운의 「이유서」는 여러 자료에 실리고 또 번역·소개되는 과정에서 이 단어를 그냥 '우주' 또는 '세상'으로 바꾸기도 하는데, 이는 잘못이라고 생각합니다. 왜냐하면 우주만유야 말로 불교에 터 잡은 한용운의 독특한 사고 체계를 보여주는 개념이기 때문입니다. 그의 사고 속에는 인간뿐만 아니라 우주의 모든 생명체가 동등하게 자리 잡고 있었습니다. 그에게 생명은 다른 무엇과도 바꿀 수 없는 것, 따라서 그 자체로서 최고의 가치를 지닙니다.

이것이 최남선이 기초한 「선언서」와는 근본적으로 다른 출발점을 이룹니다. '오등'으로 시작되는 「선언서」에서는 오직 민족과 국가만이 지상 최고의 가치로 등장합니다. 이 점은 제국주의 국가들도 마찬가지로서 조선과 일본을 차별화시킬 수 없는 한계를 지닙니다. 한용운은 이것을 깨치고자 했던 것입니다.

다음으로 위의 인용문을 보면, 자유와 평화를 연결하는 고리로서 평등이 나옵니다. 즉 "평화의 정신은 평등에 있으므로 평등은 자유의 상대가 된다"고 합니다. 평등이 없이는 자유도 평화도 있을 수 없다고 보는 것이지요. 한용운은 서양의 근대문명이 적자생존, 약육강식의 사회진화론에 기초하여 계급과 국가 간 차별을 만들어내고, 이것이 결국 혁명과 전쟁을 낳았다는 사실을 직시하고 있었습니다.

요약하면 한용운의 「이유서」는 전후 세계정세에 대한 낙관적인 전망과 기대만을 담고 있던 「선언서」와 달리 무제한의 경쟁과 식민지 확장, 이를 통한 물질적인 이익 추구에만 몰두해 온 서양문명을 총체적으로 비판하고 그러한 패러다임을 바꾸어야만 인류의 미래에 진정한 평화가 올 수 있다는 점을 보여줍니다.

참고로 「이유서」에는 평화라는 단어가 서른 번 이상 나옵니다. 세계적인 전쟁과 혁명이 진행되던 시기에 이 단어만큼 절실한 것은 없었겠지요. 하여, 모든 사람이 평화를 외칩니다. 레닌은 빵, 평화, 토지를 볼셰비키 혁명의 구호로 내세웠고, 윌슨은 '승리 없는 평화'를 내세워 전쟁의 공포에 사로잡혔던 세계 인민들의 주목을 받습니다. 1917년 초 미국 의회에서 윌슨이 했던 연설의 한 구절을 볼까요.

승리란 패자에게 강요된 평화를 의미하며, 패자에게 부여된 승자의 조건을 의미할 것이다. 그것은 참을 수 없는 희생을 강요하며, 굴욕적이고 협박당하며 받아들여진 것이다. … 동등한 조건에서 달성된 평화만이 영속될 수 있다. … 평화의 토대가 되는 국가 간의 평등은 권리의 평등을 의미한다. … 모든 정부는 그들의 정당한 권력을 피치자의 동의에 의해 부여받은 것이며, … 나는 피치자의 동의에 의한 정부를 제안한다.

어떻습니까. 앞서 인용한 한용운의 이야기와 크게 다를 것이 없어 보이지 않습니까. "위압적인 평화는 굴욕이 될 뿐"이라는 한용운의 말이나 "강요된 평화는 … 굴욕적이고"라는 윌슨의 말은 표현까지 같습니다. "평화의 정신은 평등에 있으므로"와 "평화의 토대가 되는 국가 간의 평등"이라는 구절도 그렇습니다. 이처럼 윌슨의 평화에 대한 메시지가 한용운의 그것과 다르지 않았던 것은 평화의 기본조건이 누구나 생각할 수 있는 상식의 범주에 들어있었기 때문입니다.

문제는 역사가 그러한 방향으로만 움직이는 것이 아니라는 사실입니다. 윌슨은 승리 없는 평화를 외치며 파리에 화려하게 입성하지만, 정작 강화회의에서는 패전국 독일에게 굴욕적인 조건을 제시합니다. 이로 말미암아 바이마르공화국은 혼란에 빠지고 히틀러가 등장하면서 또 한 번의 세계대전이라는 비극을 낳게 됩니다. 승전국의 일원이었던 중국도 굴욕을 당하기는 마찬가지였습니다. 그 결과 5·4운동이 일어나고 급진적인 사상이 중국의 지식인과 청년층에게 받아들여 집니다.

이렇게 된 이유는 파리강화회의의 모든 결정이 이른바 5대 강국 즉 미국, 영국, 프랑스, 이탈리아, 일본 사이의 주고받기식 협상에 따라 이루어졌기 때문입니다. 그런데도 이탈리아는 협상장에서 뛰쳐나갔고, 일본은 인종 평등을 내세우며 투덜댔습니다. 식민지 약소민족들은 배신당했다는 좌절감에 빠집니다. 미국은 윌슨이 어렵게 성사시킨 베르사유조약 ―여기에 국제연맹 창설 조항 포함―에 대한 비준을 거부하고 고립주의로 돌아갑니다. 그 누구도 만족시키지 못했던 것이 파리'평화'회의였습니다.

3. 전단정부의 출현과 통합정부 구성

    3.1운동은 한국 근대민족운동의 출발점을 이룹니다. 그것은 대외적인 독립을 추구하는 데 그치지 않고 국민국가를 수립하려는 운동으로 연결됩니다. 대한제국 해체 후 9년 만에 새로운 국가와 정부를 수립하는 문제가 대두되자 국내외 민족운동세력 간에는 서로 다른 생각과 의견들이 나옵니다. 이를테면 대한제국과 같은 군주제로 돌아갈 것인가, 아니면 그것을 완전히 청산할 것인가. 만약 공화제를 도입한다면 누구를 정부 수반으로 선출하며 내각은 어떻게 구성할 것인가. 그 방법과 절차는 또 어떻게 해야 하는가. 새로 만들어질 정부는 어디에 둘 것인가. 국내인가 국외인가, 국외라면 또 어디인가. 이런 문제 하나하나가 결코 쉽게 풀릴 수 있는 것이 아니었습니다.

    3·1 독립선언 후 국내에서만 3~4개의 전단정부가 출현했던 것도 그런 이유 때문입니다. 여기서 전단정부라 함은 시중에 배포된 선포문건을 통하여 세상에 알려진 정부를 말합니다. 한마디로 문서상으로만 존재하는 정부였지요. 이들 문서를 보면 '13도 대표자회의'라든가 '국민대회'와 같은 절차를 거쳐 정부를 조직·선포한 것으로 되어 있지만, 그러한 회의나 대회가 실제로 열린 바 없습니다. 3·1운동 후 비상계엄이나 다름이 없는 일제의 엄중한 통제와 탄압 속에서 13도 대표들이 모여 국민대회를 개최하고 정부를 만든다는 것은 처음부터 불가능한 일이었습니다. 그럼에도

불구하고 학계 일각에서는 아직도 그와 비슷한 일들이 벌어졌던 것처럼 말하곤 하는데, 이는 대단히 잘못된 일입니다.

전단정부는 누군가 또는 어떤 세력에 의하여 비밀리에 만들어진 후 세상에 공표되었기에 그 조직 주체를 명확하게 드러내기는 어렵습니다. 하지만 전단 제작 및 배포와 관련하여 검거된 사람들의 재판기록을 꼼꼼히 들여다보면 어떤 세력이 정부 조직을 주도했는지를 대충 짐작할 수 있습니다.

이런 과정을 거쳐 우리가 알게 되는 것은 3·1운동 후 임시정부 수립 문제를 놓고 국내 민족운동 세력들 간에는 종교적, 지역적, 이념적인 갈등과 경쟁이 벌어지고 있었다는 사실입니다. 종교적으로는 천도교 대 기독교개신교, 지역적으로는 서울 중심의 기호畿湖 대 서북西北 세력, 이념적으로는 군주제로 다시 돌아가려는 복벽주의 대 공화주의라는 대립 구도가 형성되어 있었지요. 이 시기 임시정부 수립이 향후 독립운동의 전개 및 신국가 건설이라는 과제와 결부된 문제였다는 점을 감안하면, 그러한 갈등과 대립은 새로운 권력 창출과정에서 의례 나타날 수 있는 자연스러운 현상이었다고 볼 수 있습니다.

현재까지 알려진 국내의 전단정부는 세 개입니다. 첫 번째는 1919년 4월 9일 서울 시내에서 발견된 「조선민국임시정부 조직포고문」과 「조선민국임시정부 창립장정」입니다. 이들 문건은 조선국민대회·조선자주당연합회라는 명의로 발표됩니다. 여기에 당명이 등장하는 것이 흥미롭습니다. 두 번째는 4월 17일 평안북도 철산, 선천, 의주 등지에 배포된 「선포문」을 통하여 세상에 알려진 '신한민국정부'입니다. 이 정부는 조선독립단의 이름으로 발표됩니다. 세 번째는 4월 23일 서울 시내에 배포된 「임시정부 선포문」과 「국민대회 취지서」인데, 이들 문건에는 국호가 등장하지 않습니다. 그냥 '임시정부'라고만 되어 있습니다. 나중에 서울에서 만든 정부라고 하여 여기에 '한성정부'라는 이름이 붙여집니다【그림 28】.

세 정부의 선포문건에서 먼저 주목할 것은 국호입니다. 여기에 주권이 누구에게 있는지를 알려주는 국체, 즉 국가 형태가 드러나기 때문입니다. 조선민국임시정부와 신한민국정부의 경우에는 '민국'이라고 하여 스스로 공화제 국가임을 밝힙니다. 문제는 한성정부입니다. 이 정부 조직에는 기독교인과 '유림 대표'들이 함께 참여했던 것으로 드러나는데, 이때 '유림 대표'들이 공화제 도입에 단호히 반대합니다. 이 때문에 결국 나라 이름을 짓지 못한 채 정부 조직과 각료 명단만 발표합니다. 대한제국이 망한 지 10년도 채 되지 않았기 때문에 제국과 황제에 대한 기억과 미련은 보수 유림뿐만 아니라 일반 백성에게도 남아 있었습니다. 이런 상황에서 고종 독살설까지 항간에 유포되고 있었으니 공공연히 공화정체를 표방하는 데 따른 부담감을 떨쳐내기가 쉽지 않았을 터이지요.

조선민국임시정부와 신한민국정부는 국호에 '민국'을 넣었지만, 정부 수반에게는 각각 정도령正都領과 집정관執政官이라는 생소한 명칭을 붙였던 것도 국내의 일반 정서를 고려했던 것으로 볼 수 있습니다. 정도령은 조선 후기에 유포된 『정감록』의 정도령鄭道令과 한자만 다를 뿐 그 음은 같습니다. 집정관은 '정권을 잡은 관리'라는 뜻으로 로마 공화정 시기에 행정과 군사를 맡아보던 장관인 콘술consul에서 유래했다고 봅니다. 어떻든 국내에서 발표된 전단정부들이 공화정체의 상징인 대통령이라는 호칭을 기피했던 것만은 분명해 보입니다.

그런데 공개되지는 않았지만, 천도교단 측에서 비밀리에 만들어 놓았던 '대한민간정부'의 직제를 보면 대통령, 부통령, 국무총리, 내무부장관 등 오늘날과 같은 명칭들이 그대로 사용됩니다. 3·1운동 후 미주한인 사회에 가장 먼저 알려졌던 '대한공화국' 정부의 직제도 대한민간정부와 거의 같았지요. 대외적으로는 한국에서 새로 탄생할 정부가 미국과 같은 공화제임을 명확히 드러냅니다.

어떤 형태의 나라를 만들 것인가 하는 문제 못지않게 중요하고 심각하게 받아들여졌던 것은 신정부의 최고 지도자를 누구로 할 것인가의 문제였습니다. 서울에서 공개된 조선민국임시정부와 한성정부는 각각 손병희1861-1922와 이승만1875-1965을 추대합니다. 평안북도에서 공개된 신한민국정부의 수반은 이동휘1873-1935입니다. 이들은 구시대, 즉 조선왕조가 일본에 문호를 개방하기 이전에 태어난 사람들로서 양반 관료 중심의 사회에서 소외되었거나 억압받던 계층에 들어갑니다.

손병희부터 먼저 볼까요. 충북 청원의 아전 집안에서 서자로 태어난 그는 20대 초 동학에 입도한 후 갑오농민전쟁에 가담하고 제3대 교주가 됩니다. 그리고는 일본으로 건너가서 망명 개화파와 교류하고 신문명을 접한 후 동학을 천도교로 개칭합니다. 척양척왜를 외쳤던 동학이 근대적인 교단 조직과 교리를 갖춘 종교로 탈바꿈한 것이지요. 그 후 천도교는 합법적인 포교 활동을 펼치면서 교세를 크게 확장합니다. 3·1운동 당시에는 교인이 1백만 명에 달한다고 자랑할 정도였지요.

이러한 교세를 바탕으로 천도교는 3·1운동에 주도적으로 참여합니다.

교단 내에서 대도주, 성사, 교주, 선생 등으로 불리며 절대적 권위를 누렸던 손병희는 「선언서」의 민족대표 33인의 명단 중 맨 처음에 나옵니다. 독립선언 후 자진 투옥된 손병희는 총독부의 재판정에서 이렇게 진술합니다.

> 문재판관 : 피고 등은 독립을 선언하면 어떤 순서에 의하여 조선독립의 목적을 달성할 수 있다고 생각했는가?
>
> 답손병희 : 나는 세계가 개조될 것으로 생각하고 있으므로 독립선언서를 일본 정부에 보내면 일본 정부는 동양평화를 위하여 조선을 독립시킬 것으로 생각하고 있었다.
>
> 문 : 조선이 독립되면 어떤 정체의 나라를 세울 생각이었는가?
>
> 답 : 민주정체로 할 생각이었다. 그것은 나뿐만 아니라 일반적으로 그런 생각인 것으로 안다. 그리고 나는 유럽전쟁[제1차 세계대전]이 한창일 무렵 교도들과 우이동에 갔을 때, 전쟁이 끝나면 세계의 상태가 일변하여 세계에 임금이란 것이 없어지게 된다는 말을 한 일이 있다.
>
> 문 : 피고는 천도교를 생명으로 한다는 것이고, 사람을 훈화해야 할 지위에 있으면서 정치의 와중으로 뛰어들어 조선의 독립을 기도한다는 것은 피고의 사상에 위반하는 것으로 생각되는데 어떤가?
>
> 답 : 그것은 종교가 만족스럽게 행해지도록 하기 위하여 조선의 독립을 도모했는데, 종교가 만족스럽게 행해지지 못하는 동안은 아무래도 종교가가 정치에 관계하게 된다고 생각한다.

이 문답을 가로지르는 핵심어를 보면 세계개조, 조선독립, 동양평화, 민주정체, 그리고 종교와 정치를 일체화하는 교정일치 입니다. 바야흐로 동학에서부터 말해 오던 후천개벽의 세상이 열린다고 보았던 것이지요. 천도교단이 조직과 재정을 기울여서 3·1운동을 일으켰던 것도 그러한 정세 판단에서 비롯됩니다. 그리고 독립선언 후 손병희를 수반으로 한 공화제 임시정부안을 발표합니다. 미주한인사회에 처음 알려진 '대한공화국'의 대통령도 손병희였습니다.

그러자 3·1운동의 한 축이었던 기독교개신교 측에서는 유림 측 인사들과 비밀리에 접촉하여 한성정부 조직안을 발표합니다. 이 정부의 수반에는 이승만의 이름이 올라가지요. 그는 양녕대군의 16대손이었지요. 이 때문에 그를 '왕족'이라고 치켜세우는 사람들도 있지만, 사실상 그는 몰락양반의 처지나 다름없던 집안에서 태어납니다. 청일전쟁 후 미국인 선교사가 세운 배재학당을 졸업한 후 독립협회와 만민공동회 운동에 참여하면서 이승만은 신진소장파를 대표하는 인물로 부상합니다. 그러다가 고종 황제 폐위음모에 연루되어 종신형을 선고받고 투옥되지요. 러일전쟁후 특사를 받아 풀려난 후에는 미국으로 건너가 프린스턴대학에서 박사학위를 받습니다. 이리하여 이승만은 신문물, 신문명, 신교육을 대표하는 인물로 세상에 알려집니다.

흥미로운 것은 한성정부의 조직 및 선포의 배후에는 이승만과 함께 한성감옥에 갇혔다가 기독교로 개종한 사람들이 있었다는 사실입니다. 그들은 석방 후 황성기독교청년회의 지도자로 자리 잡습니다. 이상재와 신흥우가 그러한 예이지요. 특히 신흥우는 한성정부 조직이 발표되기 직전에 서울을 빠져나가 워싱턴 DC에서 활동하던 이승만에게 직접 그 선포문건을 건넵니다. 여기에 명시된 「약법 6조」에 따르면, 한국이 독립될 때까지 '집정관총재' 이승만에게 내정과 외교에 관한 일체 권한이 주어집니다. 그 후 이승만은 오직 한성정부 만이 3·1운동을 적법하게 계승한 정통 정부라는 입장을 고수합니다. 해방 후 대한민국 정부가 수립될 때에도 이 정부가 한성정부의 법통을 계승했다고 말합니다.

한편, 신한민국정부의 수반으로 이름을 올린 이동휘는 함경북도 단천의 아전 집안에서 태어납니다. 조선시대에 차별받던 서북 출신이었지요. 그는 10대 후반에 서울로 올라와서 군관학교를 졸업하고 강화도 진위대장이 됩니다만, 얼마 후 일본에 의하여 한국 군대가 강제 해산당하자 연해주로 건너가서 무장투쟁에 뛰어듭니다. 러시아에서 볼셰비키 혁명이 일어난 후에는 하바로프스크에서 한인사회당을 결성하지요. 이는 우리나라 최초의 사회주의 정당입니다. 이동휘는 한국의 독립 투쟁을 위해서는 한반도와 국경을 맞댄 소비에트 러시아와의 연결이 불가피하다고 봅니다.

이제 한국 민족운동진영에는 복벽 대 공화가 아니라 자본주의 대 사회주의라는 이념적 대립 구도가 생겨납니다. 3·1운동 후 이 두 진영을 대표하는 인물이 이승만과 이동휘였습니다. 두 사람은 여러 면에서 대조적입니다. 출신 지역으로 볼 때, 이승만이 기호파라면 이동휘는 서북파입니다. 일본의 조선 병합 후 이동휘가 시베리아와 만주의 한인사회를 활동기반으로 삼았다면, 이승만은 하와이와 미주본토의 한인사회를 활동기반으로 삼습니다. 이동휘가 소비에트 러시아와 연계된 무장투쟁에 치중했다면, 이승만은 미국을 상대로 한 선전활동에 주력합니다. 이처럼 출신과 성향이 달랐던 두 사람은 통합된 대한민국 임시정부에서 대통령과 국무총리로 만납니다.

여러분도 잘 알다시피 대한민국 임시정부는 중국 상해上海에서 탄생합니다. 3·1운동을 전후하여 한국의 정치적 망명객과 독립운동가, 유학생들이 속속 이곳으로 몰려듭니다. 국내는 물론이고 만주, 시베리아, 일본 그리고 미주에서도 건너오지요. 그 숫자가 한때 천 명 가까이 되었다고 합니다. 상해가 이제 한국독립운동의 새로운 중심지로 떠오릅니다. 이곳에는 일본은 물론이고 중국의 주권조차 미치지 않는 서구 열강의 조계지들이 있었습니다. 그중 외국 망명객들에게 비교적 관용적인 태도를 취하던 프랑스 조계에 한국의 임시정부가 둥지를 틀게 됩니다.

대한민국 임시정부는 국내의 전단정부와는 달리 공개적인 논의와 결정 과정을 거쳐 만들어집니다. 그것을 주도한 인물은 현순과 이광수입니다. 현순은 국내에서 3·1운동을 준비한 민족대표들의 '위촉'을 받아 상해로 왔고, 이광수는 도쿄에서 2·8 독립선언문을 기초한 바 있습니다. 두 사람은 파리강화회의에 한국 대표로 김규식을 파견했던 신한청년당의 당원들과 더불어 독립 임시사무소를 설치한 후 오늘의 국회와도 같은 기능을 가진 임시의정원을 소집합니다. 여기에서 임시정부의 형태와 국호 제정, 정부 각료 인선이 이루어집니다. 이때 이승만이 대한민국 임시정부의 '국무총리'로 선출됩니다. 그 위에는 아무도 없습니다. 이승만이 정부 수반이 된 모양새였지요.

그런데 무언가 이상하지 않습니까. 대한민국 임시정부는 처음부터 미국식 공화제를 염두에 두고 만들어집니다. 당시 상해에서 한인 독립운동자들의 동향을 예의 주시하던 일본 측 정탐기록에도 그렇게 나옵니다. 따라서 임시정부의 수반은 국무총리가 아니라 대통령이 되어야 하는데, 이 자리가 공석으로 남겨진 것입니다.

왜 그렇게 되었을까요. 그 비밀의 열쇠는 독립 임시사무소의 총무를 맡던 현순이 갖고 있습니다. 그는 3·1운동 소식이 상해에 전해오자 곧 바로 하와이와 미주의 대한인국민회 및 이승만과 연락을 취합니다. 이때의 전보telegram 기록이 꽤 남아 있는데, 1919년 4월 4일에 현순이 이승만에게 보낸 전보에는 이런 내용이 담깁니다.

임시정부가 대표자들에 의해 조직되었오. 대통령 손병희, 부통령 박영효, 국무장관 이승만, 내무 안창호, 재무 윤현진, 법무 남형우, 군무 이동휘, 사령관 류동열, 파리대표 김규식, 곧 공표될 예정이니 즉시 당신의 의견을 답하시오.

학계에서는 아직 이 전문에 주목하지 않고 있는데, 대한민국 임시정부가 어떻게 성립되었는지 그 이면을 들여다볼 수 있는 아주 귀중한 자료입니다. 이 전보문의 내용 분석만으로도 논문 한 편이 될 수 있지만, 결론만 말하면 이렇습니다.

현순이 이끌던 독립 임시사무소는 비밀리에 하나의 정부안을 만듭니다. 그것이 바로 위의 전보문에 나타난 것이지요. 이 정부는 미국식 대통령제를 채택하고 손병희를 그 자리에 추대합니다. 부통령에 이름을 올린 박영효1861-1939는 조선 말기 철종의 부마이자 급진개화파의 영수 격으로 활동하던 인물인데, 일제의 조선 병합 시 후작의 작위를 받으면서 민족운동과는 일정한 거리를 유지합니다. 이런 이력의 그를 부통령 자리에 앉히고자 했던 것은 그가 지녔던 '개혁'과 '귀족대표'라는 상징성을 활용하여 임시정부의 외연을 확장하려는 의도가 있었던 것으로 보입니다.

그런데 손병희와 박영효는 국내에 있었습니다. 손병희는 감옥에 갇혔고요. 박영효는 3·1운동을 전후하여 눈에 띄는 활동을 하지 않습니다. 아마도 정세를 관망하고 있었을 터이지요. 따라서 이들을 당장 상해로 데려올 수는 없었습니다. 결국 두 사람의 자리를 공석으로 둔 상태에서 이승만을 '국무총리'로 선출했던 것입니다. 이렇게 본다면 1919년 4월 11일에 선포된 대한민국 임시정부는 미완성의 정부 조직으로 볼 수도 있습니다.

그 후 국내외 각처에서 조직·선포된 임시정부들을 하나로 합치는 어렵고 힘든 과업이 진행됩니다. 이 일을 맡은 사람이 안창호였습니다. 미국 샌프란시스코에 본부를 둔 대한인국민회 중앙총회장이었던 그는 3·1운동 소식을 듣고 중국 상해로 건너옵니다. 이곳으로 몰려든 다른 독립운동가들과 달리 안창호는 국민회라는 튼튼한 조직과 자금을 갖고 있었습니다. 그는 대한민국 임시정부의 내무총장이기도 했지요. 국무총리 이하 다른 총장들이 궐석인 상태에서 안창호는 각부 차장들과 힘을 합쳐 통합 작업을 진행합니다.

그 대상은 국내에서 선포된 한성정부와 러시아 영내의 대한국민의회였습니다. 앞서 보았듯이 한성정부는 문서상의 정부에 지나지 않았지만,

이승만이 미국에서 이 정부의 정통성을 내세우면서 문제가 생깁니다. 대한국민의회는 러시아혁명 후 시베리아의 한인사회에 기반을 두고 결성되었던 전로한족회중앙총회가 개편된 준정부 조직이었습니다.

안창호는 한성정부의 '법통'을 계승하는 한편, 대한국민의회와의 협상을 통하여 통합정부를 구성하는 데 성공합니다. 그 과정에서 우여곡절이 많았지만, 어떻든 안창호는 해냈습니다. 그는 지금의 임시정부가 어디까지나 '명의와 정신적 정부'이자 장차 서울에 세워질 정식 정부의 '그림자'에 지나지 않는다고 봅니다. 따라서 각처의 임시정부를 하나로 합쳐 독립 준비를 해나가는 것이 급선무라고 생각합니다. 이리하여 이승만을 임시대통령으로, 이동휘를 국무총리로 선출한 '통합' 대한민국 임시정부가 구성됩니다.

통합정부의 신내각이 공식 출범한 것은 1919년 11월 3일입니다. 3·1운동이 일어난 지 만 8개월이 지난 시점이었지요. 기왕의 연구나 개설서에서는 3·1독립선언이 곧바로 대한민국 임시정부 수립으로 연결되는 것처럼 서술해 왔습니다. 그런데 이렇게 되면 대한제국의 멸망 후 민족사적 과제로 부상한 신국가 건설과 임시정부 수립이 얼마나 복잡하고 어려운 문제였는가를 알지 못하고 그냥 지나치게 됩니다. 그 과정을 깊이 있게 들여다볼 때에만 우리는 대한민국 임시정부의 수립이 지니는 역사적 의의를 제대로 짚을 수 있습니다.

통합정부의 출범이 갖는 의의는 네 가지로 정리해 볼 수 있습니다. 첫번째는 독립선언 후 당면과제로 제기된 임시정부의 건립 문제를 놓고 국내외 민족운동세력들 사이에 갈등과 경쟁이 격화될 수 있었지만 합리적인 조정과 타협을 통하여 하나의 통합정부를 구성하는 데 성공했다는 점입니다. 이리하여 대한민국 임시정부는 전 국민의 총화적 발현인 3·1운동을 적법하게 계승했다는 정통성을 확보하게 됩니다.

두 번째는 공화제 이념과 제도가 뿌리를 내렸다는 점입니다. 독립선언 직후만 해도 그것은 아직 분명치 않았습니다. 그런데 통합정부를 만들어 가는 과정에서 복벽적인 요소들을 제거하고 근대적인 정부 조직과 헌법 체계를 확립합니다. 우리가 스스로 청산하지 못했던 '왕조' 체제를 정리하고 '민국'의 기초를 굳건히 세운 것입니다. 이 과정은 곧 국민혁명이나 다름없었습니다. 새로 수립된 임시정부 지도자들이 조선시대의 지배층이 아니라 그들로부터 소외당하고 억압받던 계층 출신이었던 것도 그 때문입니다. 요컨대 국가의 형태뿐만 아니라 그 국가를 운영해 나갈 인적 구성까지 완전히 달라집니다.

세 번째는 임시정부가 한국의 독립을 전제로 한 과도정부라기보다는 망명정부이자 독립운동의 최고 지도부로서의 성격이 명확해졌다는 점입니다. 앞서 손병희의 재판 진술에서 보았듯이 3·1운동의 기획과 준비 과정을 주도한 천도교단은 한국의 독립 가능성을 높게 내다봅니다. 해외의 독립운동진영도 그럴 가능성이 없지 않다는 기대감을 갖습니다. 대한민국 임시정부가 처음 만들어질 때 손병희와 박영효를 대통령과 부통령으로 추대하는 안을 마련했던 것도 그 때문입니다.

그런데 한국민의 큰 기대를 모았던 파리강화회의에서 승전국들의 식민지 문제는 안건으로 오르지도 못합니다. 이제 한국의 독립은 장기적인 전망에서만 가능해집니다. 파리강화회의가 일단락되던 날1919. 6. 28, 임시정부의 내무총장에 취임한 안창호는 이렇게 말합니다. "우리 정부는 혁명당의 본부요 3천만은 모두 당원으로 볼 것이다. 각기 제 기능 있는 대로 분업하여 독립을 위하여 일할 것뿐이오."

　네 번째는 중국 상해에 자리 잡은 통합 임시정부가 일제의 한반도 강점 후 해외로 흩어진 한인 독립운동세력들을 한데 묶는 구심점이자 국내와 국외를 연결하는 중계지로서의 입지를 굳혔다는 점입니다. 연해주의 블라디보스토크, 하와이의 호놀룰루, 미국본토의 샌프란시스코, 프랑스의 파리, 영국의 런던이 중국 상해를 통하여 국내와 연결됩니다. 그 통로는 일본이 일방적으로 통제할 수 없는 바다였습니다. 동아시아의 최대 개항장이자 서구 열강의 각축장이기도 했던 상해는 태평양과 인도양을 통하여 어디로든 나아가고 들어올 수 있었지요. 대한민국 임시정부가 상해에 자리를 잡았던 것도 이러한 지리적 이점을 최대한 활용할 수 있었기 때문입니다. 일본은 한반도를 장악했지만 세계로 뻗친 해외의 한국 독립운동을 막을 수는 없었습니다.

4. 민국의 탄생 :
"우리나라, 우리의 정부"

3·1운동의 목표는 「선언서」에 명시된 대로 조선의 독립입니다. 이 목적은 달성하지 못합니다. 그렇다면 3·1운동은 실패로 끝난 것일까요. 그렇게 볼 수도 있습니다. 그런데 좀 더 길고 넓게 보면 3·1운동은 우리 민족운동뿐만 아니라 세계 약소민족운동사에 기념비적인 사건으로 기록됩니다. 역사의 진행은 성공과 실패의 연속입니다. 당장에는 실패한 것처럼 보여도 그것을 계기로 새로운 출발을 도모할 수 있습니다.

무엇보다도 3·1 독립선언으로 '우리나라'가 탄생합니다. 이는 왕의 나라나 양반의 나라가 아니라 '국민의 나라'인 대한민국이 건립되었기에 가능해졌습니다. 한편 일본의 조선 병합 후 조선인은 강압적인 통치와 수탈의 대상으로 떨어집니다. 그들은 나라의 주인이 아니라 노예와도 같은 '망국노'였습니다. 이처럼 의지할 데 없는 조선인들에게 비록 영토와 주권을 갖지 못한 임시정부이지만, 어떻든 그냥 '우리나라'라고 부를 수 있는 국가가 생겨났던 것입니다.

대한제국이 세계지도에서 사라지자 미국 샌프란시스코에 본부를 둔 대한인국민회가 무형정부임을 자임한 바 있습니다. 하지만 국민'회'라는 명칭에서 볼 수 있듯이 스스로 국가임을 내세우지는 못합니다. 국민회는 국외 한인사회만을 대상으로 한 자치기구였습니다. 국내 인민과는 분리되어 있었던 것이지요. 그런데 3·1운동으로 말미암아 국내와 국외가 하나가 되고, 그 바탕 위에서 대한민국이 생겨납니다. 세계 곳곳에서 "대한 독립 만세"를 외쳤던 한국인들은 이제 우리나라, 우리의 정부가 존재한다고 말할 수 있게 됩니다.

그 하나의 예를 들어볼까요. 대한인국민회의 기관지로서 샌프란시스코에서 발행되던 『신한민보』에는 중국 상해에서 통합정부가 구성될 무렵 「민국과 독립」이라는 논설을 게재합니다1919년 8월 23일자. 그것은 이렇게 시작됩니다.

우리가 1910년 이후에 나라 없는 백성이 되어 간 곳마다 수치스러운 대접을 받을 때에 심지어 중국 사람까지 우리를 가르켜 "꼴라이 망궉또이"라는 가슴이 아픈 말로 능욕하더니 우리의 거룩한 3월 1일 이후에 중국인들도 그전 과실을 고치고 감히 우리 한인을 낮춰보지 못하는도다.

여기에 나오는 "꼴라이 망궉또이"란 "고려 망국노高麗 亡国奴"를 가리 킵니다. 고려인은 나라를 잃은 노예라는 것이지요. 미주 각처에 사는 중국인들로부터 이런 말을 들을 때마다 한국인은 그 치욕스러움을 속으로 삼켜야 했습니다. 그런데 '거룩한' 3·1운동이 일어난 후 중국인이 한국인을 대하는 태도가 달라집니다. 이제는 망국노가 아니라 '대인大人'이라는 말을 듣게 되지요. 한국의 3·1운동이 중국의 지식인들을 분기시켜 5·4운동의 불을 지폈으니 중국인이 한국인을 바라보는 시선과 태도가 확 달라졌던 것입니다.

그 논설에서는 계속하여 말하기를, 해외 한인들이 이제 우리나라와 우리의 정부를 갖게 되었으니 국민 된 책임을 다해야 한다고 강조합니다. "우리의 민국과 정부를 새로 건설할 때에 내지 동포들이 허다한 생명 재산을 희생하였은 즉 만일 우리가 민국과 정부를 위하여 힘쓰지 않으면 이는 우리 민국과 정부를 우리 손으로 깨트려버림이라. 이왕 [대한]제국의 무너짐은 그 책임이 정부에 있다 하려니와 이제 민국을 건설하고 정부를 조직하고 그 뒤를 충심으로 받들지 않으면 그 죄는 우리 백성의 죄라 하리로다."

그러면서 한국의 재외국민이 적어도 3~4백만 명이 되니 우리의 민중력과 경제력을 헛되이 소모하지 않고 제대로만 쓴다면 우리 민국이 독립될 때까지 별 곤란이 없이 독립 사업을 추진해갈 줄로 믿는바, 저 이탈리아 '건국' 시대에 인민들이 십 년 동안 무거운 짐을 지고 쉴 새 없이 나아가 통일을 이루었듯이 우리 대한민국 임시정부도 필경 '우리 강토'로 옮겨갈 날이 있을 것이라는 믿음을 갖고 국민 된 도리와 의무를 다하자고 다짐합니다【그림 30】.

『신한민보』에 실렸던 논설 하나만 더 소개하지요. 1919년 12월 6일자 「원동에 민국과 제국의 충돌」이라는 흥미로운 기사입니다. 여기에서는 이렇게 말합니다. "일본의 제국주의는 능히 공화사상이 있는 한국과 중국과 러시아 사람들을 여전히 압제할 수 없고 또한 현시 풍조를 따라 제국주의를 오래 유지하지 못할지니 일본의 제국 야심이 깨어지고 한·중·아 3국에서 세력을 걷어가는 때에는 일본은 망하는 지경을 당할지오 원동에는 민주가 득승되어 세계 평화를 잡았던 원동문제가 잘 해결될 줄로 믿노라."

　요컨대 '군주' 즉 천황을 모시는 일본은 혁명을 통하여 공화정부를 수립한 한국과 중국과 러시아를 이길 수 없다는 것입니다. 중국은 신해혁명을 통하여 중화민국을 세웠고, 차르의 러시아는 볼셰비키 혁명에 의하여 무너졌으며, 한국 또한 3·1운동을 통하여 대한민국 임시정부를 건립했으니, 이것이 바로 세계의 대세라는 것이었지요. 따라서 국가가 군주일 개인의 사사로운 물건으로 인식되는 제국은 머지않아 역사의 뒤안길로 사라질 터이니, 일본 또한 그러한 운명에서 벗어날 수 없다고 말합니다. 이렇게 되면 일본의 팽창으로 혼란스러웠던 '원동Far East'의 정세가 안정되고, 이것은 곧 세계의 평화로 연결된다고 보는 것이었지요.

　어떻습니까. 3·1운동과 대한민국 임시정부의 건립으로 민족적인 자존심을 회복하고 독립에 대한 밝은 전망을 가질 수 있었던 해외 한인들의 정서가 느껴지지 않습니까. 그들이 이런 긍지를 갖게 된 데에는 또 다른 이유가 있었습니다.

　3·1운동 후 한국Korea의 '부활'은 세계의 주목을 받습니다. 일본은 한국을 병합하자마자 한반도에 '조선Chosun'이라는 이름을 새겨넣습니다. 한국이라는 나라에 대한 기억을 지워버리려는 것이었지요. 그런데 3·1운동을 계기로 하여 'Korea'가 다시 등장합니다. 미국의 여론을 대변한다는 『뉴욕 타임스』의 방대한 색인집New York Times Index, 1910-1945에서 Korea라는 단어가 들어간 기사의 빈도수를 조사해 보았더니, 1919년에 한 해에만 91회가 나옵니다. 1911년부터 1918년까지는 모두 합해도 53회에 그

첬었지요. 제1차 세계대전이 발발한 1914년에는 아예 나오지 않습니다. 이대로 가면 'Korea'는 세계에서 완전히 잊혀졌을 것입니다.

3·1운동이 남긴 강렬한 인상은 『뉴욕 타임스』의 기사 내용에서도 확인됩니다. 예컨대 1919년 6월 15일자 신문에서는 독립 「선언문」의 대부분을 영어로 번역한 기사를 찾아볼 수 있습니다. 1919년을 결산하는 「세계개조 연대기Chronological Review of the World's Remaking」에는 3·1운동이 포함됩니다. 이 기사에서는 1919년 한 해 동안 동아시아에서 일어난 가장 주목할 만한 사건으로 3·1운동을 꼽습니다.

『뉴욕 타임스』만이 아닙니다. 미국 각처에서 발행되는 신문에 'Korea'가 등장합니다. 그 가운데 가장 눈에 띄는 것이 1919년 4월 6일자 『샌프란시스코 이그재미너』지에 실렸던 「한국인 봉기, 비무장 혁명」이라는 제목의 특종기사입니다. 이 기사의 집필자는 『새크라멘토 비』의 발행인 맥클래치V. S. McClatchy입니다. 그는 1919년 초 동아시아 각지를 돌아다니다가 한국에 들어오는데, 이때가 3월 3일이었습니다. 그는 나흘 동안 서울에 머물면서 시내에서 벌어진 만세시위 행렬을 지켜봅니다. 그리고는 미국으로 돌아와서 바로 그 기사를 신문에 냈던 것입니다【그림 29】.

조선총독부의 엄격한 감시와 통제 속에서 맥클래치가 갖고 나온 「선언서」는 AP통신을 통하여 미국 전역에 퍼집니다. 이리하여 3·1운동이 일어나게 된 동기와 목적 그리고 공약삼장의 행동강령이 서방세계에 알려집니다. 그들이 볼 때 3·1운동의 전국적인 규모와 비폭력 평화 시위는 놀라움 그 자체였지요. 따라서 이 운동을 세계 역사상 전례가 없는 '수동적 저항passive resistance'의 본보기라고 말합니다. 당시 중국의 진보적인 지식인들도 3·1운동의 진행 소식을 듣고 "무력이 아니라 민의民意로써 운동을 이끌어나가 세계혁명사의 신기원을 개척하였다"고 평가합니다. 중국의 5·4운동은 이러한 각성에서 출발합니다.

미국은 여론을 중시하는 나라입니다. 3·1운동의 비폭력시위에 대한 일본의 무자비한 대응이 미국 내에 널리 알려지자 의회에서도 '한국문제 Korean problem'의 심각성을 인식하고 이 문제를 다루게 됩니다. 그동안 밖으로 알려지지 않았던 일본의 식민통치 실상이 드러나면서 외교적인 쟁점으로 떠오른 것이지요. 이 과정에서 미국 내 선교단체들의 압력도 만만치 않습니다. 3·1운동의 한 축을 이루었던 교회와 기독교도들에 대한 조선총독부와 경찰의 탄압으로 한국에서의 선교 활동이 위기에 처했기 때문입니다. 이제 '한국문제'는 영국의 통치를 받던 '아일랜드문제'와도 비교되기 시작합니다.

파리강화회의에서 인종 평등문제를 제기하면서 서방세계에 공세를 취하던 일본으로서는 낭패가 아닐 수 없었습니다. 일본 정부는 조선 총독을 교체하고 문화정치를 표방하면서 국제적인 여론의 비판에서 벗어나려고 합니다만 뜻대로 되지는 않습니다. 한국문제는 베르사유조약의 비준 문제와도 결부되면서 오히려 더 뜨거운 쟁점이 됩니다. 1920년 상반기에는 한국 독립에 대한 '동정sympathy'을 표하는 안건이 미국 의회에 제출되어 표결에까지 붙여지는 상황이 벌어집니다. 최종적으로 이 안건은 부결되지만 한국문제가 미국의 외교 문제로까지 부각되었다는 점에 우리는 주목할 필요가 있습니다.

이처럼 3·1운동의 파장이 만만치 않았습니다. 그런데 이 운동은 그 규모가 아무리 크더라고 대중적인 시위가 끝나면 곧 잊혀질 수밖에 없습니다. 그 기억을 끊임없이 상기시키면서 한국의 독립 문제를 국제적인 이슈로 만들려면 무언가 항구적인 조직이 필요한데, 그것이 바로 대한민국 임시정부였습니다. 이것은 하나의 단체가 아니라 한국 국민을 대표하고 대변하는 '정부'였습니다. 아니 그렇게 만들어 가는 것이지요.

1919년 6월 중순, 미국의 수도 워싱턴에서 활동하던 이승만은 과거 조선왕조와 체결했던 열국, 즉 미국·영국·프랑스·이탈리아 정부 수반에게 공문을 보내 한국에서 '대한공화국The Republic of Korea'이 완벽하게 조직되었다고 통고합니다. 그리고 자신은 이 공화국의 '대통령'으로 선출되었다고 말합니다. 이때 이승만은 임시정부라는 표현을 단 한 차례도 쓰지 않습니다. 한국의 독립과 정부 수립을 기정 사실화 하려는 것이었지요.

이승만은 '일본 황제'에게도 서한을 보내 3.1운동 후 서울에서 새로운 공화정부와 입법부가 적법하게 조직·선포되었음을 알립니다. "한국은 이제 자신의 방식대로 스스로를 통치할 위치에 있다"라고 말이지요. 그러니 한국에 있는 일본 군대와 관리, 민간인들을 철수시키고 대한공화국을 독립된 주권국가로 인정함으로써 두 나라 사이에 영원한 평화와 선린 우호의 '신기원a new era'을 열어나가자고 촉구합니다.

이리하여 대한민국 임시정부는 그 존재 자체만으로 한국의 독립 문제가 아직 해결되지 않았다는 것, 따라서 어떻게든 이 문제를 해결해야만 한다는 것을 세계에 알리는 상징적 매개체가 됩니다. 쉽게 말하면 한국이 자신의 존재를 드러내며 세계와 소통하는 창구가 된 것이지요. 1919

년 4월부터는 미국 신문들에서 'The Republic of Korea'에 대하여 언급하는 기사를 찾아볼 수 있습니다. 이런 보도들이 3·1운동에 대한 기사를 대체하면서 한국에 대한 기억을 되살립니다.

흥미로운 것은 조선총독부의 기관지나 다름없던 『매일신보』에도 대한민국 임시정부에 대한 기사가 등장한다는 사실입니다. 물론 그들은 '가假정부'라고 부릅니다. 국제적으로 그 존재를 인정받지 못하는 '불령선인'들의 집단에 지나지 않는다는 의미를 담은 것이지요. 그들이 말하는 불령선인의 범주에는 시대착오자, 음모가, 불평·불만자 등 현실에 충실하지 못하고 공상 또는 허상을 쫓는 사람들이 포함됩니다. 세계 5대 강국의 한 자리를 차지한 일제 식민통치기에 조선의 독립을 꿈꾼다는 것은 헛된 망상으로 보일 수도 있습니다. 그런데 공상은 이상의 또 다른 표현일 수 있습니다.

『매일신보』는 1920년 10월 15일부터 「상해 가정부의 내막」이라는 연재물7회을 싣는데, 그 기획 의도가 흥미롭습니다. 그들의 표현을 빌리면 일종의 비밀결사에 지나지 않는 가정부의 선전에 무식한 조선인들이 속는 것은 어쩔 수 없다 해도, "그러나 당당한 일본 사람으로 소위 상해 가정부가 어디까지 유력한 것인 줄로 생각하는 것은 그들의 선전에 걸리어서 그릇 믿는 것이다"라고 비판합니다. 제4회 기사에는 "당당히 내각원을 선정하고 각도에 대의원까지 두었다, 그리고 훌륭한 기관 신문도"라는 부제가 붙습니다.

그해 12월 19일의 『매일신보』에는 「평북 용천군에 별별 풍설 전파」라는 제목 아래 "상해 가정부가 군함 몇 척을 사들여 가지고 태평양상에서 해상 작전 중이라고 떠들며 교묘히 선전을 하는 음모단"이라는 내용이 들어갑니다. 물론 이것은 누군가 지어낸 이야기입니다. 문제는 그러한 기사조차도 '가정부'의 존재를 부각시키며 일본의 식민통치에 부담감을 안겨준다는 점입니다. 이 때문에 일본은 상해의 프랑스 조계에 자리 잡은 임시정부를 쫓아내기 위하여 외교적인 노력을 기울이지만 당장 효과를 거두지는 못합니다.

대한민국 임시정부는 세계 최장의 망명정부라는 기록을 갖고 있다고 합니다. 26년이라는 그 기록은 해외 한인사회가 임시정부를 '우리 정부'로 떠받들었기에 가능했습니다. 특히 미주본토와 하와이 한인사회가 그러합니다. 『포와유람기』를 썼던 현순의 경우를 볼까요. 그는 3·1운동 후 임시정부 수립에 앞장섰다가 가족을 데리고 하와이로 들어옵니다. 그가 정착하여 목회 활동을 펼치던 카우아이섬에서는 매해 3·1절 기념식을 거행합니다. 미국 사람들이 독립기념일을 경축하는 것처럼 말입니다. 그 현장으로 가볼까요.

한인들은 이날 태극기를 흔들고 연설을 하고 기념행사를 치렀다. 부녀자들은 한복을 입고 남자들은 넥타이로 멋있게 정장하며 젊은이들은 새 바지를 입고 어린아이들은 구두를 신었다. 그들 중에는 태어났을 때부터 항상 맨발이었다가 중학교에 들어가서야 구두를 신는 아이들도 있었다.

1930년 3월 1일, 라와이Lawai 해변에서 치러진 기념식이 끝난 후 카우아이의 한인들은 공동회를 개최하여 한인단합회를 결성합니다. 그 목적은 조국 광복사업에 대한 응원과 회원 간 상호부조입니다. 회원들은 매달 1달러 25센트를 회비로 내는데, 그중 1달러를 광복사업에 쓰기로 합니다. 당시 농장 노동자들이 한 달에 22달러 정도의 임금을 받고 있었으니 1달러는 적은 금액이 아닙니다.

이렇게 모인 돈이 상해임시정부로 보내져 윤봉길의거을 일으키는 특무공작비로 사용됩니다. 나중에 임시정부는 카우아이 교민들에게 이렇게 감사의 말을 전합니다. "우리 임시정부에 대하여 지극한 성의를 다하여 국민 된 의무를 충실히 이행하니 그곳 동포와 단합회의 임원 제씨에 대하여 사의를 표하지 않을 수 없다." 정말로 그랬습니다. 하와이와 미주 대륙의 동포에게 대한민국 임시정부는 '우리의 정부'였고, 그들은 이 정부에 대하여 국민 된 의무를 다했습니다. 특히 이민 제1세대는 미국에서 미국 국적을 취득할 수 없는 이방인으로 살아가야 했기에 조국을 그리는 마음이 더욱 간절했습니다.

[그림 26] 세계개조의 두 주역 : 1917년 4월의 장면

▶윌슨의 '참전' 선언
　(미국 의회)

◀레닌의 '혁명' 선언
　(페트로그라드 핀란드역)

전쟁과 혁명은 20세기를 읽는 키워드이다. 제1차 세계대전기 중립적인 태도를 유지하던 윌슨은 1917년 4월 2일 미국 의회에서 공식 참전을 선언한다. 그 명분은 세계의 자유와 민주주의를 수호한다는 것이었다. 한편 망명지인 스위스에서 러시아로 돌아온 레닌은 <4월 테제>를 발표하여 제국주의 전쟁 반대와 소비에트 혁명을 주창한다. 이후 세계 자본주의 체제를 보수·유지하려는 미국과 그 체제를 전복하려는 소련 사이의 대결 구도가 펼쳐진다. 그것은 윌슨이 제창한 국제연맹LN과 레닌이 결성한 코민테른Comintern으로 모습을 드러낸다. 3·1운동 후 한국의 민족운동도 그 직접적인 영향을 받게 된다. 위의 두 장면은 사진이 아니라 그림이다. 모자를 들고 인사를 하는 레닌 뒤에 스탈린처럼 보이는 사람이 그려져 있는데 이는 사실과 다르다.

[그림 27] 한용운 '옥중 선언서' 공개 : 「조선독립에 대한 감상의 대요」

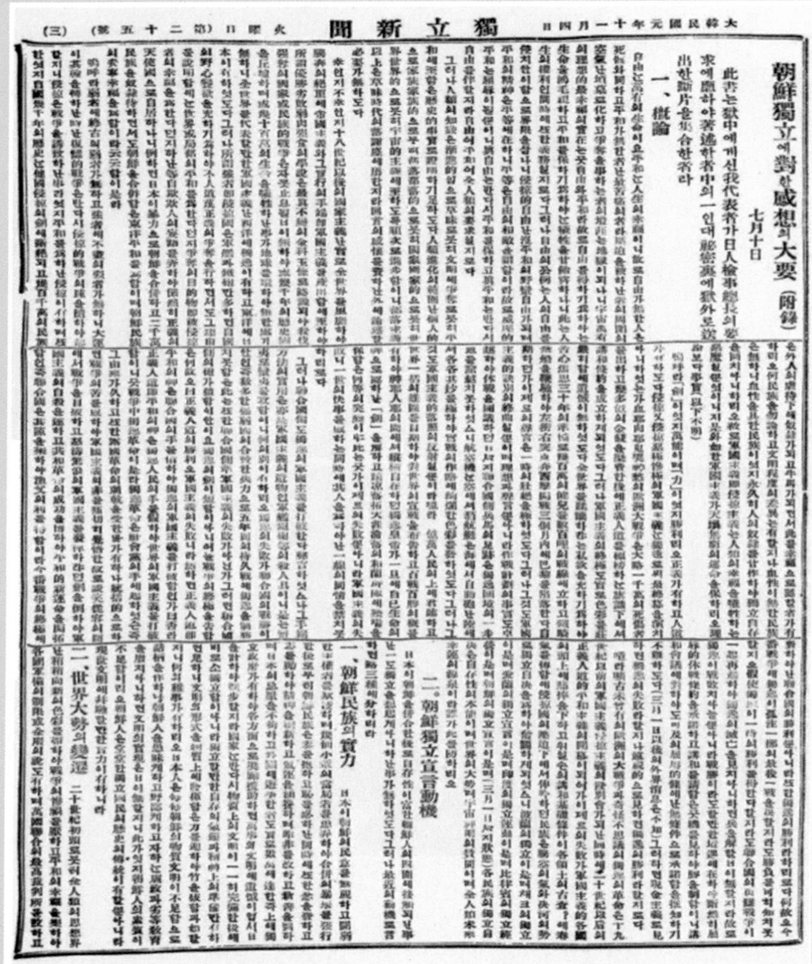

大韓民國元年十一月四日 獨立新聞 火曜日 (第二十五號) (三)

朝鮮獨立에對한感想의大要 (附錄)

七月十日

一、槪論

二、朝鮮獨立宣言動機

一、朝鮮民族의實力

二、世界大勢의變遷

한용운이 옥중에서 작성한 '선언서'는 비밀리에 유출되어 대한민국 임시정부의 대변지인 「독립신문」상해판, 1919년 11월 4일에 실린다. 두 면에 가득 실린 장문이었다. 그 제목은 「조선독립에 대한 감상의 대요」이며 작성일은 7월 10일로 되어 있다. 전후 사정을 놓고 볼 때 한용운은 처음부터 자신이 쓴 '선언서'를 공개할 작정이었다. 최남선이 기초한 「선언서」만으로는 3·1운동의 대의명분이 충분히 살아나지 않는다는 판단에서 그랬을 것이다.

[그림 28] 세칭 한성정부의 선포문건(1919년 4월, 연세대학교 이승만연구원 소장)

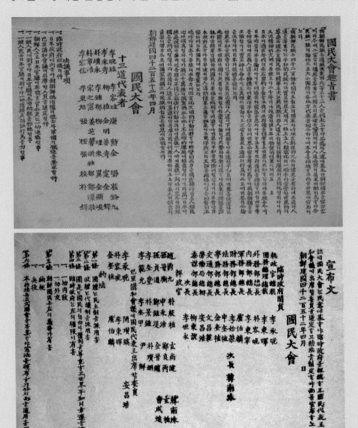

이른바 한성정부의 조직은 1919년 4월 23일 서울 시내에 배포된 위의 두 가지 문건, 즉 「국민대회 취지서」와 「선포문」을 통하여 세상에 알려졌다. 총독부 측의 정보기록에 따르면, 이날 학생 차림을 한 다섯 명이 "국민대회 공화만세"라는 깃발 3개를 들고 만세를 부르며 달려가는 것을 보고 뒤쫓아 가서 두 명을 체포했다고 한다. 이외에 다른 특별한 '소동'은 없었다. 한성정부의 선포문건에 명시된 '국민대회'는 실제로 개최된 바 없다. 아래 「선포문」에 나오는 임시정부 각원 명단을 보면 집정 관총재 이승만을 비롯하여 모두 국외에서 활동하던 인물들로 채워진다. 이는 '나라밖에 나라'일종의 망명정부를 만들려는 구상이었다.

[그림 29] "한국인 봉기 비무장 혁명," *San Francisco Examiner* (1919년 4월 6일)

이 기사를 쓴 맥클래치V. S. McClatchy, 1857-1938는 20세기 초 캘리포니아에서 반아시아운동의 중심 조직이었던 일본인배제연맹The Japanese Exclusion Laegue of California을 이끈 유력 언론인이었다. 그의 배일의식은 한국 독립운동에 대한 우호적인 태도로 나타난다. 위의 기사가 실린 『샌프란시스코 이그재미너』지도 미국 내 대표적인 배일신문이었다.

[그림 30] "나라 밖의 나라" : <대한민국임시정부 임시정청>(1919년 10월)

20세기에 들어서면 세계는 제국과 식민지로 양분된다. 아시아와 아프리카의 수많은 약소민족이 식민지로 전락한다. 이들 가운데 한국만큼 오랫동안 망명정부 또는 임시정부를 유지한 나라는 없었다고 한다. 태평양전쟁기에 발표된 카이로선언에서 전후 '한국의 독립'을 약속했던 것도 한국민의 지속적인 독립운동이 낳은 결과라고 말할 수 있다.

대한민국 임시정부는 비록 영토와 주권은 없지만 그것을 "우리나라, 우리의 정부"로 떠받치는 해외 교민들이 있었다. 정치적인 의사 표시가 자유롭고 경제적으로 비교적 안정된 하와이와 미주 대륙의 한인사회가 특히 그러했다. 이들의 지지와 지원이 있었기에 임시정부는 해방이 될 때까지 명맥을 유지할 수 있었다. 그 출발을 보여주는 것이 위의 사진이다. 통합정부가 정식으로 출범한 직후의 모습이다.

그림 출처 : 『사진으로 보는 대한민국 임시정부, 1919~1945』, 44쪽.

태평양전쟁과 한반도의 분할

― 인종·문명 담론에서 이데올로기로

"이 태평양상의 전쟁이야말로
아등 동양인을
저 포악한 미영(米英)의 착취하에서
구출해내는 성전(聖戰)으로,
아등 국민은 단연 궐기하여야 할 때임니다.
일억의 황군이 전위대가 되고,
다음은 만주, 다음은 잠깐 지나, 다음은 태국,
이리하여 십억의 동양민족은 한 뭉치가 되어서
영미의 세력을 쳐서 깨트리고,
동양의 천지에서 몰아내여야 할 때임니다."

 - 『삼천리』 제14권 제1호(1942.1.1),
「대동아전쟁과 반도의 무장, 결전대연설 속기록」

1. '구미태평양'과 일본의 도전

구미태평양Euro-American Pacific이라는 말은 터키 출신의 미국 역사가 아리프 딜릭Arif Dirlik이 1992년에 발표한 한 논문에서 처음 꺼냅니다. 그에 따르면 태평양은 유럽과 미국이 하나의 전 지구적 경제를 창안하면서 기존의 지역경제들을 자신들의 요구에 종속시키고 이데올로기적 헤게모니를 장악하기 위하여 만든 발명품invention이었다는 것입니다. 이러한 관점에서 보면 16~17세기의 태평양은 스페인의 호수Spanish lake였고, 18~19세기에는 영국의 호수이며, 19세기 말부터는 미국의 호수가 된다고 합니다.

대서양 연안의 13개 주로 출발한 미국은 그들이 스스로 인식한 명백한 운명Manifest Destiny과 프런티어 정신에 따라 서부로, 서부로 나아갑니다. 이리하여 19세기 중반 태평양 연안에 도달하지요. 바다대서양와 바다태평양 사이의 대륙국가가 완성된 것입니다. 그리고는 노쇠한 제국 스페인과의 전쟁 미서전쟁, 1898을 통하여 카리브해의 쿠바와 태평양 서편의 괌과 필리핀을 점령함으로써 강력한 해양제국으로 부상합니다. 이 무렵 하와이도 미국의 영토로 편입되지요. 이제 태평양은 '미국의 호수'가 됩니다.

유럽의 '탐욕적인' 제국주의 국가들과는 다르다며 스스로를 차별화시켜 온 미국이 이때 해외 식민지 개척에 나섰던 데에는 경제적 팽창의 필요성이 크게 작용합니다. 필리핀의 병합을 놓고 미국 내에서 논쟁이 펼쳐지던 시기에 공화당 상원의원 베버리지Albert J. Beveridge는 이렇게 말합니다. "필리핀은 영원히 우리 것이다. 그리고 필리핀 너머에는 바로 중국이라는 무한한 시장이 있다. 우리는 양쪽 모두 포기하지 않을 것이다. 우리는 오리엔트에서 수행해야 할 우리의 사명을 거부하지 않을 것이다." 대륙에서의 정복사업을 끝낸 미국은 이제 태평양으로의 진출을 그들의 '사명'으로 내걸게 됩니다.

그런 사명감을 말과 행동으로 드러낸 두 인물이 알프레드 마한Alfred T. Mahan과 시어도어 루스벨트입니다. 당대에 해군전략가이자 해양사학자로서 이름을 날린 마한은 해양력sea power이라는 개념에 기초하여 해군의 존재 이유가 해상교통로와 무역 신장을 위한 제해권 확보에 있음을 명확히 합니다. 그는 대서양과 태평양을 양쪽에 끼고 있는 미국으로서는 해군 육성에 각별히 신경을 쓸 수밖에 없다고 말합니다. 그는 태평양에서 하와이와 필리핀이 지니는 전략적 중요성에 주목하는 한편, 아시아 국가들이 언제든 미국에 잠재적인 위협이 될 수 있다는 점에 대해서도 주의를 환기시킵니다.

하버드대학의 졸업 논문으로 『1812년 [미·영]해전』을 집필했던 시어도어 루스벨트는 마한 못지않게 대규모 해군 건설과 미국의 세계적 역할 제고에 대한 남다른 열정을 보여준 인물입니다. 그는 미서전쟁 때 해군 차관직에서 사퇴한 후 러프 라이더Rough Rider라는 민병대를 조직하여 쿠바의 산티아고전투에서 승리를 거두며 국민적 영웅으로 떠오릅니다. 대통령 재임기1901-9에는 미국을 해양대국으로 만들고 이를 바탕으로 20

세기를 '미국의 세기'로 만들고자 합니다.

시어도어 루스벨트는 러일전쟁 후 아시아·태평양 방면에서 전개될 일본의 팽창에 대하여도 세심한 주의를 기울입니다. 그는 대통령 퇴임을 앞둔 시점에 새 행정부의 국무장관으로 내정된 녹스Philander Knox에게 편지를 보내 일본과의 외교 관계가 더없이 중요하다면서 이렇게 말합니다.

나는 [미일]전쟁이 일어날 것이라고는 믿지 않습니다만 그런 전쟁이 발발할 기회는 언제나 있습니다. 그리고 전쟁이 벌어진다면 그 재앙은 극심할 것입니다. 나는 우리가 승리할 것이라고 믿지만 최소한 재난이 닥칠 확률은 있습니다. 따라서 우리는 전쟁을 불러일으킬 만한 조건이 발생하는 것을 방지함으로써 전쟁 가능성을 막는 데 우리의 모든 힘을 쏟아야 합니다. 우리 해군을 강력하게 유지하는 것은 전쟁이 오지 않게 할 것이며 설령 전쟁이 일어난다 해도 우리를 승리로 이끌 것입니다.

제3강에서 설명했듯이 러일전쟁 후 서방세계에서는 황화론과 미국 내 배일운동에 자극을 받아 미일충돌설이 확산되고 있었습니다. '극동'의 조그마한 섬나라가 러시아를 꺾고 서방 제국주의 대열에 합류하려는 것이 이래저래 못마땅했던 것이지요.

루스벨트도 이때 일본과의 충돌 가능성을 배제하지 않습니다. 그는 미국이 강력한 해군력을 유지할 때에만 아시아·태평양 방면에서 일본의 팽창을 억제할 수 있다고 생각합니다. 일본을 가상적국으로 상정하는 오렌지전쟁계획War Plan Orange도 루스벨트 대통령 재임기 비밀리에 만들어지기 시작합니다. 태평양전쟁의 가상 시나리오가 일반 언론뿐만 아니라 정부 차원에서도 나오기 시작했다는 점에 우리는 주목할 필요가 있습니다【그림 31】.

이런 가운데 루스벨트의 마지막 작품인 대백색함대Great White Fleet의 세계순항1907.12~1909.2이 이루어집니다. 그 규모는 병원선과 보급함까지 합하면 총 28척으로, 이를 모두 합하면 22만 4,795톤에 달합니다. 단일 선단으로는 당시 세계 최대 규모였지요. 이 함대는 미국 버지니아의 군항을 출발한 후 카리브해와 마젤란해협을 거쳐 태평양으로 진입합니다. 이후에는 캘리포니아, 필리핀, 오스트레일리아, 일본, 중국 등지를 들르면서 그 위용을 과시합니다. 겉으로는 연습 순항이라고 말하지만, 그것은 태평양이 미국의 호수임을 세계에 선포하는 의식이었습니다.

이 무렵 일본 또한 미국의 태평양 패권에 도전하는 듯한 모습을 보입니다. 러일전쟁 후 일본에서 남진론南進論을 펴는데 앞장섰던 언론인이자 역사평론가인 다케코시 요사부로竹越與三郎는 동남아시아 순방기인 『남국기南國記』라는 책에서 이렇게 말합니다.

우리의 장래는 북北에 있지 아니하고 남南에 있고, 대륙에 있지 아니하고 바다에 있다. 일본 인민이 주목해야 할 것은 태평양으로서 우리의 호소湖沼로 삼는 대업大業에 있다.

이제 막 제국주의 대열에 합류한 일본으로서는 아주 과감한 선언이었지요. 대륙이 아니라 바다로 진출하여 태평양을 일본의 '호소' 즉 호수와 연못으로 만들자고 했으니 말입니다. 이러한 주장을 내놓은 다케코시는 앞서 출간한 『이천오백년사』1896라는 저술에서 '제국' 일본의 등장을 예언하는 문명사적 정통성을 서술하여 세간의 주목을 받았던 인물입니다. 그런데 이번에는 『남국기』를 통하여 제국이 나아가야 할 방향으로 태평양을 지목합니다.

러일전쟁 후 국운 상승의 기류를 탄 일본은 한반도를 거쳐 아시아대륙으로 '진출'할 것인가 아니면 바다를 통하여 태평양 방면으로 뻗어 나갈 것인가 하는 문제를 놓고 고민과 갈등에 빠집니다. 이른바 북진론 대남진론이었지요. 러시아와의 전쟁에서 막대한 외채를 짊어진 일본으로서는 한정된 자원을 가지고 어딘가 한 방면으로 집중해야만 하는 상황에 마주합니다.

이 시기 일본 내각에 상당한 영향력을 행사하기 시작한 군부의 의견은 둘로 나뉩니다. 육군은 북진론을, 해군은 남진론을 각각 옹호하지요. 결론은 양자 절충이었지만 대륙 지향의 육군이 좀 더 우세합니다. 당장 한반도가 일본의 식민지로 편입되고 남만주철도가 일본의 관할 아래 놓입니다. 해군은 태평양 방면에 노출된 일본 본토의 방위가 무엇보다도 먼저라는 주장을 펼칩니다. 따라서 '가상적국'인 미국에 대응하기 위해서는 해군력 확장이 우선되어야 한다고 말하지요. 일본 군부의 최고 지도부가 극비리에 작성하여 메이지 천황에게 보고한 「제국국방방침」1907에서는 대륙 방면에서는 러시아를, 해양 방면에서는 미국을 각각 가상적국으로 상정합니다【그림 31】.

그 후 일본 해군은 이른바 88함대 추진 계획을 수립합니다. 함령 8년 미만의 전함과 순양전함 각 8척을 최저한의 전력으로 한다는 것이 그 계획의 요지였지요. 여기에는 막대한 예산이 소요됩니다. 러일전쟁 후의 불황과 재정 궁핍은 그러한 예산 확보를 어렵게 만듭니다. 그런데 하늘이 일본을 돕습니다. 제1차 세계대전이 터진 것이지요.

일본은 이 전쟁에 연합국의 일원으로 개입하면서 교전국으로서의 이익과 중립국으로서의 이익을 모두 취합니다. 경제적으로는 아시아 시장을 일시적으로나마 거의 독점하여 미증유의 호황을 누립니다. 군사적으로는 독일의 조차지이며 극동경영의 근거지인 중국의 칭다오靑島와 독일령 남양제도사이판, 포나페, 트라크, 파라오 섬 등를 점령합니다. 서양 열강이 유럽 전선에 힘을 쏟고 있는 사이에 일본은 중국 본토와 서태평양을 공략할 수 있는 전략적 지점을 확보했던 것이지요.

제1차 세계대전이 끝난 후 일본은 일약 5대 강국의 반열에 오릅니다. 미국과 영국, 프랑스, 이탈리아와 함께 파리강화회의를 이끌 수 있는 위치에 서게 된 것이지요. 그런데 파리에서는 주로 유럽 문제만이 다루어집니다. 일본은 이때 인종평등의 문제를 제기하지만, 서구 열강은 외면합니다. 아시아·태평양지역의 문제들도 거의 다루어지지 않습니다. 이 문제들은 워싱턴회의The Washington Conference, 1921. 11. 12-1922. 2. 6로 넘어옵니다. 미국의 하딩Warren G. Harding 대통령의 제안으로 열린 이 회의에서는 아시아·태평양지역의 현안들이 포괄적으로 논의됩니다.

그 결과 몇 개의 조약이 체결됩니다. 첫 번째가 해군 군비의 제한과 축소에 합의한 '5국조약'입니다. 이에 따라 미국, 영국, 일본, 프랑스, 이탈리아는 향후 1만 톤급 이상의 주력함을 5:5:3:1.75:1.75의 비율로 유지하기로 합니다. 열강 간 군함 건조 경쟁이 국가 재정에 상당한 부담이 되었기에 이런 합의가 나올 수 있었지요. 두 번째는 1902년에 체결된 후 5년 단위로 연장되어 온 영일동맹이 폐기되고, 그 대신에 미국과 프랑스를 포함한 '4국조약'이 체결됩니다. 그들은 태평양의 섬들에 대한 서로의 영유권을 존중하고 분쟁이 발생할 경우 공동회의에 부치기로 합니다. 세 번째는 중국에 관한 '9개국조약'입니다. 중국, 벨기에, 네덜란드, 포르투갈까지 포함한 이 조약에서는 미국이 19세기 말 이래 줄곧 주장해 온 중국에 대한 문호개방 정책이 공식화됩니다. 이외에도 중국과 일본 간 분쟁 거리였던 산동반도 반환 협정이 체결되고, 미국과 일본 간에는 시베리아 철병과 태평양의 전략적 요충지인 얍Yap 섬에 관한 양해각서가 체결됩니다.

이로써 제1차 세계대전 후 미국을 비롯한 서구 열강과 일본 사이에 긴장을 불러일으켰던 현안들이 한꺼번에 해결됩니다. 그 결과로 성립된 아시아·태평양지역의 국제질서를 일컬어 워싱턴체제라고 합니다. 하딩 대통령은 워싱턴회의가 끝나는 날 세계 평화를 위하여 외교상 '하나의 신기원'을 이룩했다고 자평합니다. 일본 내에서는 그 회의의 결과에 대하여 불만이 쏟아졌지만, 정부 차원에서는 그 합의를 충실히 이행하겠다는 성명을 발표합니다. 이 시기 일본 외교의 기조는 '구미歐美협조주의'였습니다.

1922년 1월부터 소련의 모스크바에서 열린 '극동피압박인민대회'에서는 워싱턴회의의 결과에 대하여 "흡혈귀의 동맹의 이름으로 일본 제국주의의 강도적 정책에 대하여 연대를 표명했다"며 신랄하게 비판합니다. 이 대회에는 한국의 사회주의자들뿐만 아니라 민족주의자들도 다수 참여합니다. 워싱턴회의는 제1차 세계대전에서 승리한 열강 간 양보와 타협으로 그들의 기득권을 공고히 하려고 했다는 점에서 파리강화회의와 다를 바 없다고 볼 수 있습니다. 식민지 약소민족의 문제는 외면당했던 것이지요.

워싱턴체제는 1931년 9월 일본의 만주침공과 국제연맹 탈퇴로 파국을 맞이합니다. 이어서 중일전쟁과 태평양전쟁이 일어납니다. 러일전쟁 후 아시아·태평양지역의 패권을 놓고 경쟁을 벌이기 시작한 미국과 일본이 이제 더 이상 평화적인 방법으로는 해결할 수 없는 상황으로 빠져듭니다. 미일전쟁은 본질적으로 '제국의 욕망'에서부터 비롯된 것이지만 인종과 문명의 이름으로 치러집니다. 백인종 대 황인종, 서양문명 대 동양문명의 충돌이라는 형태로 말이지요. 이 전쟁의 막바지에는 소련이 들어오면서 인종과 문명 간 대립 구도는 이데올로기적인 것으로 바뀌어 나갑니다. 그 충돌의 한복판에 다시 한반도가 등장합니다.

2. 대공황과 '15년전쟁':
누구를 위한 전쟁인가?

1929년 가을, 미국의 뉴욕 증시 폭락에서 촉발된 대공황이 세계를 덮칩니다. 제1차 세계대전 후 호황을 이어가던 미국의 산업생산 지수는 3년 만에 절반 가까이 떨어지고, 영국과 프랑스의 지수도 30~40퍼센트 정도 떨어집니다. 패전국 독일의 경우에는 심각한 불황과 더불어 통제할 수 없는 인플레이션에 빠져듭니다. 미국과 유럽에 원료를 공급하던 중남미와 아시아 국가들도 덩달아 영향을 받습니다. 대공황은 도시 실업자를 양산하고 농산물 가격의 폭락을 불러옵니다. 유럽에서 시작된 자본주의가 세계를 무대로 뻗어 나갔던 만큼 대공황의 물결 또한 세계로 퍼져나갑니다.

에릭 홉스봄Eric Hobsbawm은 20세기의 역사를 다룬 그의 책 『극단의 시대』에서 이렇게 말합니다. "대공황은 장기 19세기의 경제와 사회로 돌아갈 수 있다는 어떠한 희망도 파괴해버린 재난이었다. 1929-33년의 시기는, 이제부터는 1913년으로 돌아가는 것을 불가능할 뿐만 아니라 상상도 할 수 없는 것으로 만들어버린 대협곡이었다. 구식의 자유주의는 죽었거나 운이 다한 것으로 보였다. 이제는 세 가지 길이 지적, 정치적인 헤게모니의 쟁취를 다투었다."

여기서 말하는 세 가지 길이란, (1) 미국의 뉴딜정책과 같은 '수정' 자본주의로의 이행, (2) 소비에트 러시아의 집산주의와 계획경제 실시, (3) 이탈리아/독일에서의 파시즘/나치즘 지배체제의 대두를 일컫습니다. 요컨대 시장 만능의 자유주의적 자본주의에 입각한 처방으로는 대공황을 돌파할 수 없었던 것이지요. 어떤 형태로든 국가의 개입이 불가피해집니다.

그렇다면 일본은 어떻게 세계적인 대공황에서 벗어나려고 했을까요? 그 탈출구는 바로 전쟁입니다. 만주침공1931에서부터 중일전쟁1937과 태평양전쟁1941으로 이어지는 이른바 '15년전쟁'이 그것입니다. 일본의 패전 후 처음으로 그 말을 꺼낸 사람은 철학자이자 반전론자였던 츠루미 슌스케鶴見俊輔, 1922-2015입니다. 그는 자신이 어렸을 때 일본의 만주 및 중국 본토에 대한 침공을 모두 '사변事變'으로 듣고 배웠다고 합니다. 여기서 말하는 사변의 사전적 정의는 사람의 힘으로는 피할 수 없는 천재나 그 밖의 큰 사건을 가리킵니다. 영어로는 incident이지요. 따라서 '만주사변'은 'Manchurian Incident'로 번역됩니다. 이것은 우발적인 사건으로 무력충돌이 발생했다는 의미를 지닙니다. 일본 관동군에 의하여 사전에 치밀하게 준비되었던 도발 즉 '전쟁'을 감추려 했던 것이지요.

츠루미는 이런 사실을 드러내기 위하여 15년전쟁이라는 용어를 궁리해 냅니다. 그 모든 전쟁이 국가의 주도에 의하여 연속적으로 발생했던 것임을 명확히 하려고 했지요. 그는 또 이렇게 말합니다.

'만주사변'은 동시대의 세계사 속에서 보면 제2차 세계대전의 서곡이 된 것이며 일본에 있어서는 15년전쟁의 개막이었습니다.

참으로 그렇습니다. 제2차 세계대전이라고 하면 우리는 보통 독일의 폴란드 침공1939을 떠올리는데, 이는 어디까지나 유럽 중심적인 사고일 뿐입니다. 아시아의 관점에서 보면 일본의 만주침공이 제2차 세계대전의 한 축이었던 아시아·태평양전쟁의 시발점이라고 보아야 합니다. 일본은 만주침공 후 그들이 통치하는 '만주국'을 세우고 이를 비판하는 국제여론이 비등하자 국제연맹에서 탈퇴합니다. 무솔리니와 히틀러가 이러한 일본의 선례를 따르면서 유럽 또한 전쟁의 소용돌이로 빠져듭니다. 츠루미가 지적한 대로 '만주사변'은 제2차 세계대전의 '서곡'이었습니다.

그렇다면 일본의 침략전쟁이 어떻게 대공황의 돌파구가 될 수 있었을까요. 이 문제에 대하여는 당대의 증언을 통하여 실제적인 상황을 머릿속에 그려볼 필요가 있습니다. 미국학계에서 일본 현대사 연구의 디딤돌을 놓았던 마리우스 잰슨Marius B. Jansen은 대공황기 일본의 경기회복은 그 초기 단계에서부터 군수산업이 특별히 중요한 역할을 했던 것으로 진단합니다. 이를 뒷받침하기 위하여 일본 내 한 도시노동자의 회상을 인용합니다.

기계공들은 군수품 경기를 환영했다. 우리는 돌파구를 애타게 기다려왔다. 그때부터 우리는 정말 바빠졌다. 중국 소식이 사방에서 들렸다. 심지어 우리 아버지는 『아사히 그래프』를 구독했다. 매호마다 중국에 파병된 군인들의 사진이 잔뜩 실려 있었기 때문이다. 1937년 말에는 전국에 일하지 않는 사람이 없었다. 처음으로 나는 아버지를 부양할 수 있었다. 전쟁은 전혀 나쁜 게 아니라는 생각이 들었다.

『아사히 그래프』는 아사히신문사에서 발행하던 주간 회화잡지인데 1923~2000년 발행, 여기에는 중국대륙에서 승승장구하는 '황군'의 사진이 잔뜩 실립니다. 일본 국민은 그러한 사진과 연이은 승전보에 열광적인 반응을 보이지요. 1920년대 후반부터 경기 침체에 시달려 온 그들은 아시아대륙에서 확장하는 '제국' 일본과 자신들의 삶을 밀착시킵니다. 그들에게는 '침략' 전쟁이라는 의식이 아예 없었습니다.

식민지 조선의 상황은 어떠했을까요. '만주사변' 후 한반도는 일본 본토와 만주를 연결하는 엔円 블록의 가교로서 일본 독점자본의 투자처로 부상합니다. 그 대상은 주로 군수산업과 연관된 전력이라든가 화학·금속 및 기계공업 분야였습니다. 이리하여 식료품이나 방직 등 경공업 중심이었던 조선의 산업이 중화학공업 쪽으로 빠르게 이동합니다. 이른바 식민지 근대화가 본격적으로 진행되기 시작한 것이지요.

이 시기 산업화의 주체는 일본인 자본과 기술이었지만, 조선인 상공업자들도 일본의 전쟁 수행에 협력한다는 전제로 그러한 대열에 합류합니다. 이 시기 일반 대중에 인기가 높았던 『삼천리』라는 잡지에 실렸던 기사를 한번 볼까요. 1935년 11월호에는 「천재일우인 전쟁 호경기가 오다! 어떻게 하면 이 판에 돈 벌을까」라는 특집기사가 실리는데, 그중에 굵은 활자로 뽑은 제목만을 소개하면 이렇습니다.

"잡화 시세엔 폭등이 온다"
"조선 방적계의 일대 비약적 시기"
"활기를 띄는 주식계"

"폭등하는 토지·건물 시세"

어떻습니까. '전시호황'의 들뜬 분위기가 느껴지지 않습니까. 그런데 이런 분위기는 중일전쟁 발발 후 확 가라앉습니다. 악성 인플레이션과 무역수지의 악화, 전쟁 장기화와 전선 확대에 따른 물자 부족 등으로 말미암아 일본 정부는 통제경제의 방향으로 나아갑니다. 1938년에는 국가 총동원법을 공포합니다. 이른바 총력전 체제로 전환한 것이지요. 일본이 동원할 수 있는 모든 인적, 물적 자원이 전쟁터로 보내집니다. 국민은 최소한도의 물자만을 가지고 살아가야 합니다.

중일전쟁은 중국의 국민당과 공산당의 합작에 의한 '일치항전'으로 인하여 수렁에 빠진 전쟁이 됩니다. 미국은 일본에 대한 필수 전략 물자들의 수출을 금지함으로써 일본의 숨통을 조이고 나섭니다. 일본은 동남아시아와 남양南洋 방면으로 전선을 확대합니다. 석유와 고무, 구리, 주석 같은 물자를 확보할 필요성 때문이었지요. 일본을 맹주로 하는 대동아공영권이라는 구호가 나오기 시작합니다. 이는 서방세계와 대립하는 자급자족적인 지역적, 인종적 블록을 구축하려는 의도에서 나온 것입니다【그림 32】.

1941년 12월 7일, 일본은 미국 태평양함대의 거점인 하와이 진주만을 기습적으로 공격합니다. 최후의 결전을 감행한 것이지요. 바야흐로 태평양전쟁이 시작됩니다. 러일전쟁 후 서방세계의 황색 저널리즘에서부터 거론된 미일충돌론이 현실로 나타난 것입니다.

여기에서 이런 의문들이 제기됩니다. 일본은 어떤 생각으로 미국과 전면전을 벌이게 되었을까. 그들은 과연 미국과의 전쟁에서 승산이 있다고 보았을까. 누가 또는 어떤 세력이 태평양전쟁을 기획하고 실행에 옮겼던 것일까. 일본의 통수권자인 천황 히로히토는 이 전쟁에서 도대체 어떤 역할을 했을까. 이러한 물음들은 아직도 논쟁적인 주제로 남아 있습니다.

이쯤에서 우리는 제국 일본의 육군 엘리트 장교로서 '만주사변'을 기획했던 이시와라 간지石原莞爾, 1889-1949가 1940년에 출간한 『최종전쟁론』을 잠시 살펴볼 필요가 있습니다. 강연록 형태의 이 책자에서 이시와라는 당시의 상황을 이렇게 진단합니다. 현 세계는 '국가연합'의 시대로서 소비에트연방, 미주, 유럽, 동아東亞 네 개의 형태가 존재하는데, 결국에는 미주대륙을 대표하는 미국과 동아시아를 대표하는 일본이 태평양을 사이에 두고 '최종전쟁'을 벌이게 될 것이다. 이 전쟁은 서양의 물질문명에 기초한 패도覇道와 동양의 정신문명에서 발현하는 왕도王道 문명 간의 일대 결전이다. 그러면서 다음과 같이 말합니다.

서양 문명은 이미 패도로 일관하다 스스로 막다른 길에 몰리고 있다. 왕도 문명은 동아 각 민족의 자각 부흥과 서양 과학문명의 섭취 활용을 통해, 그리고 일본 국체를 중심으로 발흥하는 중이다. 인류가 마음속 깊이 현인신現人神의 신앙을 대오각성하게 되면 왕도 문명은 비로소 그 진가를 발휘한다.

여기서 현인신이란 천황을 가리키며, 그 신앙이란 곧 일본의 국체 관념을 일컫습니다. 그리고 '최종전쟁'에서 일본의 승리는 천황을 종가로

온 천하가 하나의 집안처럼 되는 팔굉일우八紘一宇의 세계를 실현한다고 말합니다.

그런데 이시와라는 미국과의 결전에서 승리하기 위해서는 몇 가지 준비가 필수적이라는 점을 강조합니다. 먼저 안으로는 서양의 과학기술을 흡수하고 경제력을 배양하여 일본의 전력을 최대한 끌어올리는 '산업대혁명'이 일어나야 하며, 밖으로는 동아시아 각국 인민의 마음을 얻는 '동아연맹'의 결성이 이루어져야 한다는 것이지요. 이를 위해서는 최소 20년 동안 혼신의 힘을 다하여 준비해야 한다는 것이 이시하라가 내린 결론입니다

태평양전쟁은 이시와라의 『최종전쟁론』이 세상에 나온 지 불과 1년 만에 터집니다. 그 사이에 이시와라는 현역에서 물러납니다. 그가 공개적으로 발표한 이런저런 주장들이 미국과의 전쟁을 서둘렀던 군 지휘부의 마음에 들지 않았던 것이지요. '15년전쟁'을 이끌던 일본 군부 내에서 심각한 균열이 발생하고 있었음을 짐작케 합니다. 사실 중일전쟁 발발 직후에 벌어진 난징대학살에서부터 일본군은 전쟁의 광기에 빠져듭니다. 전쟁이 전쟁을 낳는 상황이 이어지면서 최소한의 이성과 도덕심마저 상실했다고 보아야 합니다.

미국과 비교할 때 인적·물적 자원이 절대적으로 열세인 상태에서 벌어진 태평양전쟁은 일본 국민뿐만 아니라 아시아 인민들을 궁핍과 공포, 체념과 절망의 늪으로 빠져들게 합니다. 이러한 상황에서 일본 정부와 군부가 선택한 것은 천황제 이데올로기에 기초한 총력전 체제의 구축과 사상통제였습니다. 식민지 조선에는 '내지'인 일본 본토보다 훨씬 더 가

혹한 조처가 취해집니다. 이른바 내선일체와 황국신민 만들기가 그것입니다.

　일본이 조선인의 사고와 일상생활까지 전면적으로 통제하면서 만들고자 했던 황국신민이란 어떠한 인간상일까요. 다음의 글은 조선총독부 학무국 산하 조선교육회에서 발행한 『문교의 조선』이라는 잡지에 실렸던 것입니다 1938년 3월호.

> 천황폐하를 중심으로 받들고 천황에게 절대 순종하는 길이다. 절대 순종은 자신을 버리고 오로지 천황에게 봉사하는 것이다. 이 충忠의 길을 가는 것이 우리들 국민의 유일한 생존의 길이며 모든 힘의 원천이다. 그렇기 때문에 천황을 위해서 신명을 받치는 것은 이른바 자기 희생이 아니라 소아小我를 버리고 위대한 천황의 위광에 살며 국민으로서 전정한 생명을 발양하는 것이다.

　식민지 조선에서 실시된 '국민' 교육은 이처럼 천황에게 모든 것을 바치는 삶을 살도록 강요합니다. 이를 위하여 유교적 덕목이었던 '충'을 오직 천황에 대한 '절대 순종'의 개념으로 변질시킵니다. 개인이나 가정은 없고 오직 천황만이 존재하지요. 이러한 체제를 우리는 흔히 파쇼체제라고 부릅니다.

　그런데 천황제 이데올로기를 근간으로 한 일본의 지배체제를 유럽의 파시즘이나 나치즘과 비교하는 데에는 문제가 있습니다. 에릭 홉스봄은 일본인들의 인종적 우월성에 대한 확신이라든가 자기희생, 명령에 대한 절대복종, 헌신, 금욕과 같은 군사적 덕목에서는 이탈리아나 독일에 결코 뒤지지 않았지만, "유럽 파시즘이 제국적인 민족적 사명을 가진 동양의 봉건제가 될 수는 없었다"고 말합니다. 요컨대 일본의 천황제는 만세일계萬世一系라는 봉건적인 유제에 바탕을 둔 절대왕정에 가까운 체제였다는 것이지요.

히로히토裕仁, 1901-1989의 생애를 학문적으로 깊이 있게 다룬 허버트 빅스Hebert P. Bix는 이렇게 말합니다. "히로히토는 정치적, 군사적 지도자였을 뿐 아니라 자신의 국민에게 정신적인 최고 권위로 군림했다. 그는 위기에 처했을 때 일본의 정치 형태를 신정神政으로 규정할 수 있는, 종교성이 강한 군주제의 우두머리였다."

1945년 8월 15일 정오, 히로히토는 라디오 방송을 통하여 '종전' 선언문을 발표합니다. 여기서 종전이라 함은 전쟁을 끝낸다는 뜻입니다. 연합국이 포츠담회담을 통하여 일본에게 요구한 무조건 항복이 아니라는 의미를 애써 담고자 했던 것이지요. 그 선언문은 이렇게 시작됩니다【그림 33】.

짐은 세계의 대세와 제국의 현 상황을 감안하여 비상조치로써 시국을 수습하고자 충량한 너희 신민에게 고한다.

이 문장에서 우리가 주목해야 할 것은 '충량한 너희 신민'이라는 구절입니다. 그러니까 종전 선언문은 천황에 순종하는 백성들에게 히로히토가 전하는 말이었던 것입니다. 그 선언문의 요지인즉 이렇습니다. "일본이 미국과 영국에게 선전포고를 한 것은 실로 제국의 자존과 동아시아의 안정을 간절히 바랐기 때문이다. 그런데 이제 이 전쟁을 계속한다면 우리 민족의 멸망을 초래할 뿐만 아니라 인류의 문명조차도 파국의 길로 내몰게 될 것이다. 짐은 국체를 보존하고 너희 신민의 신심을 믿고 의지하며 너희 신민과 함께 할 것이다."

히로히토는 15년을 끌어온 전쟁의 마지막 순간을 자신의 '성단聖斷'으로 장식합니다. 자신의 성스러운 결단에 의하여 일본의 멸망과 인류 문명의 파국을 막겠다는 것이지요. 이러한 '종전' 선언이 갖는 역사적 의미에 대하여 일본의 한 학자시라이 사토시는 이렇게 말합니다.

천황의 성단에 의해 시작된 전쟁은 '정의의 전쟁' 혹은 '성단'이며, 패전은 그 숭고한 목적을 달성하지 못한 채 종식한 전쟁에 불과하다는 역사 인식을 낳게 되었다. 패전을 '종전'이라는 가치 중립적 용어로 바꾸어 말하는 이유와 그 심리의 배경에는 그런 정신들이 담겨 있다고 생각된다.

히로히토는 이처럼 침략전쟁의 본질을 은폐하면서 전후에도 일본의 국체인 천황제가 계속 유지될 수 있기만을 바랐습니다. 이 목적을 달성하기 위하여 일본 국민의 희생도 마다하지 않았지요. 미국은 일본의 조기 항복을 유도하기 위하여 1945년 3월에 도쿄 대공습을 단행합니다. 제국의 수도가 미국의 폭격기에 무방비상태로 노출되었다는 것은 일본이 이 전쟁에서 더 이상 버틸 수 없었음을 생생하게 보여줍니다. 그런데도

히로히토는 본토 결전의 의지를 국민에게 독려하다가 미국의 원폭 투하
와 소련의 참전이라는 최악의 상황에서 '종전'을 선언합니다.

3. 미국·소련의 등장과 38선 획정

태평양전쟁기 일본은 '아시아인을 위한 아시아'를 외치며 '대동아공영권'을 구축합니다. 그 영역은 참 넓었지요. 한반도에서부터 만주를 거쳐 중국 본토의 해안지대를 따라 내려가다가 싱가포르까지 뻗쳐 동남아시아 전역을 장악합니다. 서태평양에서는 필리핀과 남양군도를 점령하여 오스트레일리아와 뉴질랜드를 위협합니다【그림 32】.

아시아에 식민지를 갖고 있던 영국과 프랑스, 네덜란드는 당장 발등의 불인 히틀러와 맞서 싸우느라고 일본과의 전쟁에는 손을 놓습니다. 오직 미국만이 태평양전선에서 일본군을 상대합니다. 그런데 미국 또한 태평양보다는 유럽전선에 보다 더 많은 신경을 쓰지요. 지금도 그렇지만 미국은 언제나 아시아보다는 유럽 쪽이 우선이었습니다. 아시아에서 일본이 급격하게 팽창할 수 있었던 것도 이런 사정에 기인합니다.

유럽전선과 아시아·태평양전선에서 연합군의 우세가 뚜렷해지는 시점인 1943년 말, 식민지 조선이하 한국의 운명을 결정하는 중요한 회의가 열립니다. 카이로회담11월 22일~26일과 테헤란회담11월 28일~12월 1일이 그것입니다. 이집트의 수도 카이로에서 열린 회담에는 미국과 영국 그리고 중국 국민정부의 지도자인 프랭클린 D. 루스벨트, 윈스턴 처칠, 장개석蔣介石이 참석합니다. 이들은 당면 과제인 대일전쟁을 어떻게 수행할 것인지, 나아가 일본의 패전 후 아시아·태평양의 지역 구도와 질서를 어떻게 재편할 것인지에 대하여 논의합니다.

후자의 문제와 관련해서는 다음과 같은 결정이 내려집니다. (1) 제 1차 세계대전 이래 일본이 강탈하거나 점유한 태평양의 모든 섬을 몰수한다. (2) 일본이 중국으로부터 빼앗은 만주와 대만 및 팽호열도澎湖列島를 중국에게 돌려준다. (3) 일본에 예속된 한국은 적절한 시기in due course에 자유로운 독립 국가로 만든다. (4) 세 연합국은 일본의 무조건 항복을 받아낼 때까지 군사행동을 지속적으로 수행한다.

이러한 결정은 카이로선언Cairo Declaration을 통하여 공식 발표됩니다. 연합국의 대일전쟁 목적이 어디에 있는지를 분명하게 세상에 드러낸 것입니다. 이러한 선언문에 어떻게 한국의 독립에 대한 약속이 담기게 되었을까요. 중국 국민당 측에서는 장개석의 역할을 부각시킵니다. 그렇게 말할 근거는 있습니다. 카이로회담이 열리기 전, 대한민국 임시정부의 주석인 김구가 장개석 총통을 만나 한국의 독립 문제를 제출해 달라고 요청한 바 있기 때문입니다.

그런데 카이로선언의 한국 독립 조항에는 '적절한 시기'라는 단서가 붙여집니다. 왜 이런 유보조건을 달았을까요. 한국민의 열망은 일본의 패전과 동시에 한국이 즉각 독립하는 것이었습니다. 이것이 해방인 것이지요. 나중에 알려진 사실이지만, 그 적절한 시기란 연합국 공동의 신탁통치trusteeship를 거친 후 한국을 독립시킨다는 뜻이었습니다. 이런 제안을 처음 꺼낸 사람은 루스벨트 대통령이었지요. 그는 식민지 약소민족이 당장 국가를 세우고 운영해나갈 자치능력이 없기에 일정 기간 수습을 받을 필요가 있다고 말합니다. 그런데 이것은 명분일 뿐 속셈은 다른 데 있었습니다.

　원래 신탁통치안은 미국이 전후 식민지 문제를 처리하는 일반적 원칙으로 고안된 것입니다. 여기에는 추축국뿐만 아니라 연합국들이 보유하던 식민지까지를 점진적으로 해체시키려는 의도가 담겨 있었지요. 전후 미국 주도의 통합된 세계경제와 그에 걸맞는 국제질서를 수립하기 위해서는 유럽 열강의 식민지 분할 점령과 세력균형 정책을 타파할 필요가 있었습니다. 제1차 대전 후 고양된 식민지 약소민족의 해방투쟁 또한 마냥 무시할 수만은 없었지요. 따라서 신탁통치안은 전후 낡은 제국주의와 식민지의 대립 구도를 점차 완화시키는 가운데 미국의 세계전략을 실현하는 유용한 수단이 될 수 있었습니다. 미국의 이런 구상에 아시아와 아프리카에 많은 식민지를 보유하고 있던 영국과 프랑스가 크게 반발합니다. 결국 신탁통치는 추축국 일본의 식민지인 한국에만 우선 적용하는 것으로 잠정 합의를 봅니다.

　그렇다면 전후 한국의 신탁통치에는 어떤 나라들이 참여하게 될까요. 우선은 카이로선언의 주체인 미국과 영국, 중국이 들어갑니다. 여기에 한 나라가 추가됩니다. 소련이었지요. 카이로회담이 끝난 후 장개석은 중국으로 돌아가고, 루스벨트와 처칠은 이란의 수도인 테헤란으로 건너갑니다. 이곳에서 두 정상은 소련의 스탈린과 만납니다. 이른바 테헤란회담입니다. 이때 루스벨트는 한국의 신탁통치 문제를 다시 꺼내 스탈린의 구두 동의를 받아냅니다.

　그렇다면 루스벨트는 왜 일본과 중립조약을 체결한 스탈린에게 한국 문제를 꺼냈던 것일까요. 그것은 전후 세계질서를 유지할 '4대 경찰국'

안에 소련을 넣고 싶었기 때문입니다. 시베리아와 연결된 동북아시아에 대한 소련의 관심 또한 고려 대상이었지요. 루스벨트는 체제와 이념이 다르더라도, 아니 오히려 그렇기 때문에 전후 세계의 안전과 평화 재건에 소련의 참여가 필수적이라고 봅니다. 이때 소련은 유럽전선에서 독일을 격퇴시키는 데 가장 큰 전과를 올리고 있었습니다. 히틀러와 스탈린의 전쟁이라는 말이 나올 정도였지요.

카이로선언은 테헤란회담이 끝나는 날인 1943년 12월 1일에 가서야 공식 발표됩니다. 그러니까 카이로회담에서 결정된 사항들에 대하여 스탈린의 의견을 듣고 난 다음에 그 선언문이 발표된 것입니다. 이제 한국 문제에 대한 논의에서 소련은 빼놓을 수 없게 됩니다. 루스벨트는 처칠과 장개석을 자기편에 묶어둠으로써 스탈린을 견제할 수 있다고 생각합니다. 국제적인 협약과 기구 속에 스탈린과 소련을 가두어 놓는 전략이지요. 이것이 루스벨트의 전후 세계질서 구상이었습니다.

테헤란회담이 끝난 후 유럽전선에서 이탈리아가 항복하고 독일의 패배마저 눈앞에 보이던 시점인 1945년 2월, 루스벨트와 처칠은 크림반도의 휴양지인 얄타로 가서 스탈린과 만납니다. 이른바 얄타회담입니다. 이 회담의 주요 의제는 전후 독일 관리와 폴란드를 포함한 동유럽 문제였지만, 루스벨트가 중요하게 생각한 문제가 하나 더 있었습니다. 바로 대일전쟁에 소련을 끌어들이는 것이었지요. 이 무렵 태평양전선에서는 미군이 일본열도에 접근하고 있었지만, 대륙 방면에서 일본을 협공할 소련의 도움이 절실해집니다. 그래야만 미군의 인적, 물적 피해를 최소화하면서 일본의 조기 항복을 받아낼 수 있었기 때문입니다【그림 34】.

루스벨트는 얄타에서 스탈린과 '비밀의정서'를 체결합니다. 그 내용 인즉 소련이 독일 항복 후 2~3개월 이내에 대일전쟁에 참전하는 대가로 소련에게 러일전쟁에서 일본에게 잃은 영토쿠릴열도와 사할린섬 남부와 만 주에서 제정러시아가 갖고 있던 이권을 돌려준다는 것입니다. 스탈린은 이때 중국의 국민당 정부를 합법적인 정부로 인정할 것을 약속합니다.

얄타회담에서는 한국문제도 언급됩니다. 루스벨트가 다시 신탁통치 문제를 꺼내지요. 그러자 스탈린은 "한국인들이 스스로 만족할 만한 정 부를 세울 수 있다면 왜 신탁통치가 필요하겠는가"라는 의문을 제기합 니다. 루스벨트는 필리핀의 예를 들면서 최소 20~30년의 수습 기간이 필 요할 것이라고 말합니다. 스탈린은 한국에 신탁통치를 실시하더라도 그 기간이 짧을수록 좋다는 의사를 밝힙니다.

이것이 한국문제에 대한 연합국 정상 간 마지막 대화입니다. 그러니 까 신탁통치를 실시한다는 원칙만 세웠을 뿐 그 방식이라든가 기간 등에 대한 구체적인 합의는 없었던 것이지요. 전후 세계질서 재편에서 한국문 제는 사실 그다지 큰 비중을 차지하는 것이 아니었습니다. 특히 미국과 소련 간에는 아시아보다는 유럽 문제가 훨씬 더 심각했습니다. 동유럽이 소련의 영향권으로 편입되고 있었기 때문입니다.

얄타회담을 끝낸 후 귀국한 루스벨트는 소련에게 너무 많은 것을 양 보했다는 비판과 비난을 받게 됩니다. 스탈린과의 비밀협정이 무엇인가 에 대한 언론의 추측 또한 무성했지요. 나중에 보겠지만, 당시 워싱턴 DC 에서 활동하던 이승만이 얄타밀약설을 가지고 미국 정부를 공격함으로 써 루스벨트의 대소 '유화'정책에 반대하는 세력에게 힘을 실어줍니다.

미국 유일의 4선 대통령인 루스벨트는 마지막 임기가 시작되던 1945년 4월에 세상을 떠납니다. 그리고 부통령인 해리 트루먼이 대통령직을 계승합니다. 트루먼은 루스벨트와 달리 스탈린과의 대화나 협상보다는 그를 불신하고 대결하는 구도로 나아갑니다.

그해 5월 초 독일이 항복하면서 이제 일본과의 전쟁만이 남게 됩니다. 미국은 극비리에 추진해 온 핵무기 개발이 성공하자 그것을 곧바로 대일 전쟁에 사용합니다. 이런 조급함의 배경에는 소련의 참전 이전에 일본의 항복을 받아내려는 계산이 깔려 있었지요. 8월 6일 오전, 히로시마에 처음으로 원자폭탄이 투하됩니다. 이틀 후 소련은 일본에 선전포고를 합니다. 그런데 이때만 해도 일본은 소련의 중재에 의한 조건부 항복에 마지막 기대를 걸고 있었습니다. 전쟁 막바지에 일본 정부와 군부는 정세 판단을 제대로 할 수 없는 혼란한 상황에 빠져듭니다. 이제 무조건 항복 외에는 다른 길이 없을 때 히로히토의 '종전' 선언이 나옵니다.

일본의 '때늦은 항복'은 누구도 생각하지 못한 한반도의 분단을 낳습니다. 소련은 대일선전 포고 후 만주와 한반도 북부로 군대를 투입하여 신속하게 진격합니다. 전의를 상실한 일본군은 속속 투항합니다. 이리하여 소련군은 8월 24일 평양에 입성합니다. 미국은 당황합니다. 이때 미군은 한반도에서 1,000킬로미터 남쪽인 오키나와에 주둔하고 있었습니다. 일본 본토에는 아직 상륙조차 못한 상황이었지요. 소련군이 한반도 전역을 점령하는 것은 시간문제로 보입니다.

이처럼 전황이 급박하게 돌아가자 워싱턴 DC는 분주해집니다. 8월 10일 자정 무렵 국무부, 전쟁부, 해군부 3개 부처의 합동 조정위원회State-

War-Navy Coordinating Committee, SWNCC가 열립니다. 여기에서 북위 38도 선에서 한반도를 나누는 안이 결정됩니다. 이 분할선을 경계로 남쪽에서는 미군, 북쪽에서는 소련군이 각각 일본군의 무장해제를 맡도록 한다는 것이었지요【그림 34】.

이때 북위 38도 선을 직접 그었던 딘 러스크David Dean Rusk 대령은 나중에 이렇게 말합니다.

[미] 육군 측은 가능한 한 북쪽에서 항복받기를 원하는 국무부의 정치적 욕구와 미군이 그 지역에 도달하기에는 분명한 한계를 지녔던 점을 고려하여 절충한 제안을 내놓았다. 우리는 38도 선을 권고했는데 … 이것은 미군의 책임 구역 내에 한반도의 수도를 포함시켜 놓는 것이 중요하다고 생각했기 때문이다.

이 '증언'에서 볼 수 있듯이 미국은 국무부의 정치적 욕구와 현실적인 군사력 동원의 한계를 고려한 끝에 38선을 획정합니다. 서울을 미군의 점령하에 둔다는 것이 중요한 고려 사항이었지요.

문제는 그런 결정에 소련이 동의해 줄 것인가 하는 점입니다. 미국은 8월 14일에 38선 획정안을 모스크바에 전달합니다. 그리고는 초조하게 기다리는데, 바로 다음 날 미국의 제안을 수락한다는 통보를 받습니다. 다소 의외일 수도 있는 소련 측 반응에는 그들 나름의 계산이 있었던 것으로 봅니다. 이를테면 연합국의 일본 점령에 소련이 참여한다든가 동유럽에서 소련의 팽창에 대한 서방측 불안감을 누그러트린다든가 또는 소련의 전후 복구에 대한 미국의 원조 같은 것들이 고려되었을 수 있다는 것이지요. 그 어느 쪽이든, 이때 소련은 한반도 문제를 가지고 미국과 충돌할 생각이 없었다는 것만은 분명해 보입니다.

38선 획정에 관련하여 한 가지 더 고려할 것이 있습니다. 20세기 초 제정 러시아와 일본이 한반도와 만주 문제를 놓고 협상을 벌일 때, 일본이 소위 만·한滿·韓 교환론을 제시하자 러시아 측에서는 북위 39도선에 의한 한반도 분할안을 제시한 바 있습니다. 이 경계선 남쪽은 일본이 알아서 하되, 그 북쪽은 중립지대로 두자는 것이었지요. 러시아는 이때 만주에 집중하는데, 이를 보호하기 위한 최대한의 양보가 39도 선이었습니다. 스탈린이 그러한 선례를 참고했는지는 알 수 없지만, 어떻든 동북아시아에서 소련의 이익을 보호하는 데에는 한반도 북부로도 만족할 수 있다는 것을 보여줍니다.

38선 획정 문제를 이렇게 길게 설명한 데에는 이유가 있습니다. 그 선은 단순히 일본군의 항복과 무장해제를 위하여 미국과 소련의 작전 구역을 나눈 것이 아니었습니다. 그것은 한반도에서 미/소의 점령 구역을 나누는 것이었고, 이것은 곧 한반도의 분단으로 연결됩니다. 다시 말하여 38선은 '해방' 후 한반도에서 체제와 이념을 달리하는 두 개의 국가가 생겨나는 데 결정적인 영향을 미칩니다. 미국과 소련은 그들이 군사적으로 점령한 지역에서 자기 나라에 '우호적인 국가'를 세우려 했고, 그 결과 남한과 북한에 대한민국과 조선민주주의인민공화국이 각각 들어섰던 것입니다.

일본의 패전 후 한반도의 분단을 두고 학계에서는 일일이 거론하기 어려울 정도로 많은 해석과 설명이 나옵니다. 그것을 정리해 보면, 크게 두 가지로 견해로 나뉩니다. 내인론內因論과 외인론外因論이 그것입니다. 내인론의 경우에는 한국 내의 이념 대립을 강조합니다. 3·1운동 후 한국 민족운동에 사회주의 사상이 유입되는데, 이때부터 시작된 좌·우익 사이의 갈등과 대립이 해방공간에서 신국가 건설의 방향을 놓고 정면 대결로 나아갔다는 것이지요.

식민지 시대에 농민의 전층적인 몰락을 가져온 토지문제를 놓고 보면 그 상황을 잘 이해할 수 있습니다. 북한의 경우에는 해방 후 지주들의 토지를 몰수하여 농민에게 나누어주는 무상몰수, 무상분배의 방식을 채택합니다. 남한은 유상몰수, 유상분배의 방식으로 농지문제를 해결합니다. 토지문제를 둘러싼 '혁명'과 '개혁'은 북한과 남한의 체제를 결정합니다. 한국전쟁을 내전civil war으로 보는 시각도 이러한 상황에서 나옵니다. 지주 대 소작농, 자본가 대 노동자라는 계급 갈등과 대립이 전쟁으로 귀결되었다고 보는 것이지요.

한편, 외인론은 일본의 패전 후 한반도를 분할, 점령한 미국과 소련의 영향력이 한반도의 분단을 결정지었다는 보는 것입니다. 38선을 경계로 남한과 북한에 진주한 미군과 소련군은 해방군이자 점령군이라는 양면성을 갖고 있었습니다. 그들은 서울과 평양에 각각 군 사령부를 두고 각각 남한과 북한을 통치합니다. 한국의 독립과 한국민의 주권을 인정하지 않습니다.

앞서 보았듯이 연합국은 전후 한반도에 다국적 신탁통치를 실시하기로 합의한 바 있습니다. 이 문제가 해결될 때까지는 한국민이 스스로 할 수 있는 일이 없었습니다. 이처럼 민족자결권이 근본적으로 제약된 상황에서 미국과 소련은 남한과 북한에서 각각 그들에게 우호적인 국가와 정권을 세우려고 합니다. 이 문제에서 두 나라는 조금도 양보할 생각이 없었습니다. 결국 남한과 북한에서는 이승만과 김일성을 수반으로 한 정권이 성립됩니다.

그렇다고 이승만과 김일성을 미국과 소련의 '앞잡이'라든가 '괴뢰'라고 볼 수는 없습니다. 그렇게 보아서도 안 되지요. 이승만은 식민지 시대에 줄곧 미국에서 활동하면서 미국식 자유민주주의와 자본주의체제를 신봉해 왔습니다. 한편, 김일성은 1930년대부터 중국 공산당과 함께 만주에서 항일 빨치산 투쟁을 벌이다가 일본군에게 쫓겨 소련 영내로 이동합니다. 이처럼 두 사람은 항일투쟁 시기부터 이념과 노선에서 완전히 다른 길을 걷습니다. 그러니까 미국과 소련이 이승만과 김일성을 '선택'하기 이전에 두 사람이 먼저 미국과 소련의 힘을 빌려 한국의 독립을 달성하려고 했던 것이지요.

요컨대 일제 식민지 시대부터 지속되어 온 우익과 좌익 간 대립이 일본의 패전 후 미국과 소련의 분할 점령과 맞물리면서 한반도의 분단이 초래되었다고 볼 수 있습니다. 이른바 내인론과 외인론이 결합하는 복합론이지요. 여기서 다시 내적 요인과 외적 요인 중 무엇이 우선하느냐는 질문이 나올 수 있는데, 아무래도 외적인 요인이 보다 크게 작용했다고 볼 수밖에 없지 않나 생각합니다. 19세기 말부터 한반도는 대륙과 해양 세력이 맞부딪치는 곳이었고, 그러한 충돌이 20세기 중반에 재현된 것입니다. 달라진 것이 있다면 단순히 열강 간 세력경쟁이 아니라 미국과 소련을 정점으로 한 진영 간 이데올로기 대립이 겹쳐진다는 점입니다.

이제 한반도는 세계 냉전체제의 최전선에 놓이게 됩니다. 미 국무부의 한 고위 관리는 남한에 대한민국 정부가 수립된 후 이렇게 말했다고 합니다.

한반도는 세계에서 유일하게 민주주의와 공산주의가 동시에 실험에 들어간 지역이며, 미국과 소련은 이 지역의 패자로서 3000만 한국인의 생활방식을 지배하기 위해서 앞으로도 대립할 것이다. 따라서 모든 세계인, 특히 아시아인들이 현재 한반도에서 치러지고 있는 미국과 소련의 대결을 주시하고 있다. 대한민국이 성공하는 정도에 따라서 동남아시아, 동아시아, 그리고 오세아니아의 여러 자유국가가 민주주의 원칙의 우수성을 신뢰하고 수용할 것이다. 또한 한국의 경제적 자립과 안정된 민주 정부를 발전시키기 위한 미국의 지원 노력에 따라 이 지역 사람들은 민주주의를 지원하고 공산주의에 반대하려는 미국의 굳은 의지를 평가할 것이다. (그렉 브라진스키, 『남한에서의 국가건설』, 15쪽)

미국이 신생 대한민국의 생존과 번영에 대한 '굳은 의지'를 지녔는지는 곧바로 시험대에 오릅니다. 분단된 한반도에서 전쟁이 일어났던 것이지요. 남한에서 미군을 철수시키고 미국의 태평양 방위선에서 한반도를 제외시켰던 트루먼 행정부는 이 전쟁에 즉각적으로 개입합니다. 전쟁 이전과는 완전히 다른 모습이었지요. 이는 그동안 미국의 대한정책이 어떤 뚜렷한 원칙과 방향성을 지니고 있지 않았음을 보여주는 대표적인 사례입니다.

아이러니하게도 한반도의 중요성과 그 전략적 가치에 대한 미국의 판단은 한국전쟁을 치르면서 비로소 확고해집니다. 1953년에 체결된 한미상호방위조약이 그 증표이지요. 태평양에서의 평화와 안전 보장을 위하여 한국과 미국이 '동맹' 관계를 맺게 된 것입니다. 한반도 전체가 공산진영의 대륙권으로 편입되면 아시아·태평양지역에서 미국의 위상과 입지가 크게 흔들릴 수 있다는 사실을 깨닫게 됩니다.

이리하여 대한민국은 미국의 태평양 방위선 안에 들어갑니다. 문호를 굳게 닫았던 조선왕조가 바닷길을 열고 서방세계의 미국과 처음으로 국교를 맺었던 때가 1882년이었습니다. 이로부터 70년이 지난 시점에 대한민국은 대륙이 아닌, 해양태평양 국가로 다시 태어납니다. 이것은 '개항' 후 우리의 공간 인식에 혁명이라고 일컬을 만한 획기적인 변화가 일어났음을 웅변적으로 말해줍니다. 태평양의 '발견'이 지니는 역사적인 의의가 여기에 있습니다.

[그림 31] 미국과 일본 : 서로를 가상적국으로 상정하다

▶미국의 오렌지전쟁계획(1907-1914)

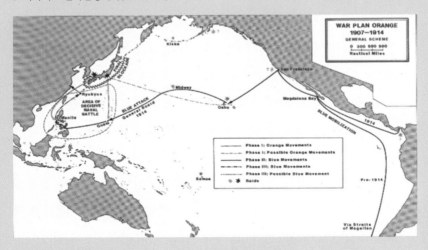

미 해군위원회가 주도적으로 작성하는 오렌지계획은 국제정세의 변화와 군비 상황, 군사전략 및 무기체계의 발전에 따라 수정 및 보완을 거듭하는데, 첫 번째 단계의 개략적인 모습을 보여주는 것이 위의 지도이다. 그 시기를 보면 1907년부터 1914년까지로 잡혀 있다. 1907년은 미국 서부지역에서 배일운동이 고조되면서 미일충돌설이 유포되던 때이고, 1914년은 카리브해와 태평양을 연결시키는 파나마운하가 개통되던 해이다.

그림 가운데 괄호 안을 보면 대일전쟁 계획이 3단계로 짜여진다. 제1단계Orange Movements는 일본의 공격, 제2단계Blue Movements는 미국의 반격, 제3단계는 마닐라에서 류쿠를 거쳐 일본 본토를 공격하는 것으로 되어 있다. 나중에 니미츠C. W. Nimitz 제독은 "일본과의 태평양전쟁이 해군대학의 전쟁연습에서 예측한 대로 전개되었다"고 말한다. 오렌지플랜이 태평양전쟁의 실제 수행에 도움이 되었다는 것이다.

그림 출처 : Edward S. Miller, *War Plan Orange: The U.S. Strategy to Defeat Japan, 1897-1945*, p.34.

▶ 일본의 「제국국방방침」 (1907년 4월, 일본 국립공문서관 아시아역사자료센터 소장)

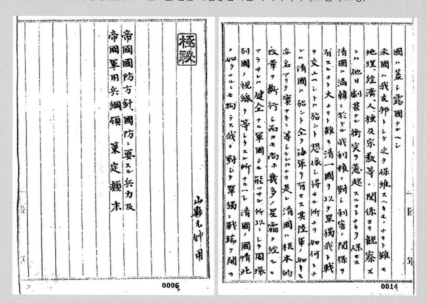

왼쪽0006에 '극비極祕'라고 찍힌 문서는 당시 육군 수뇌부 야마가타 아리토모 원수가 발의한 후 천황의 최종 재가까지 받은 것이다. 이 문서에 들어간 「제국국방방침」에서 미국에 대한 언급이 나온다 0014. 첫 대목은 이렇게 되어 있다. "미국은 우리의 우방으로서 이를 보유保維해야 하지만 지리와 경제, 인종 및 종교 등의 관계로부터 관찰하면 타일 극심한 충돌을 야기하지 않는다는 보장이 없다."

여기에서 지리라고 함은 태평양을 사이에 둔 미·일의 대치상황을 가리키며, 경제는 중국과 만주 시장의 개방 문제와 연관된다. 백인종 대 황인종, 기독교 대 비기독교라는 대립도 의식하고 있다. 따라서 미·일 두 나라의 '극심한 충돌'은 피할 수 없는 운명처럼 될 수밖에 없다. 요컨대 1907년의 시점에서부터 통수권을 쥔 천황과 군 수뇌부는 미일전쟁의 가능성을 예견하고 그에 대한 대비책을 강구하고 있었던 것이다.

그림 출처 : https://www.jacar.archives.go.jp/das/image/C14061024500

[그림 32] 일본의 '대동아공영권' 구상과 '대동아회의' 개최

▶「대동아공영권 부근」지도 (『소화년감』1941년 제1기 수록)

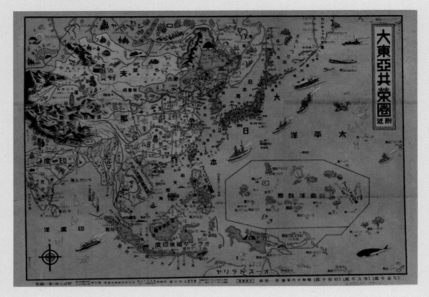

제1차 세계대전 후 대륙으로 팽창하는 '제국' 일본이 내놓은 동아東亞라는 개념은 그 영역이 확장됨에 따라 '동아협동체'로, 나아가 '대동아공영권'으로 발전한다. 그것은 기본적으로 일본을 '맹주'로 하는 지역 협력체 구상이었다. 위의 지도는 일본이 대륙에서부터 해양으로 뻗쳐나가려는 의욕을 담고 있다. 적도 부근에 '남양군도南洋群島'로 표시된 지역이 그러하다. 이곳으로 진출하려면 미국과의 충돌이 불가피해진다. 이리하여 태평양전쟁이 일어난다. 그 후 일본의 팽창은 놀라울 정도로 속도감을 더해간다. 프랑스와 영국 그리고 네덜란드가 통치하던 동남아시아와 미국의 아시아 전초기지인 필리핀을 점령한다.

식민지 조선에서 발행되던 『대동아』라는 잡지는 1942년 3월호에 「대동아의 개관」이라는 글을 싣는다. 이에 따르면 '대동아'의 면적은 총 1,587만 제곱킬로미터요 인구는 7억 5천만여 명에 달한다. 이는 면적에서 미국의 2배요, 인구는 미국과 영국 모두를 합한 것보다 훨씬 많다고 으스댄다. 그러면서 남양군도까지 일본에 편입되면 대동아공영권이 완성되는 것처럼 말한다. 여기에는 조선인의 자발적인 전쟁 협력을 이끌어내려는 의도가 담겨 있다.

그림 출처 : https://www.hani.co.kr/arti/PRINT/909433.html

▶ '대동아공영회의' 선전만화 (1943)

일본은 1943년 11월 5일과 6일 이틀 동안에 도쿄에서 '대동아회의'를 개최한다. 일본의 괴뢰정권인 만주국과 남경 국민정부, 태국, 버마, 필리핀 등이 참가한다. 그들은 태평양전쟁의 완수와 대동아공 영권 건설, 자주독립 존중, 호혜 제휴 등이 담긴 선언문을 채택한다.

　그 성과를 선전하기 위한 것이 위의 그림이다. 각국 대표들이 원탁에 둘러앉았는데 각자 무언가 를 내놓는다. 군복 차림의 일본 대표 도조 히데키는 군함과 탱크, 그 옆의 만주 대표는 석탄, 태국과 프 랑스령 인도차이나 대표는 쌀, 말레이시아 대표는 주석, 필리핀 대표는 구리를 올려놓고 있다. 일본 의 전쟁 수행에 필수적인 자원을 확보하는 것이 '대동아공영회의'의 주된 목적이었음을 말해준다. 이런 회의의 장면을 엿보는 두 사람은 인도와 오스트레일리아 원주민이다. 이들도 대동아회의에 합류하려는 의사가 있는 것처럼 보여준다. 이 그림에는 호소키바라 세이키 細木原靑起, 1885-1958의 서명이 들어가 있다. 만화가들 또한 이때에는 조직적으로 선전에 동원되고 있었다.

[그림 33] '천황' 히로히토의 「종전의 조서(終戰の詔書)」(일본 국립공문서관 소장)

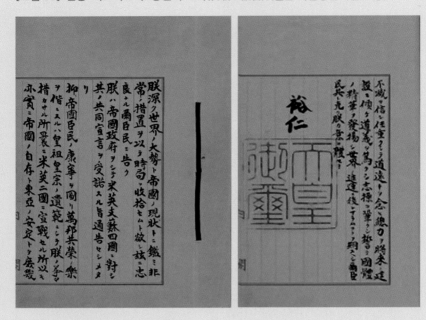

히로히토가 서명하고 발표한 이 조서에는 이런 내용이 담긴다. "대저 제국 신민의 강녕을 도모하고 만방공영萬邦共榮의 즐거움을 함께 하는 것은 황실 조종祖宗의 유범으로서 짐은 이를 위해 노력해온바 앞서 미·영 두 나라에 대하여 전쟁을 선포한 이유도 실은 제국의 자존과 동아東亞의 안정을 이루려는 간절한 바람에서 나온 것으로서 타국의 주권을 배제하고 영토를 침탈하는 것과 같은 것은 본디 짐이 뜻한 바가 아니었다."

『히로히토와 근대 일본의 형성Hirohito and the Making of Modern Japan』이라는 책을 펴낸 허버트 빅스는 이렇게 평가한다. "1937년 말 이후, 히로히토는 중국에 대한 전쟁 계획, 전략, 작전 지휘에 관여하고 장군과 제독의 임명이나 승진 과정에 참여하면서 점차 진정한 전쟁 지도자로 자리 잡았다." 이러한 히로히토가 전후 침략전쟁에 대하여 반성하지 않은 것은 그 자신을 기만할 것일 뿐 아니라 전후 일본 인민의 해방을 저해하고 그들의 주권의식까지 흩뜨려버렸다고 비판한다. 빅스는 또 '종교성이 강한 군주제의 우두머리'였던 히로히토가 전쟁에 대한 책임을 지지 않게 되자 일본 국민 또한 전쟁에 대한 책임을 질 필요가 없다는 인식을 갖게 되었다고 말한다.

그림 출처 : https://www.digital.archives.go.jp/gallery/0000000002

[그림 34] 한반도의 분할 : 얄타회담과 38선 획정

▶얄타회담(1945.2.4-11)의 세 정상 : 처칠, 루스벨트, 스탈린

한반도를 가르는 38선이 언제 어떻게 그어졌는가 하는 문제는 여전히 학계의 논쟁거리이다. 그 기원을 임진왜란까지 올려보는 학자도 있다. 한 가지 분명한 것은 일본이 해양강국으로 부상하면서 대륙세력과 맞부딪치는 가운데 한반도 분할안이 나왔다는 사실이다. 20세기 초에는 일본과 러시아 사이에 그런 논의가 있었다.

　　오늘날까지 존재하는 38선 획정의 직접적인 배경은 얄타회담에 있다. 이 회담에서 소련의 대일 참전이 결정되었기 때문이다. 그런 제안을 내놓은 것은 프랭클린 루스벨트였다. 그는 하루라도 빨리 일본과의 전쟁을 끝내고 싶어 했다. 이를 위해서는 대륙 방면에서 일본 본토로 밀고 내려올 수 있는 소련군의 도움이 절실했다. 이제 소련이 한반도 문제에 직접 개입할 수 있는 상황이 만들어졌다. 다시 한반도가 대륙과 해양 세력이 충돌하는 공간이 된다.

　　위의 사진에는 루스벨트의 수척한 모습이 나온다. 그는 이때 병이 깊었지만 크림반도 남단의 얄타까지 찾아가서 스탈린과 만났다. 그만큼 중요한 현안이 많았다. 미국 내 언론은 루스벨트의 대소 '유화'정책에 비판적이었다. 얄타에서 돌아온 루스벨트는 두 달 만에 세상을 떠난다.

▶ 미국의 38선 획정: 한반도를 가르다

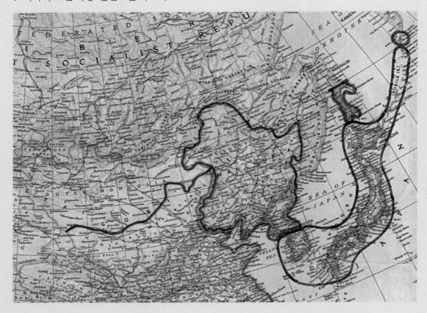

일본이 결사항전을 외치며 시간을 끄는 동안 태평양전쟁은 막바지를 향하여 치닫는다. 8월 6일 미국의 원폭 투하와 이틀 뒤 소련의 참전으로 일본은 항복한다. 소련군은 만주와 한반도 북부에서 파죽지세로 밀고 내려온다. 당황한 미국은 8월 10일 자정 무렵 '내셔널 지오그래픽'의 벽걸이 지도 위에 한반도의 허리를 가르는 직선을 그은다.

　정병준 교수는 그 역사적인 의미에 대하여 이렇게 말한다. "인간의 이성과 관념이 만들어낸 상상의 38선이 한반도 위를 가로지르면서 수많은 강과 하천, 산맥은 인위적이고 물리적으로 단절되었다. 38선은 하나였던 한반도의 허리를 관통하며 12개의 강과 75개 이상의 샛강을 단절시키고 수많은 산봉우리를 가로질렀다. 181개의 작은 우마차로, 104개의 지방도로, 15개의 전천후 도로, 8개의 상급 고속도로, 6개의 남북 간 철로도 단절되었다. 38선이 한반도를 가로지른 후 지각 있는 사람이라면 누구나 38선이 초래할 비극적 재앙의 전조를 감지할 수 있었다."『해방과 분단, 그리고 전쟁』, 39-41쪽.

그림 출처 : https://www.hani.co.kr/arti/PRINT/898280.html

제 **7** 강

이승만과 대한민국의 탄생

一, 한국의 조지 워싱턴을 꿈꾸다

"⼰긔 조상들의 독립ㅎ던 ⼤젹을 긔념ㅎ야
셔울 일홈을 '와셩톤'이라 ㅎㄴ니
이눈 독립 긔초에 첫지 유공ㅎ 처음 대통령
'와셩톤'의 빗눈 일홈이니
세계졍치 개혁ㅎ눈 근본의 긔초쟈가 되여
만국의 츄앙ㅎ눈바ㅡ라"

-이승만의 『독립졍신』(1910) 중 「미국독립션고문」

한국 근대사에서 가장 논쟁적인 인물을 꼽으라고 한다면 그는 아마도 이승만(1875-1965)일 것입니다. 그는 대한민국 임시정부의 첫 임시대통령이자, 대한민국의 초대 대통령입니다. 그리고 두 번 다 탄핵을 당하여 대통령직에서 물러납니다. 이런 이승만을 두고 한편에서는 대한민국의 국부라고 칭송하고, 다른 한편에서는 한국 분단의 장본인이자 독재자라고 비난합니다. 둘 다 맞는 이야기일 수 있습니다. 선과 악의 대결로 몰고 가지만 않는다면 말입니다.

시대적인 전환기에는 그 흐름을 파악하는 것이 무엇보다도 중요합니다. 조선 후기의 실학자 이익은 그것을 '때의 형세(時勢)'라고 표현한 바 있습니다. 이승만은 자신이 살던 시대의 흐름을 읽을 줄 아는 인물이었습니다. 그는 대륙에서 해양으로, 제국에서 민국으로의 이행이라는 문명의 패러다임이 바뀔 때 그 흐름에 온전히 몸을 맡깁니다. 그는 또한 근대 한미관계의 중심에 서 있던 인물이기도 합니다. 오늘날 우리의 삶과 의식에 깊숙이 배어든 서구중심주의에 첫발을 들여놓았던 사람이지요. 단순하게 말하면 이렇습니다. 개항 후 한국민에게 주어진 역사적인 과제가 근대화였다면, 그 근대화는 서구화이며, 서구화는 곧 미국화라고 말입니다. 이 미국화에 앞장섰던 인물이 이승만입니다.

1. 어둠과 빛 :
반역과 구원

이승만은 몰락한 양반 집안에서 태어납니다. 개항을 한해 앞둔 1875년이었지요. 족보상 그는 세종에게 왕위를 양보한 양녕대군의 16대손입니다. 이승만이 미국에서 유학할 때 왕손 행세를 했다는 말도 전해집니다. 이 말의 진위 여부를 떠나 이승만을 왕손으로 보는 것은 역사적 사실과 맞지 않습니다. 조선시대의 종친부는 왕실을 엄격히 관리합니다. 한 임금의 적자 자손은 4대까지, 서자 자손은 3대까지만 종친으로 대우했지요. 그 후의 자손들은 일반 양반과 다를 바 없었습니다.

이승만을 몰락 양반이라고 한 것은 그의 5대조부터 벼슬이 끊겼기 때문입니다. 이렇게 되면 사회적, 경제적으로 어려워집니다. 시골인 황해도 평산에서 태어난 그는 5대 독자를 어떻게든 과거에 급제시키려던 부모의 손에 이끌려 서울로 올라옵니다. 양녕대군의 종가에 기숙하며 공부를 하던 어느 날, 그는 눈이 쓰라리게 아프면서 앞이 안 보입니다. 서둘러 한약 처방을 하지만 상태는 더 악화됩니다. 결국 '양의'서양 의사의 처방을 받고서야 눈병이 씻은 듯이 나았다고 합니다. 이승만이 나중에 전한 이 일화에 담긴 메시지는 이렇습니다. "병든 조선왕조를 치유하기 위해서는 서양문명을 수용하는 길 이외에 다른 방도가 없다."

이승만은 청일전쟁 발발 후 '천주학쟁이들'이 다닌다는 배재학당에 입학합니다. 천하의 중심인 중국이 변방의 섬나라 일본에게 완패당하는 것을 보고 조선의 지배층과 지식인들이 충격을 받을 때였지요. 이때 일본의 압력으로 새로운 내각을 출범시킨 조선 정부는 부랴부랴 개혁 정책들을 쏟아냅니다. 그중 하나가 과거제도의 폐지였지요. 서당에서 한학 공부를 하면서 입신양명의 꿈을 꾸던 젊은이들에게 그 소식은 날벼락과도 같은 것이었습니다. 이때 이승만은 '신학문'을 공부하기로 마음을 먹습니다. 이리하여 그의 삶은 완전히 달라집니다.

한국 최초의 근대식 교육기관인 배재학당은 미국인 감리교 선교사 아펜젤러Henry G. Appenzeller가 세운 학교인데 갑오개혁 후 입학생들이 크게 늘어납니다. 이 무렵 조선 정부는 그들의 선교 활동을 사실상 묵인합니다. 따라서 배재학당은 정규 교과과정 외에도 예배 모임을 가질 수 있었지요. 배재학당 옆에는 새로 건립된 정동제일교회가 자리를 잡습니다.

미국인 선교사들이 이승만의 세계관과 문명관을 바꿔놓았다면, 조선 왕조의 체제 개혁과 관련하여 이승만에게 바로 영향을 준 사람은 서재필 Philip Jaisohn입니다. 갑신정변에 참여했다가 대역죄인으로 몰리어 미국으로 망명했던 서재필은 이승만이 배재학당에 입학할 무렵에 귀국합니다. 그리고는 독립문을 세우고 독립협회를 만들며『독립신문』을 발간하지요. 그는 조선에서의 개혁이 '상국'으로 떠받들던 중국에서 떨어져 나와 홀로 설 때에만 가능하다는 것을 보여주려고 합니다. 그는 또 조선의 미래가 신학문을 배우려는 젊은이들에게 달려있다는 생각에서 배재학당에 특별강좌를 개설하고 협성회라는 토론단체를 만듭니다.

이승만은 그러한 서재필의 수제자이자 추종자가 됩니다. 이승만은 협성회 주최의 토론회와 회보 발간에 열성적으로 참여합니다. 배재학당을 졸업할 때 그가 했던 영어 연설의 제목도 '한국의 독립The Independence of Korea'입니다. 그 후 한글로 된『매일신문』과『제국신문』을 창간하여 편집 책임을 맡는 한편, 독립협회와 만민공동회의 활동에도 적극 나섭니다. 이승만은 이때 말과 글로써 대중을 설득하는 남다른 능력을 보여 줌으로써 '열혈 애국청년'이라는 인상적인 모습을 남깁니다.

이승만은 만민공동회의 시위운동이 절정에 달하던 시점에 고종 황제의 폐위 음모에 연루되어 체포·투옥됩니다. 이 무렵 대한제국의 군주제를 폐지하고 공화정으로 바꾸려 한다는 소문이 항간에 퍼지자 고종은 무력을 동원하여 독립협회를 해체하고 만민공동회를 해산시킵니다. 과연 그때 그러한 음모가 실제로 있었는지, 아니면 고종과 수구파 측에서 정부 대신의 '추천'이라든가 '의회' 설립과 같은 급진적인 개혁 요구들을 잠재우기 위하여 만들어 냈던 것인지는 아직 분명치 않습니다.

이승만은 한성감옥에 갇힌 후 탈옥을 시도하였다가 다시 체포됩니다. 이제 반역죄에 탈옥죄까지 추가되었으니 살아서 감옥을 나오기는 쉽지 않게 됩니다. 그와 함께 탈옥했던 죄수최정식는 재판에서 '주범'으로 사형을 선고받아 곧바로 집행됩니다. 이승만은 '종범'으로 종신형과 태형 일백대를 선고받습니다. 이는 극형을 제외하고는 최고의 형량이었습니다. 그런데 사람의 목숨을 앗아갈 수도 있는 태형은 집행되지 않습니다. 누군가 그의 뒤를 봐주고 있었던 것이지요.

이승만은 그 후 세 차례나 특별 감형을 받아 5년 7개월 만에 출옥합니다. 그는 투옥 기간1899년 1월-1904년 7월 중 감옥 내에 '서적실'과 '학교'를 만들어 죄수들을 교육시키는가 하면 『제국신문』의 논설을 집필하고 『청일전기』라는 책을 번역하며 『독립정신』이라는 책까지 씁니다. 이러한 활동에 필요한 자료들은 모두 외부에서 차입됩니다.

이승만의 옥중 생활은 그의 표현대로 '감사'와 '깨달음'의 시간이었습니다. 그에게 베풀어진 모든 특혜의 배후에는 도대체 누가 있었을까요? 그들은 다름 아닌 미국인 선교사였습니다. 배재학당의 학당장 아펜젤러를 비롯하여 당시 서울에서 활동하던 선교사들이 발 벗고 나섭니다. 그들은 미국 공사 알렌을 움직여 대한제국 정부에 공공연한 압력을 넣는 한편, 이승만의 가족까지 보살핍니다. 그들은 왜 이처럼 이승만을 아끼고 사랑했을까요. 그들은 이승만에게서 토착 교역자로서 대성할 수 있는 자질을 보았던 것 같습니다.

이승만은 탈옥에 실패하여 컴컴한 지하 감옥에 갇혔을 때 본능적으로 죽음의 공포를 느낍니다. 이 순간에 그는 "오 하나님! 내 영혼과 나라를 구해주옵소서"라는 간절한 기도를 드렸다고 합니다. 이리하여 정신적인 안정을 되찾은 이승만은 동료 죄수들주로 정치범과 성경 공부를 하면서 감옥을 '신학강습소'로 바꾸어 놓았습니다. 그는 제물포의 한 감리교 선교사George. H. Jones가 발행하는 『신학월보』에 기고한 「옥중전도」라는 글에서 이렇게 말합니다 1903년 5월호.

> 혈육의 연한 몸이 오륙 년 역고에 큰 질병이 없이 무고히 지내며 내외국 사랑하는 교중 형제자매들의 도우심으로 하도 보호를 많이 받았거니와 성신이 나와 함께 계신 줄을 믿고 마음을 점점 굳게 하여 영혼의 길을 확실히 찾았으며 …

기독교에 대한 자신의 굳센 신앙을 고백한 이승만은 「예수교가 대한 장래의 기초」라는 글을 다시 『신학월보』에 보냅니다. 그 내용인즉 한국도 서양과 같이 '상등 문명'에 나아가기 위해서는 시대에 뒤떨어진 유교를 버리고 새로이 기독교를 받아들여 백성을 교화시켜야 한다는 것이었습니다. 그 후에도 이승만은 「두 가지 편벽됨」, 「교회경략」, 「대한 교우들이 힘쓸 일」 등의 기고문에서 서양문명을 기독교와 일체화시키면서 한국민의 기독교화를 주창하고 나섭니다.

서재필이 창간한『독립신문』이나 미국인 선교사들이 발행하던『조선그리스도인회보』와『그리스도신문』등에서 문명개화의 한 방편으로 기독교를 수용하자는 이른바 기독교개화론을 제시한 바 있습니다. 그렇지만 이들은 유교를 기독교로 대체하자는 주장까지 내놓지는 못합니다. 조선왕조 오백 년을 지탱해 온 유교를 전면 배격하자는 주장이 불러올 파장을 우려했기 때문이지요.

이승만이 홀로 과감하게 그러한 주장을 펼칠 수 있었던 것은 그가 사회에서 격리된 감옥에 갇혀 있었다는 상황과 더불어 한 가지 더 고려해야 할 것이 있습니다. 그것은 유교로는 기울어져 가는 대한제국의 국운을 되살릴 수 없다는 판단입니다. 이승만은 옥중에서『제국신문』의 논설을 집필하면서 한반도의 지배권을 둘러싼 '호랑이'러시아와 '이리'일본의 틈바구니에서 한국의 운명이 바람 앞의 촛불처럼 위태롭다는 사실을 국민에게 알리려고 애씁니다. 1903년 2월에 연속적으로 나온 논설 중「일아日俄 양국의 대한 관계」, 「국권의 날로 감삭함」, 「국민의 큰 관계」, 「패망한 나라들의 당하는 사정」등이 그런 예이지요.

1904년 2월에 러일전쟁이 터집니다. 옥중에서 이 소식을 전해 들은 이승만은 하던 일들을 모두 멈추고『독립정신』집필에 온 힘을 쏟습니다. 이 책의 초고를 그해 6월 말에 끝낸 이승만은 마지막 특사를 받아 출옥합니다. 그리고는 곧바로 미국 유학길에 오릅니다. 태평양을 건너지요.『독립정신』이 출간된 것은 일본의 한국 병합을 앞둔 1910년 2월입니다. 미주 한인들이 돈을 모아 로스앤젤레스에 대동신서관이라는 출판소를 차린 후 그 책을 발행합니다.

이승만이 옥중에서 4개월 만에 『독립정신』의 초고를 끝낼 수 있었던 것은 그가 배재학당에 다닐 때부터 꾸준히 신문과 잡지에 글을 써왔기 때문입니다. 따라서 이 책은 20대의 이승만이 나름대로 한국의 독립을 위하여 애써온 활동과 생각들을 정리하여 국민에게 전하고 싶은 메시지를 담은 것으로 볼 수 있습니다. 1880년대 한국 최초의 일본 유학생이자 미국 유학생이기도 했던 유길준의 『서유견문』이 초기 개화파의 생각을 보여 준 저술이라면, 『독립정신』은 청일전쟁 후 국내에서 신학문과 신문명의 세례를 받은 신진청년층의 사고를 보여 주는 하나의 텍스트로 볼 수 있습니다.

따라서 두 책을 비교해 보는 것은 흥미로운 일이지만, 이 일은 나중으로 미루고 『독립정신』에 표출된 이승만의 독특한 생각만을 간추려 소개합니다. 먼저 이 책초간본을 펼치면 '한성감옥셔 죄슈 리승만'이 쓴 「독립 요지 셔」가 나오는데, 그 표현들이 매우 거칩니다. 이를테면 '울분한 피가 복받침'을 억제할 수 없다라든가 '강개격분한 눈물'을 금치 못한다라고 말하지요. 이러한 울분은 나라를 제대로 지키지 못한 '소위 중등 이상의 사람이나 여간 한문자나 안다는 사람'에게로 향합니다. 이들은 거의다 썩었고 그 물이 주변까지 물들게 하여 어찌할 수 없게 되었다고 한탄합니다. 이제 대한의 장래는 '아래 인민들'에게 달린바 그들은 무식하고 천하며 어리고 약한 형제자매들이라고 합니다.

이들 형제자매에게 전하고자 한 이승만의 메시지를 요약하면 이렇습니다. "수천 년 동안 전제정치의 압제를 받아온 한국민은 병들고 썩은 것이 속속들이 배어들어 여간 학문이나 교육의 힘으로는 물론 이미 낡아 버린 유교의 힘으로도 그 근본적인 원인을 제거할 수 없다. 그런데 기독교는 율법의 결박과 옛 법의 심히 압제하는 굴레와 예식의 결박 및 모든 죄악에서 사람들을 자유롭게 해 준다." 이처럼 기독교는 '변혁變革주의'로서 사람들로 하여금 스스로 전제정치의 압제를 벗어나도록 해 준다는 것입니다.

요컨대 대한제국의 백성이 기독교를 받아들여 스스로 생각과 마음가짐을 바꾸어야만 대한제국의 체제 변화도 가능하다는 주장이었지요. 그렇다면 이승만이 원하던 정치변혁의 목표는 어떤 것이었을까요. 『독립정신』에서 제시한 것은 영국이나 일본의 선례를 따르는 '군민동락' 즉 군주와 인민이 함께 즐겨 따를 수 있는 '헌법정치'입니다. 고종 폐위 음모로 생사의 고비를 넘었던 이승만으로서는 공개적으로 그 이상의 이야기를 꺼내기가 어려웠을 것입니다.

그렇지만 이승만이 내심 바랐던 것은 미국과 같은 공화제였습니다. 『독립정신』에서는 각국의 정치제도를 소개할 때 미국에 각별한 관심을 드러냅니다. 「미국 백성의 권리 구별」, 「미국의 독립한 사적」, 「미국 독립 선고문」, 「미국 남북방전쟁 사적」 등이 그러합니다. 이들 각 장에서 말하는 바는 오늘날 우리가 중등학교에서 배우는 것과 크게 다르지 않습니다. 이승만은 그런 이야기들을 배재학당에서부터 배웠을 것입니다.

『독립정신』에는 '미국 독립을 창조한 조지 워싱턴'의 초상화가 한 페이지에 실립니다【그림 35】. 그 밑에 달린 설명을 보면 '세계 정치를 개혁하는 근본의 기초자가 되어 만국이 추앙하는 바'라고 되어 있습니다. 이승만은 미국인 선교사들로부터 미국의 독립 사적과 조지 워싱턴의 생애에 대하여 듣고 배우면서 어떤 생각을 했을까요. 3·1운동 후 미국에서 활동하던 이승만의 말과 행동을 보면 이 질문에 대한 답이 나옵니다.

2. 3·1운동과 신대한의 비전

모든 사람이 그렇듯이 이승만의 삶에도 몇 차례 전환기가 있습니다. 배재학당에 들어간 것이 그의 인생의 첫 번째 전환점이었다면, 3·1운동이 또 다른 전환점이 됩니다. 해외 명망가들로 구성된 임시정부의 출범과 더불어 이승만은 직업적인 독립운동가이자 정치가 또는 외교가로 변신합니다. 오늘날 우리에게 잘 알려진 이승만의 모습이 이때부터 만들어집니다. 먼저 그 과정을 살피고, 다음으로 이승만을 비롯한 재미한인사회의 지도급 인물과 유학생들이 지녔던 신대한의 비전에 대하여 알아보도록 하겠습니다.

반역죄로 한성감옥에 갇혔던 이승만은 러일전쟁 발발 후 특사로 풀려나자 미국으로 유학을 떠납니다. 이때가 1904년 11월 초입니다. 그 후 이승만은 조지 워싱턴대학과 하버드대학을 거쳐 프린스턴대학에서 국제법과 국제관계를 공부하여 박사학위를 받습니다. 그런데 공교롭게도 그 직후에 대한제국은 일본의 식민지로 편입됩니다.

이승만은 미국으로 유학을 떠날 때부터 영문일지를 쓰는데, 망국의 상황에 대하여는 아무런 감상이나 논평도 남기지 않았습니다. 1910년 7월 18일 자를 보면, "프린스턴대학에서 박사학위Ph.D.를 받다"라고 딱 한 줄 나옵니다. 그리고는 한 달 반이 지난 9월 3일자에 이렇게 씁니다.

증기선 발틱호를 타고 뉴욕을 떠나 리버풀로 향하다. 귀국차 유럽으로 가는 배를 타다. Left N.Y. on S.S. Baltic for Liverpool. Sailed to Europe on the way home.

이승만은 이때 대서양을 건너 유럽으로 들어간 후 시베리아를 거쳐 서울로 돌아옵니다. 미국으로 떠날 때 태평양을 건넜으니 결과적으로 세계를 한 바퀴 돈 셈입니다. 귀국 후 이승만은 서울 종로에 위치한 기독교청년회YMCA 건물에 기거하면서 국내 청년들의 교육과 선교에 힘씁니다. 그가 옥중에서 외쳤듯이 한국민의 기독교화라는 사명감을 받아들인 것이지요.

그런데 일본의 식민통치하에서는 이 일도 쉽지 않았습니다. 초대 총독 데라우치 마사타케의 '암살미수사건'을 빌미로 하여 기독교계 지도자들에 대한 대대적인 검거 선풍이 몰아칩니다. 1년 반 만에 다시 서울을 떠난 이승만은 하와이에 정착합니다. 사실상의 망명이었지요. 이때부터 해방 후 귀국할 때까지 하와이는 그의 삶의 터전이자 '제2의 고향'이 됩니다.

태평양의 중심이자 아시아에서 미주대륙으로 가는 중간기착지인 하와이에는 당시 6천 명의 교민들이 살고 있었습니다. 이승만은 이들에게 교육 및 선교 활동을 펼치면서 독립운동과는 일정하게 거리를 유지합니다. 제1차 세계대전을 거치면서 동아시아와 서태평양으로 세력을 넓히고 있던 일본을 상대로 독립투쟁을 벌이는 것은 무모하다고 봅니다. 그는 이렇게 말하지요.

한국인들은 불평한 마음에서 우러나오는 혈기지용血氣之勇을 억누르고 형편과 사정을 살펴 기회를 기다리면서 내로는 교육과 교화에 힘쓰고 외로는 서양인에게 우리의 뜻을 널리 알려 동정을 얻게 되면 순풍을 얻어 돛단 것같이 우리의 목적지에 도달할 수 있다.

짧고 평이하지만, 여기에 이승만의 독립노선이 함축적으로 담겨 있습니다. 먼저 그 문장 속에 나오는 기회라 함은, 태평양의 동쪽과 서쪽에서 각각 세력을 확장하고 있던 미국과 일본의 충돌 가능성에 대한 암시입니다. 다음으로 서양인의 동정을 얻는다는 것은, 한국 교회의 발전에 깊은 관심과 이해관계를 갖고 있던 선교사와 기독교 단체를 염두에 둔 말입니다.

요컨대 일본의 식민지인 한국과 서양 열강, 특히 미국과 연결시켜 줄 수 있는 유일한 통로는 기독교이니 평소 이에 바탕을 둔 교육과 교화에 힘쓰면서 장차 일어나게 될 미일충돌에 대비해야 한다는 것입니다. 이것이 식민지 시대 이승만과 그의 지지세력을 떠받치던 독립노선입니다. 일종의 준비론과 외교론의 배합인 이 노선은 의열항쟁이나 무장투쟁을 무모한 것일 뿐 아니라 오히려 한국의 독립에 방해가 된다고 생각합니다. 그러한 방식의 투쟁은 서양인의 반감만 불러일으킨다고 보는 것이지요.

이승만이 하와이에 정착한 후 대조선국민군단을 양성하던 박용만과 정면으로 충돌했던 것도 그러한 노선 차이에서부터 비롯됩니다. 이승만은 이때 현지 언론에 "나는 종교적 교육적인 공작에만 관심이 있다"거나 "나는 한국 국내에서나 하와이에서 혁명을 책동할 꿈을 꾼 일조차 없다"

고 말합니다. 거주민 10명 중 4명이 일본인일 정도로 하와이에는 일본인이 많이 살고 있었고, 제1차 대전기에는 일본이 연합국의 일원이었기 때문에 이런 상황을 염두에 둔 발언이라고 볼 수 있지요. 그런데 여기에는 힘에 바탕을 둔 국제 권력정치에서 한국민의 자력에 의한 독립은 불가능하다는 인식이 깔려 있었습니다.

제1차 세계대전이 끝난 후 샌프란시스코의 대한인국민회 중앙총회는 파리강화회의에 국민회 대표를 파견하기로 결의합니다. 하와이에 있던 이승만은 그 대표단 중 한 사람으로 지명됩니다. 미국 정부는 이들에 대한 비자 발급을 거부합니다. 한국의 독립문제가 파리강화회의의 의제가 될 수 없다는 의사 표시였지요. 그러자 이승만은 한국을 이제 곧 출범하게 될 국제연맹으로 넘겨 '당분간' 그들의 관할 하에서 위임통치를 받도록 해달라는 청원서를 백악관에 제출합니다. 이른바 위임통치 청원 사건이지요. 이 문건의 작성 일자는 1919년 2월 25일입니다.

그런데 며칠 후 국내에서 3·1운동이 일어납니다. 이승만은 물론이고 재미한인사회의 그 누구도 예상하지 못한 일이 벌어집니다. 일본 정부와 총독부의 엄격한 보도 통제 때문에 열흘이 지나서야 3·1운동 소식이 미주에 전해집니다. 국민회의 기관지인 『신한민보』는 이렇게 기사 제목을 뽑습니다 1919년 3월 13일자.

"대한독립 선언이 벽력같이 진동하여 온다"
"대한독립만세! 하느님이여 도우소서"
"절대적 자유정부를 조직하기로 단정"

미주에서의 본격적인 독립운동은 이렇게 시작됩니다. 그 출발을 장식한 것은 임시정부의 건립 소식입니다. 이승만은 국내에서 선포된 세칭 한성정부에서는 집정관총재로 추대되고, 중국 상해에 수립된 대한민국 임시정부에서는 국무총리로 선출됩니다. 그리고 한성정부의 '법통'을 인정한 통합임시정부가 구성될 때 임시대통령으로 선출됩니다【그림 37】.

3·1운동 후 이승만이 한국 독립운동의 최고 지도자로 떠오른 데에는 몇 가지 이유가 있습니다. 첫 번째는 그의 개인적인 명성입니다. 개화기 독립협회-만민공동회에서 신진소장파로서의 활약과 『협성회회보』, 『매일신문』, 『제국신문』으로 이어지는 언론 활동, 고종황제 폐위음모사건과 옥중개종, 미국에서의 박사학위 취득"이박사" 등으로 이승만은 30대 중반에 이미 '신화'적인 인물이 되었지요.

두 번째는 제1차 대전 후 세계개조의 움직임과 윌슨의 민족자결주의에 대한 한국 민족주의자들의 기대감입니다. 이것이 3·1운동을 기획한 국내 '민족대표'들에게 영향을 끼친 것은 숨길 수 없는 사실입니다. 세 번째로 독립선언 후 국내외 민족운동세력들 간에는 임시정부의 형태와 지도자 선출 문제를 놓고 은연중 경쟁이 벌어지는데, 이때 이승만은 지역적기호 출신, 종교적개신교, 이념과 노선친미외교노선이라는 세 가지 측면에서 경쟁자들보다 유리한 위치를 점합니다.

3·1운동은 국내에서 국외로 퍼져나가 한인들이 집단적으로 거주하는 곳이면 어디든 그것을 기념하는 행사가 열립니다. 하와이와 미주에서도 마찬가지입니다. 1919년 4월 14일부터 16일까지 3일간 미국의 옛 수도인

필라델피아에서 '제1차 한인회의The First Korean Congress'가 열립니다. 미주에서의 3.1운동이라고 일컬어지는 이 집회에 한인회의라는 이름을 붙인 것은 미국의 독립선언과 헌법제정의 산실이었던 대륙회의Continental Congress에서 착안한 것입니다. 미국의 건국과정과 유사한 형태로 한국도 이제 새로운 국가건설에 착수했다는 것을 대외적으로 알리려고 했던 것이지요.

이러한 행사를 기획하는 데에는 배재학당 시절 이승만의 스승과도 같았던 서재필의 도움이 컸습니다. 청일전쟁 후 귀국하여 독립협회를 만들었던 서재필은 만민공동회를 개최하여 대한제국 정부와 외세주로 러시아 비판에 나섰다가 결국 미국으로 다시 돌아옵니다. 그는 필라델피아 시내에서 꽤 규모 있는 문구상을 하면서 성공한 사업가로 자리를 잡습니다. 한인회의를 개최할 때에는 시 당국과 지역 유지들의 우호적인 지지와 협조를 끌어냄으로써 이 행사가 성공적으로 마무리될 수 있도록 합니다.

제1차 한인회의는 필라델피아 중심에 위치한 리틀극장The Little Theatre에서 열립니다. 이날 연합통신AP은 "대한인 자유공회는 본일에 필라델피아 독립관에서 열렸는데 이 공회는 한국 밖에 있는 3백만의 대표 백여 명이 모여 한국의 독립과 자유를 선서함이라"고 보도합니다. 이 기사는 한인회의의 대표성을 강조하려는 주최 측 의견을 반영한 것으로 볼 수 있습니다. 어떻든 당시 교민들이 거의 살지 않던 필라델피아에 한인 100여 명이 모여 집회를 열었다는 것은 그 자체로 대단한 일이었습니다. 외부의 초청 연사도 다수 참석하는데 주로 필라델피아에서 활동하는 종교인과 대학교수 및 신문기자였습니다.

제1차 한인회의는 외부 인사들의 참석과 언론 홍보의 필요성에서 회의 진행을 영어로 하고 그 기록을 팸플릿으로 제작하여 배포합니다【그림 36】. 이 회의록을 분석하면 미주 한인사회의 지도자들이 한국이 독립되었을 때 어떠한 나라를 세우려고 했는지를 알 수 있습니다. 여기서 지도자라 함은 서재필과 이승만을 가리킵니다. 그리고 이들보다 한 세대 아래인 정한경Henry Chung De Young이라든가 유일한Il-han New과 같은 젊은 유학생들이 그들을 떠받칩니다. 정·한 두 사람은 10대 전후의 어린 나이에 미국으로 들어와서 각각 네브라스카 주립대학과 미시건대학에 진학합니다. 정한경은 나중에 아메리칸대학에서 박사학위까지 받지요.

제1차 한인회의는 임시의장 서재필의 개회사로 시작됩니다. 한 대목을 들어볼까요. 아래 글은 영문 회의록Proceedings of the First Korean Congress에 나오는 것을 번역한 것입니다.

미국 국민을 빼고는 세계에서 한국보다 더 미국을 좋아하는 사람들은 없습니다. 거기에는 그럴만한 이유가 있습니다. 일찍이 한국이 문호를 개방하여 외국과 교역을 시작한 이래 한국 사람들은 거의 모든 나라가 한반도에서 이기적인 개발이나 착취 아니면 정치적인 세력 부식의 목적을 추구하는 것을 보았습니다. 그렇지만 미국에 대하여는 그러한 면을 찾아볼 수 없었습니다. 오히려 미국은 수백 명의 선교사를 파견했는데 … 이들의 복음 전도 노력은 병원·학교의 건설과 과학·예술·음악의 가르침과 자주독립과 민주주의 정신을 함께했습니다.

이어서 초청 연사로 등장한 톰킨스Floyd W. Tomkins 목사는 이렇게 말합니다. "한국은 이 근래 선교 시대에 있어 자랑이라고 나는 말하고 싶습니다. 여러분의 나라처럼 선교사의 호소에 그렇게 신속하고 그처럼 강하게 응답해 왔던 나라는 없습니다." 그는 한국이 지구상의 기독교 국가들 가운데 그 존재가 뚜렷하게 드러날 수 있도록 노력해달라고 말합니다. 또 다른 초청 연사는 한국의 독립운동은 이제 시작일 뿐이며 힘이나 폭력에 의해서가 아니라 자유, 정의, 인도와 같은 인류의 보편적 가치와 이상에 호소해야 한다는 점을 강조합니다.

그 후 3일 동안 진행된 한인회의에서는 몇 가지 결의문을 채택합니다. 「대한민국 임시정부에 보내는 메시지」, 「미국에의 호소문」, 「한국인의 목표와 열망」, 「일본의 지각 있는 국민에게」, 「미국 정부와 파리평화회의에 보내는 청원서」 등입니다.

이 가운데 우리가 주목해야 할 문서는 「한국민의 목표와 열망」이라는 결의문입니다. 총 10개 조로 이루어진 이 결의문에는 독립 후 신국가 건설에 대한 구상이 담깁니다. 그것은 일종의 헌법 강령과도 같은 것인데, 일반적인 민주주의 원칙에 입각한 정부 수립을 지향하면서도 좀 독특한 조항들이 눈길을 끕니다. 이를테면 대통령제를 채택하면서도 국회에서 대통령을 선출하도록 한다든가 국회의 구성에 있어서 국민이 지방의원과 도의원을 선출한 후 이 도의원들이 국회의원을 뽑도록 합니다.

요컨대 대통령과 국회의원 선출에 있어서 국민 직선제가 아니라 간선제 방식을 채택합니다. 그들은 왜 이런 방식을 내놓게 되었을까요?

이와 관련해서는 총 10개 조 결의안 중 제2조를 주의 깊게 살필 필요가 있습니다.

> 우리는 할 수 있는 데까지 미국의 정체를 모방한 정부를 세우기로 제의하며 교육을 이에 일치하게 한다. 앞으로 10년 동안에는 필요한 경우를 따라서 권세를 정부로 더욱 집중하되 국민 된 자 교육이 발전하고 자치적인 경험이 증진되면 그에게 관리상 책임의 공권을 더욱 허락한다.

그 뜻이 다소 모호한 이 조항에서 말하고자 한 바는 이렇습니다. 미국식 정부 형태가 이상적이기는 하지만 현재 한국 국민의 교육수준이나 자치경험을 고려할 때 그것을 당장 수용하기는 어려우니 적어도 10년 동안은 민주제도의 전면적인 실시를 유보하고 강력한 정부를 세울 필요가 있다는 것입니다. 이는 곧 국회에서 선출하게 될 대통령에게 권력을 집중한다는 뜻이기도 합니다.

이러한 방식의 신국가 건설은 제1차 한인회의를 이끌었던 서재필과 이승만, 그리고 젊은 유학생들의 엘리트 의식을 보여줍니다. 개항 이후부터 식민통치기에 이르기까지 미국으로 유학을 떠날 수 있던 사람들은 그야말로 선택받은 소수였습니다. 그들은 미국식 자유민주주의와 자본주의제도를 선호하지만, 한국이 독립된 후 바로 그러한 사상과 제도를 도입하여 시행하기는 어렵다고 봅니다. 그들의 이러한 인식과 판단은 제1공화국 시기의 편의적이며 권위주의적인 정부 운영을 낳는 하나의 요인이 된다고 볼 수 있습니다.

당시 샌프란시스코에서 발행되던 『신한민보』는 「인도자의 도덕」이라는 논설에서 다음과 같이 비판합니다1919년 8월 28일자. "일찍이 많은 수효의 한인 영수자들과 추종자들 속에서 들은즉 한국이 독립을 찾는 날에는 매우 굳센 정부를 두어 일반 인민의 자유를 제한하여야 우리나라 안 여러 가지 폐단을 제거할 수 있고 여러 가지 질서를 유지할 수 있으며 그후 10년이나 15년 이후 일이 다 정돈된 후에는 일반 인민의 자유를 주겠다고 하니 이 말을 하는 사람들을 보면 그들의 영수나 추종자들은 물론 그 전 군주 시대에 성장하여 군주 시대의 구습을 못 면한 노인 축들이라."

여기서 노인이라 함은 조선왕조 시대에 태어나서 '구습'에 물든 사람을 일컫는 것이요, 영수라 함은 이승만이나 서재필을 가리킵니다. 그러니까 이들 영수는 왕조적인 옛날 습속에 물들어 이제 새로 태어날 대한민국의 지도자로는 적합하지 않다고 꼬집고 있는 것입니다. 이런 비판은 1910년대 하와이 한인사회에서 이승만의 '전횡'으로 이곳 한인사회가 분열되고 대외적인 위신이 추락했던 데에서 비롯되는 것이기도 합니다.

사실 독립운동기 이승만의 리더십을 보면 그것은 수평적인 것이 아니라 수직적이었습니다. 그의 추종자들로 결성된 대한인동지회의 경우 이승만을 평생 '총재'로 추대합니다. 이 단체의 존립 의의는 재력과 물력을 다하여 오직 이승만을 돕는 데 있었습니다. 그의 권위와 지도력에 대한 도전은 용납되지 않습니다.

한편, 제1차 한인회의에서 채택한 「미국에의 호소문」에서는 미국의 건국이념을 찬양하면서 한국에 대한 미국인의 정신적, 물질적인 도움을 요청합니다.

우리는 여러분들이 정의를 사랑하고 있다는 것을 알고 있습니다. 여러분들이 자유와 민주주의를 위해 싸웠고 기독교와 인간애를 지지하고 있다는 것을 믿기 때문에 우리는 여러분들의 지지와 찬성을 호소하는 바입니다. 우리의 대의 명분은 신과 인간의 법 바로 그것입니다. 우리의 목적은 군사적 독재로부터의 자유이며 우리의 투쟁목표는 아시아 민주주의의 실현입니다. 우리의 희망은 기독교 신앙을 널리 전파시키는 것입니다. 그러므로 우리는 우리의 호소가 여러분들의 지지를 얻을 만한 것이라고 생각합니다.

한국민이 추구하는 이상은 미국과 마찬가지로 기독교와 자유민주주의이니 미국은 한국민의 독립 열망에 대하여 동정과 지지를 보내 달라는 호소입니다. 이후 기독교와 민주주의는 미국 정부와 국민을 상대로 한 선전 구호가 됩니다.

한인회의가 끝난 후 참석자들은 한국과 미국의 국기를 양손에 들고 필라델피아 시내 한복판에 있는 독립기념관을 향해 행진을 벌였습니다. 시 당국의 협조로 말을 탄 군악대가 선두에서 행렬을 이끕니다. 독립기념관에 도착한 후 이승만은 서울에서 발표된 독립 「선언문」을 낭독하고 미국의 초대 대통령 조지 워싱턴이 사용했던 책상 앞에서 기념 촬영을 합니다. 배재학당에서부터 배우고 꿈꾸어 오던 일이 현실처럼 다가옵니다. 이날의 행사는 한국과 미국을 위한 만세삼창으로 끝납니다【그림 36】.

필라델피아에서 한인회의가 개최되는 동안 국민회 북미지방총회는 산하 각 지방회에 공문을 보내 4월 15일 오후 7시 반에 '대한공화국'의 출범을 축하하는 '독립 경축 행사'를 거행토록 합니다. 이승만의 활동 근거지인 하와이에서는 더욱 성대한 행사가 치러집니다. 이 지역 교민들은 곳곳에서 독립을 선포하는가 하면 호놀룰루에는 천여 명이 모여 시가행진을 벌입니다. 그들은 일본의 식민통치를 거부하고 조국의 독립을 위해 끝까지 투쟁할 것을 결의합니다.

3. 미일전쟁설과 얄타밀약설

이승만이 독립운동기 내내 친미외교노선을 견지했다는 것은 새삼스러운 이야기가 아닙니다. 중요한 것은 이런 노선을 가지고 어떻게 한국의 독립을 달성할 수 있느냐 하는 것입니다. 그것은 다름 아닌 미일충돌에 대한 예측과 기대입니다. 아시아·태평양지역의 패권을 놓고 미국과 일본 사이에 전쟁이 벌어지면 이때 한국에게 독립의 기회가 생긴다는 것이었지요.

이승만이 그러한 견해를 처음 공개적으로 밝힌 것은 1908년 12월 16일 자 『공립신보』에 기고한 「논미일협상論美日協商」이라는 글입니다【그림 38】. 이때 이승만은 프린스턴대학에서 박사과정을 밟고 있었지요. 그가 쓴 논설을 이해하기 위해서는 약간의 배경 설명이 필요합니다. 러일전쟁이 끝날 무렵 서방세계에서는 일본의 팽창에 대한 우려가 커집니다. 청일전쟁 후 독일의 카이저 빌헬름 2세가 황화론Yellow Peril을 제기한 바 있는데, 그것이 러시아에 대한 일본의 승리와 겹쳐집니다.

이 무렵 미국의 태평양 연안에서는 일본인 이민배척운동이 거세게 일어납니다. 그 중심지가 샌프란시스코인데, 이곳에서 발행하는 신문들은 공공연히 미일충돌을 부추깁니다. 나중에는 미국 동부와 유럽의 언론들까지 가세하면서 미일전쟁이 금방이라도 일어날 것처럼 소란스러워집니다. 이런 가운데 루스벨트 대통령은 대서양 방어에 집중된 미국함대를 '대백색함대'로 재편성하여 태평양으로 보냅니다. 이러한 무력시위에 놀란 일본 정부는 서둘러 협상에 나섭니다. 이리하여 체결된 것이 미 국무장관 엘리후 루트와 주미일본대사 다카히라 고고로 사이에 맺어진 루트-다카히라 협정Root-Takahira Agreement입니다.

이승만이 『공립신보』에 기고한 「논미일협상」은 바로 이 협정에 대한 논평이었습니다. 그는 이렇게 말합니다. "이번에 미일 양국이 다섯 조건을 협상한 데 대하여 세계 정객의 다소간 의론이 없지 아니한바 혹은 이 협약으로 인연하여 미일전쟁설이 영영히 막혔다고도 하며 혹은 이 협상이 미일전쟁을 몇 해 동안 물렸다고도 하니 그 의견이 다 우리의 보는 바와 대강 같지 아니하도다. … 우리의 소견으로 말할진대 이 협상이 양국의 시비를 막은 것도 아니오 물린 것도 아니오 시비를 준비하는 시작이라 하노라."

이승만은 긴박했던 미일관계가 루트-다카히라 협정으로 안정된 듯이 보이지만 동아시아와 태평양에서 서로 이해관계를 달리하는 두 나라는 끝내 충돌할 수밖에 없다고 본 것입니다. 이러한 정세 판단은 이승만 개인에만 그쳤던 것이 아닙니다. 당시 서방측 언론들도 그러한 예상을 내놓습니다. 러일전쟁 후 일본의 힘에 일방적으로 눌리고 있던 한국의 지배층과 지식인들은 그와 같은 외신 보도에 비상한 관심을 기울입니다.

그 후에도 미일관계는 몇 차례 고비가 있었지만 협상을 통하여 출구를 찾습니다. 1930년대 초 일본이 만주를 침공하여 '만주국'을 세웠을 때, 미국은 이 국가의 실체를 인정하지 않는다는 불승인 정책을 취합니다. 1937년 7월에는 중일전쟁이 발발합니다. 이승만은 이때 미국이 일본의 침략 행위에 대하여 적극적으로 대응해 주기를 바랐습니다. 그런데 미국 정부나 국민의 반응은 여전히 신중했습니다. 그들은 아시아에서의 전쟁에 미국이 직접 개입하기를 원치 않습니다. 태평양전쟁 발발 직전까지도 미국 내 여론은 그러합니다.

이승만은 1941년 여름 뉴욕에서 『일본내막기: 오늘의 도전』이라는 책을 출간합니다【그림 38】. 간결하게 정리된 이 책에서 주장하는 바는 세 가지로 요약할 수 있습니다. 첫째, 일본은 천황의 '신성divinity'에 기초한 군국주의 국가로서 아시아의 새로운 질서를 구축하는 것을 그들의 사명으로 알고 있다. 머지않아 일본은 그것을 세계의 새로운 질서로까지 확장하려고 한다. 둘째, 일본이 스스로 압박을 느끼기에 충분한 도의적, 경제적인 무기를 사용할 수 있는 국가는 미국밖에 없다. 셋째, 미국은 지금이라도 군사적인 것을 포함한 모든 역량을 기울여 일본을 억제해야 한다. 그것만이 일본과의 전쟁을 피하는 유일한 길이다.

이어서 말하기를, 목적 여하를 막론하고 모든 전쟁에 반대하는 미국의 반전론자들은 '제5열'과 같이 위험하고 파괴적인 분자들이다. 이들의 주장을 따르면 일본과 러시아, 독일, 이탈리아가 서반구를 제외한 세계의 모든 지역을 지배하게 된다. 이렇게 되면 미국은 전체주의의 바다 가운데 단 하나의 섬으로 남게 될 것이다.

『대지The Good Earth』1931라는 소설로 유명해진 펄 벅Pearl S. Buck은 『일본내막기』에 대하여 이렇게 평합니다. "이 책은 미국인을 위하여 쓰여졌다. 미국 사람들이 읽지 않으면 안 된다. 지금이야말로 이 책을 읽어야 할 때다. 거듭 말하지만 이 책이 진실하다는 데서 나는 오히려 두려움을 느끼다."

이러한 호평에 힘입어 『일본내막기』는 출간된 지 3개월 만에 재판에 들어갑니다. 이승만은 이 책의 초간본을 프랭클린 D. 루스벨트 대통령에게 증정하면서 편지를 같이 보냅니다1941년 8월 1일자. "이 책은 일본의 실체가 어떠한 것인지, 그들이 지향하는 바가 무엇인지를 미국 국민에게 있는 그대로 알리고자 하는 진지한 소망을 가지고 집필되었습니다." 이승만은 루스벨트 대통령의 부인과 국무장관, 육군장관에게도 자신의 책을 보냅니다.

1941년 12월 7일, 일본은 하와이의 진주만을 공격합니다. 이승만은 이틀 후 미 국무부의 정치담당 고문인 혼벡Stanley K. Hornbeck에게 편지를 보냅니다. "마침내 피할 수 없는 충돌이 발생했다. 한국인은 미국의 대의에 도움을 줄 모든 기회를 모색하고 있다." 그토록 오랫동안 기다려 왔으니 '마침내At last'라는 표현이 절로 나옵니다.

한편, 중일전쟁 발발 후 국민당 정부의 임시수도인 충칭重慶에 자리를 잡은 대한민국 임시정부는 이승만을 주미외교위원장으로 임명하고 그에게 대미교섭의 전권을 위임합니다. 이승만에게 부여된 과제는 임시정부에 대한 국제적 승인 획득과 광복군에 대한 군사적 원조 확보입니다. 이때 미국은 무기대여법Lend-Lease Act에 의하여 연합국에게 막대한 군수물자를 지원하고 있었습니다. 그러면서 대공황에서 벗어나지요. 이승만은 미국의 정계, 언론계, 학계 및 종교계 인사들로 구성된 한미협회The Korean-American Council와 기독교인친한회The Christian Friends of Korea와 같은 단체들의 지원을 받으며 미 국무부와 군부 및 정보기관과 접촉합니다. 그렇지만 소기의 성과를 거두지는 못합니다.

　미국은 태평양전쟁 시기 대한민국 임시정부에 대한 불승인 정책으로 일관합니다. 국무부에서는 이때 두 가지 이유를 제시합니다. 첫째로 미국은 추축국의 점령 또는 지배를 받는 나라들의 망명정부를 인정하지 않는다. 그 나라가 해방된 후 지역 주민이 어떤 정부를 선택할지 알 수 없기 때문이다. 둘째로 대한민국임시정부는 한국을 대표하는 정부가 아니라 경쟁적인 '한인 그룹들Korean groups' 가운데 하나일 뿐이다. 중국 국민당 관할 지구와 미국 내에도 임시정부를 반대하는 단체들이 존재한다. 소련 영내와 중국 공산당 지배 구역에는 독자적인 '한인 그룹'이 활동하고 있다.

　이러한 국무부의 주장은 그 나름의 사실적 근거를 갖고 있었지요. 따라서 그들의 주장이 전적으로 잘못되었다고 말할 수 없습니다. 하지만 미국이 대한민국 임시정부를 승인하지 않은 근본적인 이유는 다른 데 있었습니다. 그들은 전후 한국문제 해결에 있어서 연합국 열강 사이의 사전 협의가 필수적이라고 생각합니다. 그런데 문제는 한국의 독립과 임시정부 승인 문제를 바라보는 열강의 태도가 서로 달랐다는 점입니다. 중국 국민당은 그들의 영향력 아래 있는 대한민국 임시정부의 승인에 대하여 호의적이었던 반면, 소련은 한국의 임시정부가 한국민의 보수적인 입장을 대변하는 동시에 친중·친미적인 성향을 지닌 것으로 판단합니다. 영국은 그들이 보유한 아시아 식민지에 미칠 파장을 고려하여 한국의 독립에 대하여 시종 부정적인 태도를 취합니다.

　미국은 한국문제로 인하여 연합국 열강, 특히 중국과 소련 사이에 갈등이 드러나면 대일 연합전선에 균열이 생기고 전후 동북아시아의 안전

보장에도 부정적인 영향이 미칠 것을 우려합니다. 따라서 일본의 패전 후 상당 기간 한국의 독립을 유보하는 신탁통치안을 가지고 연합국 간 합의에 이르려고 합니다. 이렇게 되면 일단 한국의 독립과 임시정부 승인이라는 골치 아픈 문제에서 벗어날 수 있었지요. 아울러 중국과 소련의 한반도로의 팽창 기도를 사전에 견제함으로서 동북아시아에서 양국 간 세력균형을 유지하는 가운데 미국의 우월적인 지위를 보장받을 수 있다는 계산을 합니다.

연합국 열강 간 한국문제를 놓고 어떤 협상이 진행되고 있는지를 알 수 없었던 이승만은 초조해집니다. 이런 가운데 카이로선언이 발표되자 이승만은 한국의 독립에 '청신호green light'가 커졌다고 봅니다. 대한민국 임시정부도 즉각적인 환영 의사를 밝힙니다. 그런데 며칠 후 미국 내 언론들에서 카이로선언의 단서 조항인 '적절한 시기'라는 것이 위임통치 또는 신탁통치를 의미한다는 해석이 나옵니다. 임시정부의 주석 김구는 만약 그런 일이 생긴다면 우리는 '제2의 독립운동'을 벌이겠다는 단호한 입장을 취합니다.

1945년 4월 25일, 샌프란시스코에서는 전후 세계평화와 안전보장을 논의하기 위한 연합국 회의가 개최됩니다. 이 회의에는 50개국이 참석합니다. 제2차 대전기 연합국에 속한 나라들은 모두 포함됩니다. 태평양전쟁 발발 직후 대일 선전 포고를 했던 한국은 그 명단에서 빠집니다. 옵서버 자격으로의 참석조차 거부당합니다. 이승만은 분노합니다. 그는 한국문제를 두고 연합국 열강 간 비밀협상이 있었다고 확신합니다. 이리하여 나온 것이 얄타밀약설입니다. 그 요지인즉 1945년 2월의 얄타회담에서 미국·영국·소련 3국 정상이 "전후 한반도를 소련의 세력범위 하에 두기로 했다"는 것입니다.

이승만이 이런 얄타밀약설을 제기한 배경에는 그의 뿌리 깊은 반소·반공의식과 루스벨트 대통령의 대소 '유화'정책에 대한 우려가 작용하고 있었습니다. 이승만은 지금은 소련이 연합국의 일원이지만 이번 전쟁이 끝나면 세계 '민주주의의 수호국'인 미국이 '전체주의 국가'인 소련과 충돌할 수밖에 없다고 봅니다. 그는 앞서 소개한 『일본내막기』에서 소련이 독일이나 일본과 같이 '현대의 문명한 야만인들'로서 자신들이 정복한 나라와 국민을 포로와 노예로 만든다고 비난한 바 있습니다.

이승만은 루스벨트 대통령에게 편지를 보내 미국은 전후 동아시아에서 소련의 팽창을 막기 위하여 한반도를 '반공의 보루'로 삼아야 한다고 강조합니다. 이른바 반공보루설이지요. 루스벨트는 이러한 편지에 대하여 아무런 반응도 보이지 않았습니다.

이에 실망한 이승만은 미국의 신문왕으로 알려진 허스트William R. Hearst에게 편지를 보내 이렇게 말합니다. "국제적 노예무역얄타밀약설의 비밀 문건이 폭로된 이상 귀하와 같은 여론의 대지도자들이 그것을 국민에게 알려주어야 한다." 그러면서 "만일 미국 국민이 이러한 일을 저지시키지 못한다면 15년 이내에 제3차 세계전쟁을 치르게 될 것"이라고 경고합니다. 평소 반소·반공적 논조를 펴던 허스트 계열의 신문들은 일제히 이승만의 얄타밀약설을 기사화합니다【그림 39】.

연합국이 대거 참석한 샌프란시스코회의 중간에 이러한 밀약설이 터지자 미국 정부는 당황합니다. 국무장관 대리 그루 Joseph. C. Grew는 이례적으로 성명을 발표합니다. "얄타회담에서는 전후 한국의 독립을 약속한 카이로선언에 위배되는 어떠한 비밀협정도 체결한 바 없다." 그러면서 "한국의 임시정부는 한반도 내에서 통치권을 행사한 적이 없고, 따라서 한국민을 대표하는 정부로 인정할 수 없다"는 입장을 내놓습니다. 나중에 공개된 얄타협정의 기록을 보면 그루의 성명에서 밝힌 대로 한국에 대한 밀약은 따로 없었습니다.

태평양전쟁의 종결을 앞두고 미 국무부는 이승만을 사실상 기피 인물로 대합니다. 그의 노골적인 반소·반공적인 태도가 전후 세계질서의 재편을 놓고 소련과 협상을 해야 하는 미국의 입장을 난처하게 만들었기 때문입니다. 얄타밀약설을 계기로 이승만과 미국 정부와의 관계는 틀어졌지만 이승만이 나름대로 얻은 성과도 있었습니다. 미국 내의 보수적인 세력을 그의 우군으로 확보한 것이지요. 그들 가운데는 태평양방면 육군총사령관 맥아더도 들어가 있었지요. 해방 후 이승만의 조기 귀국을 국무부가 거부했을 때 그 길을 터준 것도 맥아더입니다. 이승만은 환국 후 국내에서 자신의 정치적 입지를 강화하는 방편으로 맥아더와의 '친분'을 과시하게 됩니다.

4. 워싱턴의 한국, 한국의 워싱턴

지구의를 보면 미국의 수도 워싱턴은 서울의 반대편에 위치합니다. 직선거리로는 11,157km가 된다고 합니다. 20세기 초 한양에서 워싱턴 DC를 가려면 한 달 꼬박 걸립니다. 태평양을 건너는 데에만 2~3주 정도, 미주대륙을 횡단하는데 일주일 정도가 소요됩니다. 이처럼 머나먼 그 도시가 한국의 운명에 직접 관여하게 된 것은 언제부터일까요.

1882년에 조미수호통상조약이 체결된 후 미국 정부는 조선의 대내외 문제에 대하여 엄정 중립방침을 밝힙니다. 한반도를 둘러싼 주변 열강의 이해관계가 복잡하게 얽혀 있었기 때문이지요. 따라서 정치적, 외교적으로 그들과 거리를 두되 통상과 선교에 있어서는 미국의 이익을 최대한 챙기는 방향으로 나아갑니다. 청일전쟁이나 아관파천과 같은 사건이 발생했을 때 워싱턴은 서울의 공관을 통하여 자국민에게 조선문제에 어떤 형태로든 개입하지 말 것을 경고합니다.

20세기에 들어서면서 미국의 태도는 달라집니다. 미국을 태평양의 주인이자 세계의 중심으로 만들고자 한 시어도어 루스벨트 대통령재임기, 1901-1909 때문입니다. 그는 러일전쟁이 발발했을 때 영국과 더불어 일본 편을 듭니다. 러시아가 태평양으로 빠져나오는 것을 막고자 했던 것이죠. 서방으로부터 엄청난 외채까지 끌어당기며 총력전을 펼친 일본이 러시아와의 전쟁에서 승기를 잡자 루스벨트는 양국 간 중재에 나섭니다.

루스벨트는 일본이나 러시아 중 어느 한 편이 일방적으로 승리하는 것을 원하지 않습니다. 그렇게 되면 태평양을 통하여 아시아로 진출하려는 미국에게 불리하다는 판단 때문입니다.

1905년 7월 초 루스벨트는 대서양 연안의 군항 포츠머스에서 러일강화협상이 개최된다는 사실을 공표합니다. 그러자 세계의 이목이 이곳으로 쏠립니다. 이때 미 육군장관 윌리엄 태프트는 도쿄로 가서 수상 가쓰라 타로와 만나 필리핀의 안전보장을 확약받은 대가로 일본의 한국 보호국화를 인정하는 밀약을 체결합니다. 이른바 태프트-가쓰라 밀약인데, 이 보고를 받은 루스벨트는 곧바로 승인합니다. 그 후 미국은 한반도에서 가장 먼저 발을 뺍니다.

두 번째 주인공은 루스벨트와 태프트의 뒤를 이어 대통령에 취임한 우드로 윌슨재임기, 1913-1921입니다. 그는 제1차 세계대전기에 승리 없는 평화와 민족자결주의를 제창하여 식민지 약소민족들의 기대를 한 몸에 받지만 정작 한국에서 일어나 3·1운동에 대하여는 어떤 반응도 보이지 않습니다. 사실 그는 영국이나 프랑스·일본 등 승전국의 식민지 문제에는 아예 개입할 의사를 갖고 있지 않았습니다. 미 국무부는 이때 한국문제는 일본의 내정문제일 뿐이라는 입장을 밝힙니다.

세 번째의 주인공은 미국 역사상 유일한 4선 대통령인 프랭클린 D. 루스벨트재임기, 1933-1945입니다. 그에게는 뉴욕 월가에서 촉발된 대공황을 극복하고 제2차 세계대전을 승리로 이끌어야 하는 힘겨운 과제가 주어집니다. 그가 한국문제에 관심을 갖게 된 것은 순전히 태평양에서 벌어진 일본과의 전쟁 때문입니다. 이제 식민지 약소민족의 문제를 외면할 수 없는 상황에서 루스벨트가 제시한 해법은 신탁통치입니다. 식민지 주민들의 자치능력을 향상시켜 그들이 스스로 통치할 수 있을 때까지는 열강의 보호와 지도를 받아야 한다는 것이었지요. 한국이 가장 먼저 그 대상에 포함됩니다.

한편 루스벨트는 대일전쟁을 한시라도 빨리 끝내야 한다는 압박감 때문에 지친 몸을 이끌고 흑해 연안의 휴양도시 얄타를 찾아갑니다. 그리고는 스탈린으로부터 독일과의 전쟁이 끝난 후 3개월 안에 대일전쟁에 참전하겠다는 약속을 받아냅니다. 이때가 1945년 2월 중순인데, 이로부터 두 달이 지나 루스벨트는 세상을 떠납니다.

이승만이 앞서 본 얄타밀약설을 제기한 배경에는 개인적인 체험에서 비롯된 미국에 대한 배신감이 자리 잡고 있었습니다. 그는 러일강화협상을 앞둔 시점에 시어도어 루스벨트 대통령을 찾아가서 한국의 독립 보전을 요청한 바 있습니다. 이때 루스벨트는 도쿄로부터 보고받은 태프트-가쓰라 밀약을 이미 승인해놓고도 이승만에게 호의적인 제스처를 취합니다. 그러니까 일본과의 막후 흥정을 가리기 위한 일종의 보호막으로 동방에서 온 '무명의 청년' 이승만을 만나 언론의 관심을 끌었던 것이지요.

그 후 이승만은 프린스턴대학에서 박사학위를 받는데 이때 그에게 학위를 수여한 사람이 우드로 윌슨입니다. 이승만은 당시 총장인 윌슨 및 그의 가족과 개인적으로 알고 지냅니다. 이승만이 대학을 마치는 것과 동시에 윌슨은 정치인으로 변신하여 대통령직에 오릅니다. 파리강화회의를 앞두고 이승만은 대한인국민회의 대표 자격으로 백악관에 편지를 보내 윌슨과의 면담을 요청합니다. 그런데 아무런 답신도 받지 못합니다. 파리로 가기 위한 비자 발급 요청도 거부됩니다. 이승만이 파리에 와서 미국에 좋을 게 없다는 국무부의 판단에 따른 것이었지요.

그 후 20여 년의 세월이 흘러 태평양전쟁이 일어납니다. 이승만은 3·1운동 이후부터 미국에 끈질기게 요청해 왔던 한국의 독립과 임시정부 승인 문제를 이제는 매듭지을 수 있으리라는 희망을 갖게 됩니다. 그야말로 고무적인 상황이었지요. 그런데 정작 미국 대통령과 국무부의 태도는 달라진 것이 없었습니다. 그들은 대한민국 임시정부가 한국과 한국민을 대표하는 것이 아니라 국외에서 경쟁하는 여러 '한인 그룹들' 중 하나에 지나지 않는다는 입장을 밝힙니다.

이승만은 충격과 분노에 빠집니다. 그리고 곰곰이 생각해봅니다. 미국이 도대체 왜 이럴까. 그는 불현듯이 30년 전의 태프트-가쓰라 밀약을 떠올립니다. 그때 미국은 일본을 달래기 위하여 한국을 희생양으로 삼았는데, 이번에는 소련을 대일전쟁에 끌어들이기 위하여 한국을 제물로 삼고 있다는 결론에 도달합니다.

태평양전쟁의 종결을 앞둔 시점에 이승만은 시라큐스대학의 교수 올리버Robert T. Oliver에게 편지를 보내 이렇게 말합니다1945년 4월 4일자. "요셉의 형들이 요셉을 애굽에 팔아넘겼던 것처럼 미국은 세계평화를 위한다는 명목으로 어떤 심술궂은 힘센 나라[일본]를 달래기 위하여 한국을 팔았고 그때마다 미국 또한 그들의 권리를 침해받았다. 그 결과 태평양전쟁이 일어났다. 이후 우리는 미국에게 한국의 임시정부를 바로 승인해 줄 것을 요청했다. 늦어지면 한반도가 공산화될 것이기 때문이다. 그것은 미국에게도 손해이다. 최근에 시베리아의 한인 공산주의자들은 하나의 위원회를 조직했으며 중국 내 한인 공산주의자들도 새로운 당을 출범시키려고 한다. 이제 미국은 한국을 소련에게 팔아넘기고 있다."

이 편지에서 우리가 주목할 점은 일본이나 소련에 대한 미국의 양보가 한국을 일방적으로 희생시킬 뿐만 아니라 미국의 국익에도 결과적으로 나쁜 영향을 초래했다고 보는 것입니다. 따라서 한국을 독립시켜 완충지대로 만들 때에만 일본이나 소련과 같은 힘센 나라들의 팽창을 막을 수 있다고 말합니다. 이처럼 한국의 독립 회복은 아시아·태평양지역에서 미국의 패권 확보에도 도움이 되니 서로 좋다는 것이지요. 이승만은 한국과 미국의 이해관계를 일치시킴으로써 미국 정부와 국민을 설득하려고 합니다. 특히 일본과 달리 소련은 공산주의 국가이니 세계 자본주의 체제의 수호를 위해서도 미국은 한국의 민족주의자들과 그들을 대표하는 대한민국 임시정부를 승인하고 적극 지원해야 한다고 역설합니다.

그런데 미국 정부, 특히 루스벨트 대통령의 생각은 이승만과 달랐습니다. 대공황을 수습하면서 정부 주도의 뉴딜정책을 폈던 루스벨트는 경제를 오로지 시장의 자율적인 기능에만 맡겨두는 자유주의적 자본주의의 한계를 깨닫습니다. 그는 당시 스탈린이 야심적으로 추진하고 있던 소련의 제1·2차 계획경제1928-36의 진척 상황을 눈여겨봅니다. 히틀러의 전격적인 소련 침공 후 스탈린이 초기의 열세를 극복하고 반격에 나섰던 것도 루스벨트에게 매우 인상적이었지요. 유럽전선에서 소련의 역할을 인정하지 않을 수 없었던 루스벨트와 처칠은 전후 세계질서 재편에 대한 논의에 스탈린을 끌어들입니다. 이것이 소련의 대일참전으로 연결됩니다.

1945년 8월 15일, 일본은 항복을 선언합니다. 이승만은 이때 감격에 앞서 한국의 미래에 대한 불안감을 가집니다. 그해 8월 8일 일본에 대하여 선전 포고한 소련은 만주와 한반도 북부로 즉각 군대를 투입합니다. 이승만이 가장 두려워하던 사태가 현실로 나타난 것이지요. 미국은 일단 38선 분할을 통하여 소련군이 한반도 전역을 점령하는 사태를 막습니다. 그리고 한반도에서 가장 가까이 있던 오키나와 주둔군제24군단을 서울로 급히 들여보냅니다.

태평양전쟁 시기에 한반도의 상황이 이렇게 전개될 것을 예견한 사람은 아무도 없었습니다. 미국 군부는 대일전쟁이 빨라도 1945년 말에야 끝날 것으로 예상합니다. 이것을 앞당긴 것이 미국의 핵무기 개발과 소련의 참전입니다. 일본과 조선총독부는 말할 것도 없고 한국인들도 혼란에 빠집니다.

이승만의 고민은 더욱 깊어집니다. 한국으로 돌아가야 하는데 미국 정부로부터 얻은 것은 아무 것도 없었으니 말입니다. 얄타밀약설로 감정이 상한 국무부는 이승만의 조기 귀국에 대하여 부정적인 입장을 취합니다. 동아시아 정세와 한반도의 상황이 불투명할수록 미국 정부는 소련과의 대화와 협력이 필요하다고 생각합니다. 그 반대의 상황은 곧 소련과의 대결뿐입니다. 이제 간신히 전쟁이 끝났으니 어떡하든 세계정세를 안정시키는 것이 최우선 과제였지요. 미국 정부는 반소·반공적인 발언을 서슴치 않던 이승만을 한국으로 들여보내는데 상당한 부담감을 느낍니다.

우여곡절 끝에 이승만은 귀국 길에 오릅니다. 1945년 10월 4일 오후 워싱턴을 출발한 후 샌프란시스코와 하와이를 거쳐 일본 도쿄에 들렀다가 김포 비행장에 도착합니다. 이때가 10월 16일 오후 5시, 33년 만의 귀환이었습니다.

조선왕조대한제국의 기억만을 갖고 있던 이승만이 식민지 시대에 변화된 조선과 조선인의 모습을 보고 어떤 생각을 했을까요. 신국가 수립에 있어서 이 문제는 대단히 중요합니다. 일본의 식민통치하에서 변화된 조선의 현실을 모르고서는 신국가 수립의 비전이나 방향을 제시할 수가 없었지요. 이승만이 미국을 떠날 때 자신의 포부나 정견을 발표하지 않았던 것도 그 때문입니다. 그의 귀국 일성은 이렇습니다. "무조건 뭉치자!"

한국을 떠날 때 30대 중반의 선각적 지식인이었던 이승만은 이제 70대에 접어든 보수 정치인으로 바뀝니다. 혼란스러운 해방 정국에서 이승만은 우익 진영의 최고 지도자로 부상합니다. 미국에 대한 한국민의 일방적인 기대와 남한 내 지주·자본가층을 대변하는 한국민주당의 전폭적인 지원 때문이었지요. 기독교인과 북한에서 내려온 피난민들도 이승만을 열렬히 지지합니다. 일본의 패전 후 정치적인 보호막이 필요했던 식민지 관료와 경찰 출신은 좌익과 급진적인 세력을 일반 대중과 격리시키는데 앞장섭니다. 기회주의자였던 그들은 미군 통치하에서도 대부분 자리를 보전합니다.

해방공간에서 이승만을 곤혹스럽게 만든 것은 남한을 통치하는 미군정의 책임자 하지John Reed Hodge였습니다. 태평양전쟁기 '군인 중의 군인'으로 평가받았던 하지는 한국이라는 나라와 군정 실시에 대한 사전 지식과 준비가 없었습니다. 그는 원래 한국이 아니라 일본으로 향하고 있었습니다. 그런데 소련의 참전 후 한반도 상황이 급변하자 서울로 오게 되었지요. 어떤 준비도 되어 있지 않았던 하지는 워싱턴에서 내려오는 훈령에 충실히 따를 수밖에 없었습니다. 루스벨트의 뒤를 이은 트루먼 행정부는 전임자와 마찬가지로 소련과의 협상에 의하여 한국문제를 해결한다는 원칙을 최대한 지키려고 합니다.

1945년 12월 하순 모스크바에서 열린 미국과 영국, 소련 세 나라 외무장관 회담에서는 '임시적인 조선 민주주의 정부' 수립과 미소공동위원회 구성, 그리고 최고 5년 한도 내의 신탁통치 실시에 합의를 봅니다. 그 협정문이 발표되자 『동아일보』와 『조선일보』와 같은 국내의 보수 언론은 오직 신탁통치 조항만 부각시킵니다. 이리하여 소위 반탁 대 찬탁 논쟁이 가열되면서 우익과 좌익 간 갈등과 대립이 격화됩니다. 아이러니한 것은 우익 진영의 반탁운동이 반소·반공의 논리로 연결되었다는 점입니다. 앞서 보았듯이 한국문제의 해결책으로서 신탁통치안을 꺼내고 그것을 연합국 열강의 합의로까지 끌고 갔던 것은 미국이었는데 말입니다.

하지는 모스크바 3상회의에서 나온 합의를 이행하기 위하여 서울에서 미소공동위원회를 개최하는 한편, 남한 내의 중도 세력을 키워 좌우합작을 성사시킴으로써 소련과의 협상에서 지렛대로 활용하려고 합니다. 이승만은 좌우합작의 성사로 자신이 권력투쟁의 대열에서 탈락할지도 모른다는 불안감에 빠집니다. 한동안 사태를 관망하던 이승만은 미소공동위원회가 결렬될 조짐을 보이자 북한의 소비에트화에 맞서 남한에도 과도적인 정부 수립이 필요하다는 여론을 일으킵니다. 이른바 남한 단독정부론입니다.

이승만은 그러한 자신의 주장을 관철시키기 위하여 '방미외교'에 나섭니다. 하지가 워싱턴의 지시만 따르니 그를 상대하기보다는 워싱턴을 직접 움직이는 것이 더 낫다는 판단에 따른 것이었지요. 그렇다면 이승만은 과연 워싱턴을 움직일 수 있었을까요? 이 물음에 대답은 "아니요" 입니다.

1946년 12월 4일 서울을 떠난 이승만은 워싱턴에 4개월 가까이 체류하면서 언론을 상대로 적극적인 선전 활동을 벌이는 한편 미국 정부와의 접촉을 시도합니다. 그러나 백악관은 물론이고 국무부도 이승만의 면담 요청에 응하지 않았고 그가 보낸 편지에 대하여도 아무런 반응을 보이지 않습니다. 그냥 무시한 것이지요. 섣부르게 대응하면 이승만의 선전 책략에 이용될 수 있다는 우려도 작용합니다. 이승만에 대한 불신이 그만큼 깊었습니다.

그런데 놀라운 반전이 일어납니다. 1947년 3월 12일, 미 의회 석상에서 세계 냉전의 개시를 알리는 트루먼 독트린Truman Doctrine이 나옵니다. 이 선언이 나오게 된 직접적인 계기는 그리스와 터키의 공산화에 대한 우려 때문입니다. 어떻든 이승만이 그동안 줄곧 주장해 온 대소 강경노선이 미국 정부 차원에서 공식화된 것이지요. 이에 고무된 이승만은 트루먼에게 편지를 보냅니다. "당신은 자유를 사랑하는 전 세계의 모든 사람들에게 새로운 희망을 안겨주었습니다."

이승만은 스스로 워싱턴을 움직일 힘이 없었지만 그곳에서 발신된 냉전의 신호탄을 자신에게 유리하게 활용할 수 있는 정치적 능력을 갖고 있었습니다. 그는 서울운동장에서 열린 귀국환영대회에서 이렇게 말합니다. "남한에 있어서 총선거가 지연되고 미군정이 실패한 것은 하지 중장이 공산파와의 합작을 고집하였던 때문이다. 나는 좌우합작의 성공을 믿지 않았다. 그러나 현재는 미국 정책이 공산주의와의 합작을 단념하였기에 캄캄하던 우리의 길이 열렸다."

트루먼 행정부는 1947년 7월 하순 한국문제를 국제연합UN에 이양하기로 결정합니다. 이는 미국이 참여한 모스크바 3상회의의 결정을 스스로 뒤집고 한국문제를 유엔에 떠넘기는 것이었지요. 미국은 어떡하든 빨리 골치 아픈 한국문제에서 빠져나가려고 합니다. 이제 남한에서 미국의 빈자리를 메꿔줄 지도자와 반공세력을 찾아야 합니다. 남한의 정치적 상황은 이승만이 오랫동안 원하던 방향으로 나아갑니다.

1948년 5월 10일 남한에서 새로운 정부를 출범시키기 위한 총선거가 실시됩니다. 미국으로부터 한국문제를 넘겨받은 유엔의 결정에 따른 것이었지요. 소련의 거부로 북한 주민은 이 선거에 참여하지 못합니다. 남한에서도 선거 전면 보이콧을 내세운 좌익, 그리고 통일정부 수립을 희망하던 중도파와 김구를 중심으로 한 일단의 우파 세력이 선거 불참을 선언합니다.

이러한 한계에도 불구하고 5·10선거는 한국 근대사에서 가장 의미 있는 역사적 사건이었습니다. 그것은 진정한 의미에서 근대 국민국가의 출범을 알리는 의식이었지요. 남한 주민 2천만 명 중 785만 명이 선거인으로 등록하고, 그중 750만 명이 직접 그들의 대표를 뽑는 권리를 행사합니다. 일정 연령 이상의 국민이면 누구나 선거에 참여할 수 있는 보통선거제도의 도입은 20세기에 들어와서의 일입니다. 이를테면 미국이

1920년, 영국이 1928년, 프랑스가 1944년에 각각 보통선거를 실시합니다. 일본은 전후에야 이 제도를 도입하지요.

우리 또한 일본으로부터 해방이 되었기에 5·10선거를 치를 수 있었습니다. 이제는 대한제국의 '신민'도 아니요, 대일본제국의 '황국신민'도 아닌, 오직 대한민국의 '국민'으로서 투표권을 행사할 수 있게 된 것이지요. 해방이 갖는 역사적 의의가 여기에 있었습니다.

5·10선거에서는 총 198명의 국회의원을 뽑습니다. 이들로 구성된 제헌국회에서 만든 「대한민국 헌법」은 다음과 같이 시작됩니다【그림40】.

제1조 대한민국은 민주공화국이다.
제2조 대한민국의 주권은 국민에게 있고 모든 권력은 국민으로부터 나온다.

주권재민의 원칙이 이보다 더 선명할 수는 없습니다. 그 배경에는 3·1운동에서 표출된 한국민의 독립에 대한 열망, 그리고 이 열망을 담아냈던 대한민국 임시정부의 「임시헌장」이 있었기에 가능했습니다. 「임시헌장」의 제1조도 "대한민국은 민주공화제로 함"이었습니다. '제국'에서 '민국'으로의 이행에 있어서 징검다리 역할을 했던 것이 대한민국 임시정부임을 여기서 다시금 확인할 수 있습니다.

그런데 제헌국회에서 헌법을 만들 때 마지막까지 진통을 겪었던 문제가 하나 있었습니다. 바로 정부 형태입니다. 이것은 내각책임제로 할 것인가 대통령제로 할 것인가 하는 선택의 문제였지요. 이것은 권력의 중심을 국회에 둘 것인가 행정부에 둘 것인가의 문제이기도 합니다. 헌법

기초위원회에서는 내각책임제로 의견을 모으는데, 국회의장인 이승만이 이에 강력하게 제동을 걸고 나섭니다. 신생 독립국의 경우 효율성과 안정을 위해 권력과 책임을 행정부에 집중시킬 필요가 있다는 것이 그 이유이자 명분이었습니다. 이 문제는 결국 대통령제를 채택함으로서 매듭지어집니다만, 그 과정에서 국회 내에 이승만의 독주를 견제할 인물이나 정당이 없었다는 사실이 드러납니다.

제헌국회에서는 이승만을 첫 대통령으로 선출합니다. 재석의원 196명 중 180표가 이승만에게 몰렸지요. 이승만이 이러한 득표를 올릴 수 있었던 데에는 이유가 있었습니다. 제헌국회의 구성원을 정파별로 살펴보면 해방공간에서 이승만을 시종 지지했던 대한독립촉성국민회와 한국민주당이 3분 2 이상의 의석을 차지하고 있었습니다. 5·10선거에 좌익은 물론 중도파와 김구 계열의 우파 진영이 선거에 불참한 결과가 이렇게 나타납니다.

이 시기의 정치사를 연구한 박찬표 교수는 대한민국은 그 성립에서부터 보수적인 패권 체제였다는 정의를 내립니다. 이를 일컬어 '48년 체제'라고 하지요. 제헌국회가 당시 국민의 다양한 목소리들, 이를테면 토지개혁이라든가 친일파 청산 등에 대한 요구를 제대로 담아내기에는 지나치게 한편으로 쏠려 있었다고 봅니다. 제헌국회에서는 민주공화제라든가 보통선거제 채택과 같은 제도적인 민주주의의 큰 틀을 마련했지만, 앞으로 과연 얼마만큼 내실 있는 민주국가를 만들어나갈 것인가 하는 숙제를 남겨놓습니다.

이제 1948년 8월 15일로 돌아가 볼까요. 이날 서울의 중앙청 광장에서는 대한민국 정부 수립 선포식이 열렸습니다. 그 주역은 세 사람이었습니다. 대통령 이승만, 일본 주둔 연합국 최고사령관이자 태평양방면 미육군 총사령관이었던 맥아더 원수, 그의 지휘하에 남한의 미군정을 이끌었던 하지 중장입니다. 이승만은 이날 행사에 맥아더를 초청하여 각별히 환대합니다【그림 41】.

역사적인 성전이라고까지 표현되던 그 날 행사의 하이라이트는 당연히 이승만의 기념사입니다. 그런데 신생 대한민국의 비전과 진로가 그 안에 담겨 있기를 기대한다면 다소 실망스러울 수 있습니다. '외국 귀빈 제씨'로부터 시작되는 연설은 맥아더에 대한 헌사에 꽤 긴 시간을 할애합니다. 그런 다음에 '건국' 기초의 요소로서 민주주의, 민권과 개인 자유, 사상의 자유 등에 대하여 언급합니다. 이날 이승만이 꼭 하고 싶었던 말은 나중에 나옵니다. "우리가 가장 필요를 느끼는 것은 경제적 원조입니다." 이 말은 미국이 전후 서유럽에 대하여 안보와 경제를 책임지는 것처럼 한국에 대하여도 그렇게 해달라는 의사 표시였습니다.

이날 국내외 언론이 주목했던 것은 맥아더가 내놓은 메시지입니다. 그는 웅변조로 이렇게 말합니다. "정의의 군대가 진격하던 그 순간, [우리의] 승리는 당대사의 가장 큰 비극 중 하나, 즉 당신의 영토를 둘로 나눈 인위적인 장벽에 의하여 빛이 바랬습니다." 38선에 의한 한반도 분할이 자신의 관할인 태평양전쟁에서의 최종 승리를 무색하게 만들었다는 것입니다. 달리 말하면 일본 열도뿐만 아니라 한반도까지 미국이 점령할 수 있었는데 소련이 그것을 막았다는 뜻으로도 읽힐 수 있었지요.

맥아더는 웅변조로 이렇게 선언합니다. "이 장벽38선은 반드시 무너져야 하며 그렇게 될 것입니다. 당신 민족이 궁극적인 통일을 이루어 자유로운 나라, 자유로운 국민이 되는 것을 가로막을 수 있는 것은 아무것도 없습니다." 그런데 이때 맥아더를 포함한 미 군부는 한반도에서의 철군을 준비하고 있었습니다.

5. 태평양 국가로 태어나다

신생 대한민국은 그 출발에서부터 대내외적인 위기에 직면합니다. 무엇보다도 한반도에서 체제와 이념을 달리하는 두 개의 국가가 출현하면서 양자 간 충돌이 불가피한 상황으로 나아갑니다. 미군정 책임자였던 하지는 대한민국 정부 수립이 선포되자마자 자신이 갖고 있던 행정권을 이승만에게 넘겨주고 미국으로 돌아갑니다. 이때 하와이에 잠시 들렀던 하지는 현지 신문과의 인터뷰에서 한반도에서 '내전civil war'이 불가피하다고 말하지요. 이로부터 1년 10개월이 지난 시점에 한국전쟁이 발발하고 한민족 전체가 혹독한 시련을 겪습니다.

과연 그 전쟁은 피할 수 없었던 것일까요. 지난 세기말 소련 체제가 붕괴하면서 스탈린 시대의 비밀문서들이 공개되기 시작합니다. 이 문서들을 분석한 연구들에 따르면, 한국전쟁은 북한의 김일성이 먼저 제안하고 스탈린이 이 제안을 수락하며 마오쩌둥이 그것에 동의했던 것으로 나타납니다. 그렇다면 그들이 그러한 합의에 도달할 수 있었던 것은 무엇 때문일까요. 바꾸어 말하면 그들이 자신들이 일으킬 전쟁에서 충분히 이길 수 있다는 계산이 어떻게 나온 것일까 하는 문제입니다. 이에 대한 대답으로는 남·북한의 현격한 전력 차이, 북한의 배후를 받쳐줄 중국 공산당의 대륙 석권, 소련의 핵실험 성공 등이 제시될 수 있습니다.

그런데 전쟁이란 상대가 있는 법입니다. 대한민국 정부가 수립된 후 남한에 주둔하고 있던 미군이 철수하지 않았다면, 그리고 한반도를 미국의 태평양방어선에서 제외시킨 애치슨라인Acheson line이 발표되지 않았다면 어떻게 되었을까요. 남한만을 상대로 하는 것이 아니라 미국까지도 그들이 대적해야 한다고 생각했다면 과연 그들이 한국전쟁을 일으킬 수 있었을까요.

1947년 9월 소련은 한반도에서 미·소 양군의 공동철수를 제의합니다. 그리고 북한 정권이 수립되자 소련은 곧바로 철군하지요. 한때 7만 명에 달했던 남한 주둔 미군 또한 이승만 정부가 들어선 직후부터 철수를 시작하여 이듬해 6월에 끝냅니다. 서울 주재 미 대사관의 문정관으로 부임하여 그 현장을 지켜보았던 그레고리 헨더슨Gregory Henderson, 1922-1988은 나중에 『소용돌이의 한국 정치Korea:The Politics of the Vortex』라는 책을 펴냅니다. 해방 이후의 격동기 남한에서의 체험을 바탕으로 저술된 이 책에서 헨더슨은 미군 철수에 대하여 신랄하게 비판합니다. 그의 이야기를 한번 들어볼까요.

아무튼 [철군] 결정은 이미 내려졌다. 그것은 제2차 세계대전 후 내려진 미국의 정책 결정 가운데서 최악의, 가장 불명확한, 그리고 뒷날 가장 큰 논쟁을 불러일으킨 것 중의 하나였다. 미군 철수가 시작되었다. 그러나 '품위 있는' 철수가 아니었다. 필요한 원조도, 방위체계도 없었으며, 미국이 입안했던 한반도 정책은 탄생할 때부터 다리 없는 괴물이었다. 이 돌이킬 수 없는 엄청난 판단 착오는 아시아에서 그 후 몇 번이나 있었던 실수의 전조이며, 그것은 유럽에서 성공의 선구가 된 마셜계획의 실시와 거의 때를 같이하고 있었다.

제2차 세계대전을 치를 때부터 미국은 모든 면에서 태평양전선보다 유럽전선을 우선시합니다. 전후에도 마셜계획Marshall plan을 세워 서유럽에 대대적인 원조를 제공함으로써 유럽 부흥의 발판을 마련하지요. 아시아에서 이에 준하는 혜택을 받은 것은 맥아더의 통치를 받던 일본뿐입니다. 남한에의 원조 계획은 그리스와 터키에서 비상사태가 발생하자 없던 일이 되기도 합니다.

헨더슨의 주장대로 미국이 서둘러 철수하는 데에만 신경 쓸 것이 아니라 남한에 필요한 원조를 하고 방위체계를 세우도록 했다면 상황이 달라지지 않았을까요. 해방 후 미국은 한반도에 한쪽 발을 들여놓습니다. 그런데 미국 정부와 군부 내에서 이 지역의 전략적 가치에 대한 뚜렷한 합의는 존재하지 않았습니다. 그저 소련과의 협상에 의하여 한반도 문제를 해결한다는 원칙만 세워놓았을 뿐이지요. 이때 미국은 한국민의 자주적인 독립 열망과 의지를 제대로 읽지 못합니다. 따라서 신탁통치 실시 방침을 내놓았다가 이것이 한국민의 저항에 부딪치자 한국문제를 유엔으로 이관하고 자신들은 발을 빼기로 했던 것입니다. 헨더슨의 말대로 이것은 '돌이킬 수 없는 엄청난 판단 착오'로서 한국전쟁을 초래하는 하나의 요인이 됩니다.

한편, 해방공간에서 분출된 이념적 갈등과 사회적 혼란을 수습하고 국론을 하나로 모아야 했던 이승만 정권은 제대로 된 자위 태세도 갖추지 못한 채 '북진통일'만을 외치다가 북한의 기습공격을 받게 됩니다. 이제 정권의 위기 차원을 넘어 국가의 존립이 위태로워집니다. 이승만은 워싱턴의 트루먼에게 긴급 지원을 요청합니다. 미국은 곧바로 자국 군대를 투입합니다. 유엔군의 깃발을 내걸고 다시 한반도에 발을 들여놓은 것이지요.

미국의 참전으로 한국전쟁은 내전에서 국제전으로 확대됩니다. 여기에 중국의 '인민지원군'이 끼어들자 핵전쟁의 위험으로까지 치닫습니다. 이것은 곧 3차 세계대전이라는 재앙을 불러오겠기에 미·소 양국과 중국 및 북한은 휴전협정에 동의합니다. 한반도는 폐허가 된 채 전쟁 이전의 대치 상황으로 돌아갑니다.

이승만은 38선 상의 휴전을 반대하고 압록강까지의 진격을 부르짖습니다. 다시 한번 북진통일이라는 카드를 꺼낸 것이지요. 그는 이때 소련이나 중국 또는 북한이 아니라 미국을 상대로 협상을 벌입니다. 여기에서 유리한 위치를 점하기 위하여 이승만은 국민을 동원하여 휴전 반대 궐기대회를 개최하는가 하면 소위 반공포로들을 기습적으로 석방하기도 합니다. 그야말로 '벼랑 끝 외교' 전술을 펼칩니다. 이승만의 변덕스러운, 때론 무모해 보이는 그의 돌출 발언과 행동들은 한국전쟁의 종결을 공약으로 내걸어 대통령에 당선된 드와이트 D. 아이젠하워를 곤혹스럽게 만듭니다.

이리하여 얻어낸 것이 한미상호방위조약입니다. 역사적인 이 조약은 1953년 10월 1일 두 나라 사이에 조인되고 1954년 11월 18일에 공식 발효됩니다. 이 조약은 전문preamble과 6개 조항으로 이루어집니다【그림 43】. 그 중 전문만을 소개하면 다음과 같습니다.

본 조약의 당사국은, 모든 국민과 모든 정부가 평화적으로 생활하고자 하는 희망을 재확인하며, 또한 태평양 지역에 있어서의 평화기구를 공고히 할 것을 희망하고, 당사국 중 어느 일국이 태평양 지역에서 고립되어 있다는 환상을 어떤 잠재적 침략자도 갖지 않도록 외부로부터의 무력공격에 대하여 자신을 방위하고자 하는 공통의 결의를 공공연히 또한 정식으로 선언할 것을 희망하고, 또한 태평양 지역에 있어서 더욱 포괄적이고 효과적인 지역적 안전보장 조직이 발달할 때까지 평화와 안전을 유지하고자 집단적 방위를 위한 노력을 공고히 할 것을 희망한다.

요컨대 태평양의 평화와 안전 그리고 지역 안보를 위하여 한국과 미국은 서로를 지켜준다는 것입니다. 특히 그 전문에서 눈길을 끄는 것은 "당사국 중 어느 일국이 태평양 지역에서 고립되어 있다는 환상illusion을 어떤 잠재적 침략자도 갖지 않도록" 한다는 글귀입니다. 이것이 뜻하는 바는 북한이나 소련 또는 중국으로 하여금 한국전쟁을 일으킬 때와 같은 잘못된 정세 판단을 하지 않도록 하겠다는 것입니다.

이리하여 한국은 미국의 태평양 방위선 안에 들어갑니다. 한미동맹이 성립된 것이지요. 이 동맹을 미국에의 '예속'으로 보는 비판적인 시각이 있습니다. 미군의 일방적인 남한 주둔을 허용하고 국군에 대한 작전권을 미군에게 넘겼다는 점에서 우리 주권에 제약을 가한 것은 사실입니다. 그런데 당시 미국은 세계 유일의 초강대국이었습니다. 제2차 대전기에 인적·물적 피해가 막대했던 소련이나 중국과 달리 미국 본토는 전쟁의 참화를 입지 않았습니다. 전후 미국은 세계 총생산의 절반을 차지할 정도로 경제적인 번영과 정치적인 안정 그리고 막강한 군사력을 보유합니다.

따라서 대서양 건너편의 서유럽과 아시아·태평양지역의 일본, 필리핀, 오스트레일리아, 뉴질랜드가 미국의 안보 공약과 더불어 경제적인 원조를 받게 됩니다. 한국이 여기에 추가된 것이지요. 이들 나라가 모두 미국과 대등한 관계를 맺었던 것은 아닙니다. 이른바 공산진영 대 자유진영이라는 대결 구도 속에서 자국의 안보와 전후 복구가 무엇보다도 우선시되던 상황이었지요. 한국전쟁을 치른 남한의 입장에서는 더더욱 미국과의 동맹이 절실했습니다.

한미동맹을 끌어내는 과정에서 이승만은 아이젠하워가 서울에 보낸 특사Walter S. Robertson에게 이렇게 말했다고 합니다. "우리는 미국을 확고하게 믿었지만 지난 날 미국으로부터 두 번씩이나 배반당했습니다. 1910년 일본이 대한제국을 병합했을 때와 1945년 한국이 분단되었을 때입니다. 현재 진행되는 상황은 또 다른 배반이 있지 않을까 하는 생각을 갖게 합니다. 만약 우리가 이제부터 우리 친구들[미국]에 대해 지금까지 품고 있던 절대적인 신뢰에 의문을 제기한다면 당신들은 우리를 탓하겠습니까?"(유영익, 「한미동맹 성립의 역사적 의의」, 162쪽)

이 대화에 나오는 '배반sellout'이라는 단어에는 미국이 자신들의 이익을 위하여 한국을 어떤 강대국에게 팔아치운다는 의미를 담고 있습니다. 1910년에는 필리핀과의 교환 조건으로 한국을 일본에게 넘겼고, 1945년에는 소련과의 타협을 위하여 한반도의 반쪽을 넘겼다는 것입니다. 따라서 이번 휴전협정에서도 중국이나 소련을 달래기 위하여 남한을 희생시키려는 것이 아니냐 하는 우려와 질책의 뜻을 담았던 것이지요.

20세기 전반기 한국은 망국과 분단 그리고 동족상잔의 전쟁을 겪습니다. 이러한 민족적 비극에 미국은 어떤 형태로든 개입하고 있었습니다. 그들은 한국과 처음 맺었던 조미수호통상조약에 '거중조정good offices' 조항을 넣었지만, 그 후 한반도에서 국제적인 분쟁이 생겼을 때 한국 편에 선 적이 없습니다. 이승만의 말대로 자국의 이익을 보전하기 위한 '흥정'의 대상으로 삼았을 뿐이지요. 한국의 주권과 한국민의 자결권을 인정하지 않았던 것입니다. 이렇게 된 근본 이유는 미국이 한반도에 대한 그들의 이해관계와 전략적인 가치를 낮게 보았기 때문입니다.

그런데 역설적으로 한국전쟁으로 말미암아 세계는 한반도의 지정학적 중요성에 주목하게 됩니다. 이 전쟁이 일어나자 트루먼 대통령은 이렇게 말합니다. "우리들은 한국의 사태가 서쪽 진영의 힘과 결속의 상징으로서 중대한 의미가 있다는 것을 알아야 한다." 그러니까 한반도에서의 안보 위기는 곧 아시아와 태평양지역을 넘어 세계의 위기로 확산될 수 있기에 지금 바로 공산 진영에 대한 '단호한 결의'를 보여주어야 한다는 것이었지요. 이런 결의에 따라 한반도에 즉각 미군이 투입되고, 3만 4천 명의 전사자가 발생합니다. 한미상호방위조약을 체결할 때 서울에 왔던 존 포스터 덜레스 미 국무장관이 "이 조약은 우리 청년들의 피로 봉인되었다"고 선언한 것도 그 때문입니다【그림 42】.

이제 한반도는 미국이 쉽게 포기할 수 없는 곳이 됩니다. 한미상호방위조약이 체결될 수 있었던 것은 이승만의 '벼랑 끝 외교' 덕분이 아니라 한반도의 전략적 가치에 대한 미국의 인식 전환에서 비롯되었다고 보아야 합니다. 조선왕조가 미국에 문호를 개방한 후 70년이 지난 시점에 미국은 한반도의 절반을 그들의 태평양 방위선 안에 포함시킵니다. 대한민국이 미국 중심의 세계질서Pax Americana 속으로 편입된 것이지요. 이리하여 한국은 역사상 처음으로 대륙이 아닌 해양국가로 태어납니다.

유럽인 주도에 의한 태평양의 '발견'은 세계를 하나로 연결하고 통합하면서 자본주의 문명을 탄생시킵니다. 오직 대륙에만 의존했던 한국은 그 바다를 통하여 새로운 세계를 바라보고 새로운 문명을 수용합니다. 세계의 근대가 태평양의 발견에서 이루어졌듯이 한국의 근대 또한 태평양의 발견에서 시작됩니다. 그 발견은 상상의 지리적 공간으로부터 문명교류의 통로이자 패권 투쟁의 생생한 현장으로 인식하는 데까지 나아갑니다.

태평양전쟁이 끝난 후 한반도는 분할되고 북한은 대륙권, 남한은 해양권으로 각각 편입됩니다. 이러한 상황은 38선의 획정에서부터 이미 예견되었던 것이지요. 패권과 이데올로기를 앞세운 미국과 소련의 대치 상황을 우리의 자주적인 노력으로 풀기에는 분명 한계가 있었습니다. 이러한 상황을 이승만은 누구보다도 잘 인지하고 있었습니다. 그는 신생 대한민국의 활로를 열어줄 나라로 태평양 저편의 미국을 선택합니다. 한국의 운명을 미국에게 맡기기로 한 것이지요.

이러한 결정은 사실 어떤 한 개인의 선택이 아니라 해방 후 한반도에서 전개된 분단과 전쟁이 남한의 주민에게 강요한 것일 수 있습니다. 당시로는 어쩔 수 없는 선택이었다는 것이지요. 그 상황에서 과연 다른 어떤 선택이 가능할 수 있었는지 이제 우리는 냉정하게 되돌아보아야 합니

다. 그래야만 '한미동맹'이 갖는 역사적인 의미와 이후 한국이 걸어온 길
에 대하여 제대로 된 평가가 내려질 것입니다.

[그림 35] 이승만의 『독립정신』(초간본, 1910)과 <조지 워싱턴 초상화>

미국독립을창조쯧 죠지와승론

러일전쟁기 이승만의 옥중집필로 알려진 『독립정신』이 내세우는 바는 두 가지이다. 첫 번째는 한
국민의 기독교화이고, 두 번째는 세계만국과 만국만민이 일체로 평균한 이익과 권리를 보전케 하
는 만국공법의 준행이다. 이러한 독립노선은 현실적으로 미국에 대한 기대로 모아진다. 미국은 기
독교에 바탕을 둔 문명부강국으로 세계에 남의 권리를 빼앗지도 않을 뿐더러 남의 권리를 보호하
여 주기를 의리로 아는 나라이기 때문이다. 한국은 청국의 완고함, 러시아의 강포함, 일본의 교활함
의 해독을 차례로 입어 국권 상실의 위기에 처하였다. 이제 한국이 믿고 의지할 나라는 오직 미국
뿐이다. 이러한 인식이 이승만의 평생을 떠받친 친미외교노선의 출발점을 이룬다. 그는 미국의 독
립을 '창조'한 조지 워싱턴처럼 그 자신이 '한국의 조지 워싱턴'이 되기를 원했다.

[그림 36] <제1차 한인회의> 회의록과 기념사진(1919)

◀미주에서의 3·1운동이라고 할 수 있는 <제1차 한인회의> 회의록이다. 1919년 4월 14일부터 16일까지 3일간의 회의 진행 상황과 참석자들의 발언 내용이 기록되어 있다. 대외선전의 필요성 때문에 회의는 영어로 진행되었고 회의록 또한 영문으로 나왔다. 여기에는 여러 사진이 들어간다. 아래 사진도 그중 하나이다.

▲제1차 한인회의가 끝나는 날, 참석자들의 시가행진이 있었다. 그리고 미국 독립의 상징적 건물인 독립기념관Independence Hall에서 기념사진을 찍었다. 이날의 주인공은 이승만이었다. 그는 미국의 초대 대통령 조지 워싱턴이 앉았던 자리에 태극기를 들고 앉았다. 청년기부터 이루려던 꿈이 3·1독립선언으로 실현되는 것처럼 보였다. 그는 이때부터 한국을 대표하는 정치가이자 외교가로서 자신의 모습을 드러내고자 한다.

그림 출처 : https://archive.org/details/firstkoreancongr00kore/mode/2up

[그림 37] 대한민국 집정관총재 기념엽서와 공포문(1919)

3·1독립선언 후 국내외에서 여러 개의 임시정부가 조직·선포된다. 이승만은 그중에서 세칭 한성정부의 정통성을 주창하고 나섰다. 시카고의 한인사회에서 배포된 홍보엽서^{위쪽}를 보면, 양옆에 한글과 한문으로 "대한민국집정관총재大韓民國執政官總裁"가 나오고, 가운데 위쪽에는 "Dr. Syngman Rhee, The President of the REPUBLIC of KOREA"라고 되어 있다. 이승만은 대내적으로는 내정과 외교의 일체 권한을 행사할 수 있는 집정관총재로, 대외적으로는 '대한공화국'의 대통령이라는 이름을 사용한다.

　아래의 문서는 이승만이 집정관총재 명의로 발표한 「공포문」 제2호^{대한민국 원년 8월 25일}이다. 이문서에 의하여 대한민국특파 구미주차위원부가 설립된다. 이것은 구미지역의 외교와 재정권을 전담하는 기구로써 활용된다. 중국 상해의 대한민국 임시정부와 그 권한과 책임을 놓고 충돌한다. 1925년에 이승만이 임시정부로부터 탄핵을 당한 것도 이 문제에서 비롯된다.

그림 출처 : 유영익, 『이승만의 삶과 꿈』, 145쪽; 『이화장소장 우남이승만문서』(동문편) 9, 도판.

[그림 38] 미일전쟁설 :「논미일협상」(1908) / *Japan Inside Out*(1941)

미일전쟁설은 이승만의 친미외교노선을 지탱하는 유력한 논거를 이룬다. 아시아·태평양의 패권을
놓고 다투는 미·일 두 나라가 언젠가 충돌할 수밖에 없다는 단순한 논리이지만 자력에 의한 독립
가능성이 현실적으로 불가능해 보이는 상황에서 그것은 한국의 민족주의자들에게 거의 유일한 희
망처럼 받아들여진다. 이 때문에 재미한인사회뿐만 아니라 국내에서 발행되던 신문과 잡지들에서
도 미일전쟁을 예견하는 기사를 쉽게 찾아볼 수 있다. 일본의 만주침공1931 이후에는 미·일 두 나라
의 전력을 비교하면서 전쟁의 발발 시기까지 예측하는 기사가 등장한다. 이승만과 국내 민족주의
자들은 태평양을 사이에 두고 멀리 떨어져 있었지만 정치적, 이념적, 종교적 그리고 국제정세 인식
에서 서로 같이하는 부분이 있었다. 이러한 요소가 해방 후 양자의 결합으로 이어진다.

[그림 39] 얄타밀약설 보도 기사: *The San Francisco Examiner* / 『독립』

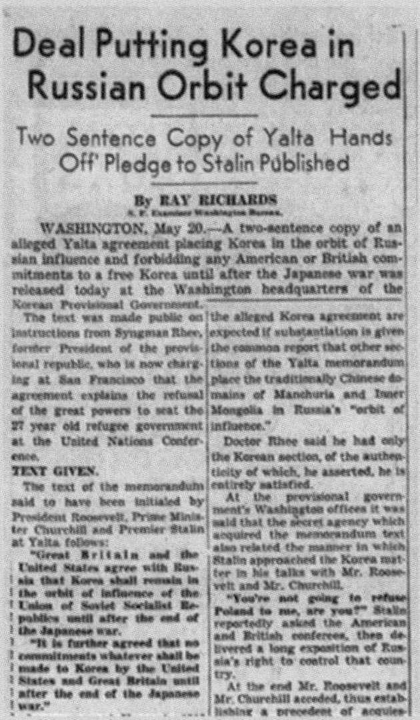

Deal Putting Korea in Russian Orbit Charged

Two Sentence Copy of Yalta 'Hands Off' Pledge to Stalin Published

By RAY RICHARDS
S. F. Examiner Washington Bureau.

WASHINGTON, May 20.—A two-sentence copy of an alleged Yalta agreement placing Korea in the orbit of Russian influence and forbidding any American or British commitments to a free Korea until after the Japanese war was released today at the Washington headquarters of the Korean Provisional Government.

The text was made public on instructions from Syngman Rhee, former President of the provisional republic, who is now charging at San Francisco that the agreement explains the refusal of the great powers to seat the 27 year old refugee government at the United Nations Conference.

TEXT GIVEN.

The text of the memorandum said to have been initialed by President Roosevelt, Prime Minister Churchill and Premier Stalin at Yalta follows:

"Great Britain and the United States agree with Russia that Korea shall remain in the orbit of influence of the Union of Soviet Socialist Republics until after the end of the Japanese war.

"It is further agreed that no commitments whatever shall be made to Korea by the United States and Great Britain until after the end of the Japanese war."

... the alleged Korea agreement are expected if substantiation is given the common report that other sections of the Yalta memorandum place the traditionally Chinese domains of Manchuria and Inner Mongolia in Russia's "orbit of influence."

Doctor Rhee said he had only the Korean section, of the authenticity of which, he asserted, he is entirely satisfied.

At the provisional government's Washington offices it was said that the secret agency which acquired the memorandum text also related the manner in which Stalin approached the Korea matter in his talks with Mr. Roosevelt and Mr. Churchill.

"You're not going to refuse Poland to me, are you?" Stalin reportedly asked the American and British conferees, then delivered a long exposition of Russia's right to control that country.

At the end Mr. Roosevelt and Mr. Churchill acceded, thus establishing a precedent of acquies-

◀이승만의 얄타밀약설을 최초로 보도한 *The San Francisco Examiner* (1945년 5월 21일자). 이 신문은 당대 미국의 '신문왕'으로 불리던 허스트 (William R. Hearst) 계열에 속한다. 미국 내 주요 도시에서 그 계열사 신문이 발행되던 만큼 얄타밀약설의 파급력도 클 수밖에 없었다.

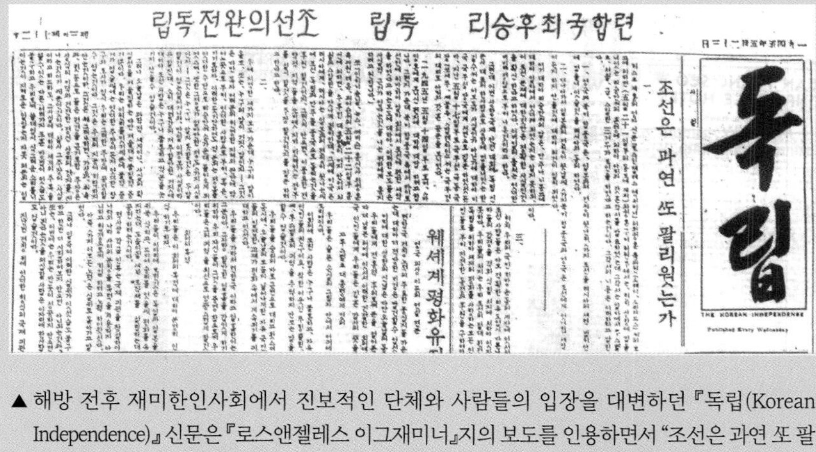

조선의완전독립　독립　련합국최후승리

독립

THE KOREAN INDEPENDENCE

Published Every Wednesday

조선은 과연 또 팔리웠는가

▲ 해방 전후 재미한인사회에서 진보적인 단체와 사람들의 입장을 대변하던 『독립(Korean Independence)』 신문은 『로스앤젤레스 이그재미너』지의 보도를 인용하면서 "조선은 과연 또 팔리웠는가"라는 제목을 뽑는다(1945년 5월 23일자). 샌프란시스코에서 열린 연합국회의에 참가했던 소련 측은 이승만을 반소련 성향으로 이름난 인물이라고 평가한다. 해방공간에서 이승만이 반소·반공 노선의 선봉에 섰던 것도 여기에 자신의 정치적 생명이 달려있었기 때문이다. 그는 자신의 운명을 한국의 운명과 동일시한다.

[그림 40] 제헌국회 개원식(1948년 5월 31일)과 이승만의 「식사」

대한민국을 탄생시킨 것은 우리나라 역사상 처음으로 국민 직접투표에 의하여 성립된 제헌국회이다. 그 개원식에서 국회의장으로 선출된 이승만은 이렇게 말한다. "나는 이 대회를 대표하야 오늘의 대한민주국이 다시 탄생된 것과 따라서 이 국회가 우리나라에 유일한 민족대표 기관임을 세계만방에 공포합니다. 이 민국은 기미년 3월 1일에 우리 13도 대표들이 서울에 모여서 국민대회를 열고 대한독립민주국임을 세계에 공포하고 임시정부를 건설하야 민주주의에 기초를 세운 것입니다." 여기에 나오는 대한독립민주국이라 함은 이른바 한성정부를 가리킨다. 이승만은 3·1운동→한성정부→대한민국임시정부→대한민국 정부 수립이라는 체계를 세우려고 한다. 이를 통하여 신생 대한민국이 역사적인 정통성을 지닌 한반도 유일의 합법정부임을 세계만방에 알리고자 했던 것이다.

[그림 41] 대한민국 정부 수립 국민축하식(1948년 8월 15일) 단상의 세 인물

왼쪽이 주한미군사령관 겸 미군정청 군정사령관 하지John Reed Hodge, 가운데가 일본점령연합군 최고사령관 맥아더Douglas MacArthur, 오른쪽이 이날 대한민국의 초대 대통령으로 취임하는 이승만이다. 미군정 통치기 이승만과 하지는 '견원지간'이라고 할 만큼 서로 사이가 좋지 않았다. 이승만과 미군정, 그리고 워싱턴 DC의 관계가 소원할 때 그 간극을 메꿔준 인물이 맥아더였다. 세 사람의 개성이나 그들에게 주어진 역할은 각각 달랐지만 아시아·태평양에서 미국의 패권을 유지해야 한다는 데에는 일치된 견해를 갖고 있었다. 반소·반공 노선은 그것의 또 다른 표현이었다.

그림 출처 : 국사편찬위원회 한국사 데이터베이스의 「대한민국사 연표」

[그림 42] 한미상호방위조약 체결 : 가조인식과 비준서 교환 공문(대통령기록관 소장)

1953년 8월 8일 오전 10시 경무대에서 한미상호방위조약 가조인식이 열린다. 변영태 외무장관과 존 포스터 덜레스 국무장관이 서명한다. 그해 10월 1일 워싱턴 DC에서 정식 조인이 이루어졌다.

　아래 문서는 이승만 대통령의 결재를 받은 「한미상호방위조약비준서 교환의 건」시행일, 1954년 1월 29일이다. 여기에는 국한문과 영문으로 된 조약 전문이 포함된다. 그해 11월 18일에 조약은 정식 발효된다. 대통령기록관은 이 문서를 소개하면서 "한국 역사상 최초이자 유일한 군사동맹"이라는 점을 강조한다. 그것은 단순한 군사동맹이 아니었다. 한국전쟁의 위기에서 벗어난 대한민국이 태평양을 매개로 미국 중심의 세계질서로 공식 편입되는 계기를 만든 역사적인 조약이었다.

그림 출처 : https://theme.archives.go.kr/next/koreaOfRecord/mutualDefense.do

[그림 43] 한미상호방위조약 전문(1953년 10월 1일)

Mutual Defense Treaty Between the United States and the Republic of Korea; October 1, 1953

The Parties to this Treaty,

Reaffirming their desire to live in peace with all peoples and an governments, and desiring to strengthen the fabric of peace in the Pacific area,

Desiring to declare publicly and formally their common determination to defend themselves against external armed attack so that no potential aggressor could be under the illusion that either of them stands alone in the Pacific area,

Desiring further to strengthen their efforts for collective defense for the preservation of peace and security pending the development of a more comprehensive and effective system of regional security in the Pacific area,

Have agreed as follows:

ARTICLE I

The Parties undertake to settle any international disputes in which they may be involved by peaceful means in such a manner that international peace and security and justice are not endangered and to refrain in their international relations from the threat or use of force in any manner inconsistent with the Purposes of the United Nations, or obligations assumed by any Party toward the United Nations.

ARTICLE II

The Parties will consult together whenever, in the opinion of either of them, the political independence or security of either of the Parties is threatened by external armed attack. Separately and jointly, by self help and mutual aid, the Parties will maintain and develop appropriate means to deter armed attack and will take suitable measures in consultation and agreement to implement this Treaty and to further its purposes.

ARTICLE III

Each Party recognizes that an armed attack in the Pacific area on either of the Parties in territories now under their respective administrative control, or hereafter recognized by one of the Parties as lawfully brought under the administrative control of the other, would be dangerous to its own peace and safety and declares that it would act to meet the common danger in accordance with its constitutional processes.

ARTICLE IV

The Republic of Korea grants, and the United States of America accepts, the right to dispose United States land, air and sea forces in and about the territory of the Republic of Korea as determined by mutual agreement.

ARTICLE V

This Treaty shall be ratified by the United States of America and the Republic of Korea in accordance with their respective constitutional processes and will come into force when instruments of ratification thereof have been exchanged by them at Washington.

ARTICLE VI

This Treaty shall remain in force indefinitely. Either Party may terminate it one year after notice has been given to the other Party.

IN WITNESS WHEREOF the undersigned Plenipotentiaries have signed this Treaty.

DONE in duplicate at Washington, in the English and Korean languages, this first day of October 1953.

그림 출처 : https://www.usfk.mil/Portals/105/Documents/SOFA/H_Mutual%20Defense%20Treaty_1953.pdf

| 후기 |
다시 대륙으로

"바다에 갇히다!"

기억하나요? 이 특강의 제1강 주제에 "대륙에 갇히다"라는 부제가 붙었던 것을. 조선왕조는 건국 초기부터 바다를 닫는 해금 정책에 의하여 스스로 대륙에 갇혔습니다. 육로로 명나라에 오가면서 '중화'의 문물만을 받아들이지요. 임진왜란과 병자호란이라는 두 차례 국난을 당한 후에는 나라의 문을 더욱 굳게 걸어 잠급니다. 명나라를 대체한 청나라는 오랑캐 출신이라면서 그들의 문물마저 배척합니다. 한때는 '북벌'을 외치기도 했지요. 그러면서 조선이 한족漢族의 중화를 대신한다는 소중화라는 우월의식에 빠져듭니다. 이는 유교 중에서도 이단 배척에 날카로웠던 성리학적 가치체계에 매몰되었기 때문입니다. 조선왕조는 이러한 자폐 의식에서 벗어나지 못하면서 국운이 기울고 끝내는 망국의 상황을 맞이합니다.

오늘의 대한민국은 어떤가요? 대륙이 아닌 바다에 갇혀 있습니다. 한반도의 분단으로 대륙으로 통하는 길이 차단되었기 때문입니다. '38선'이 가로막기 전에는 서울에서 파리까지 기차로 갈 수 있었지요. 유라시아대륙 어디든 육로로 갈 수 있었습니다. 오늘날의 한국남한은 그 대륙에서 떨어져나온 고립된 섬입니다. 세계 냉전체제가 우리에게 강요한 것이지요. 국토의 분할은 우리의 사고와 의식마저 제약합니다. '자유진영'과 대립하는 '공산진영'과는 담을 쌓고 살아야 했으니 말입니다. 공교롭게도 동아시아에서 두 진영 간 대립은 곧 해양세력미국-일본-남한 대 대륙세력소련-중국-북한 간 대결이기도 했습니다. 이런 대치 상황은 아직도 끝나지 않았습니다.

그 사이에 한국은 엄청난 변화를 겪었습니다. 한국전쟁 후 세계에서 가장 가난한 나라들 가운데 하나였지만, 지금은 세계 '10대 경제대국'에 이름을 올립니다. 영국의 한 언론 *The Economist*이 발표한 2020년 민주주의 지수에서 한국은 10점 만점에 8점을 넘기며 '완전한 민주국가'의 대열에 들어갔다고 합니다. 코로나19COVID-19 사태가 전 세계를 휩쓰는 가운데 이런 평가가 나왔다는 것은 여간 반가운 일이 아닐 수 없습니다. 물론 그러한 수치들은 상대적이며 언제든 변할 수 있지요. 한 가지 분명한 것은 제2차 세계대전 후 식민지에서 벗어난 국가들 가운데 한국은 산업화와 민주화, 이 두 과제를 성공적으로 달성한 모범적인 사례라는 점입니다.

문제는 앞으로입니다. 지금까지는 우리보다 앞선 나라들을 보고 열심히 따라가면 되었지만, 이제부터는 우리 스스로가 새로운 이정표를 만들어나가야 합니다. 모방이 아니라 창조적인 능력이 절실히 요구되는 상황이지요. 굳이 4차 산업혁명이라는 말을 꺼낼 필요도 없이 우리 주변의 변화들만 봐도 문명의 패러다임이 바뀌고 있다는 것을 느낄 수 있습니다. 그 실체가 아직 분명하게 드러나진 않았지만, 인간의 삶을 규제하는 시간과 공간의 개념이 획기적으로 달라지고 있습니다. 500년 전 대항해시대가 세계의 모습을 바뀌어 놓았다면, 지금은 바야흐로 우주로의 여행이 현실화하는 시대를 맞고 있습니다. 콜럼버스와 마젤란이 그러했던 것처럼 한발 앞서가는 사람만이 이 시대의 주역이 될 수 있습니다.

그런데 한반도의 주민은 아직도 분단 상황에서 벗어나지 못하고 있습니다. 휴전 협정이 체결된 지 어느덧 70년에 이르고, 세계 냉전체제가 종식된 지 30년을 넘기고 있는데 말입니다. 외부와의 소통과 교류의 중요성은 남/북한의 상황을 보면 쉽게 알 수 있습니다. 북한이 주체사상을 내세워 스스로 고립될 때에 남한은 개방의 속도와 폭을 계속 넓혀 왔습니다. 그것이 바로 한국 발전의 원동력이었지요.

현재의 분단 상황을 타개하기 위해서는 우리가 적극 나서야 합니다. 그것은 북한을 위해서가 아니라 우리 자신을 위해서입니다. 바다에 갇힌 고립된 환경에서 벗어나야만 우리의 미래를 기약할 수 있습니다. 남한만으로는 성장의 한계에 부딪칠 수밖에 없습니다. 한 단계 더 도약하기 위해서는 유라시아대륙과 직접 소통하고 교류할 수 있는 길을 뚫어야 합니다. 한반도의 통일은 아시아·태평양 지역의 질서를 근본적으로 바꾸어 놓을 수 있기에 미국을 포함한 주변 나라들과의 합의에 도달해야만 하는 지난한 과제입니다. 그렇지만 북한과의 인적, 물적인 교류는 우리의 의지와 노력 여하에 따라서 성과를 낼 수 있습니다. 북한과 소통해야만 유라시아대륙으로 가는 길이 열립니다.

태평양으로 가는 길이 열렸을 때 우리는 중세적인 왕조체제를 근대적인 국민국가로 바꿀 수 있었습니다. 그 바탕 위에서 오늘의 대한민국이 만들어졌지요. 이제는 다시 대륙으로 가는 길을 열어야 합니다. 과거처럼 동아시아로 돌아가자는 이야기가 아닙니다. 중국 너머의 대륙을 볼 수 있어야 합니다. 거기에는 또 다른 세계가 펼쳐집니다. 과거로의 회귀가 아니라 새로운 지평을 열자는 것입니다.

이리하여 한반도가 대륙과 해양, 해양과 대륙을 연결시키는 가교 역할을 하면서 우리의 독자적인 발전을 도모할 수 있어야 합니다. 한반도가 아시아와 태평양을 가르는 경계가 아니라 양자를 연결하고 소통시키는 '접점'이 되어야 한다는 것이지요. 아시아냐 태평양이냐, 중국이냐 미국이냐 하는 구태의연한 이분법적인 구도에서 벗어나야 합니다. 지역과 체제, 이념이 다르다고 그냥 나누는 것이 아니라 서로를 잇는 접합점을 찾아 나가는 과정에서 우리는 지금까지와는 다른 대안적 문명과 공간 질서를 만들어낼 수 있습니다. 공간의 확장은 곧 사고의 확장으로 연결되며, 사고의 확장은 새로운 문명의 창출로 이어집니다.

이러한 방향으로 나아가기 위해서는 근대의 서구중심주의와 미국에의 일방적인 의존에서 벗어날 수 있어야 합니다. 조선이 중국 중심의 천하관과 중화주의에 빠져들면서 국가의 활력을 잃고 쇠잔해졌던 전례에서 역사적인 교훈을 얻어야 합니다. 지금 우리에게 절실히 필요한 것은 우리가 세계의 주변이 아니라 중심에 설 수 있다는 자신감입니다. 지난 한 세기 동안 제국에서 민국으로, 후진국에서 선진국으로 도약하기 위하여 애써온 우리의 발자취를 뒤돌아본다면, 그러한 꿈이 결코 불가능한 일만은 아닐 것입니다. 오직 꿈꾸는 사람만이 새로운 미래를 열 수 있습니다.

| 주석(서설) |

1) 문명(文明, civilization)이 무엇인가 하는 것은 인간이란 무엇인가 하는 질문처럼 대단히 추상적이며 철학적인 명제가 될 수 있다. 역사에서 보는 문명이란 시대와 환경에 따라 그 기준과 내용이 달라지는 개념이다. 그 핵심은 '인간다운 삶' 또는 '시민(civitas)다운 삶'의 조건을 만들어 가는 것으로 볼 수 있다. 그 조건에는 정치적인 것, 경제적인 것, 사회적인 것, 문화적인 것, 종교적인 것 모두가 포함된다.

　　근대 이전에는 지역별로 서로 다른 '문명들'이 존재했지만, 유럽 주도로 세계를 단일한 시장으로 만들려는 자본주의 문명이 발생한 후 이것이 곧 세계 문명의 '표준'이 된다. 그 외에는 '야만'이거나 '반개(半開)'로 정의된다. 포스텍 융합문명연구원, 『문명 다시 보기: 다섯 시선으로 바라본 인류의 역사, 그리고 미래』(나남, 2020) 참조.

2) 로버트 B. 마르크스 지음, 윤영호 옮김, 『어떻게 세계는 서양이 주도하게 되었는가』(사이, 2014), 「들어가는 글」 참조. 이 번역서의 원제목은 2007년 미국에서 출간된 『현대 세계의 기원들(The Origins of the Modern World): 15세기부터 21세기까지의 지구적, 생태학적 서술(A Global and Ecological Narrative from the Fifteenth to the Twenty-first Century)』이다. 주경철, 『대항해시대: 해상 팽창과 근대 세계의 형성』(서울대학교출판부, 2008), 제1장 「세계의 팽창, 세계의 불균형」을 함께 보면 도움이 된다.

3) 김기란, 『극장국가: 대한제국 만들기 프로젝트와 문화적 퍼포먼스』(현실문화, 2020) 참조. 이 책은 미국의 인류학자 기어츠(Clifford J. Geertz)가 제시한 극장국가라는 개념을 활용하여 대한제국을 장식한 '문화적 퍼포먼스'를 분석한다. 그런데 힘이 뒷받침되지 않는 제국이란 공허한 것일 수밖에 없다. 최근에 나온 박근갑, 『문명국가의 기원』(나남, 2020) 중 제1장 「대한제국의 회상」도 흥미롭다.

4) 윤인진, 『코리안 디아스포라: 재외한인의 이주, 적응, 정체성』(고려대학교출판부, 2004)과 이 책에 대한 김근식의 서평 「한인 디아스포라 연구의 두 개의 진전」, 『황해문화』, 43(2004) 참조.

5) 앙드레 슈미드 지음, 정여울 옮김, 『제국 그 사이의 한국』(휴머니스트, 2007), 제7

장「반도의 경계를 넘어」에서는 이렇게 말한다. "국가가 식민화된 상태에서는, 역설적이게도, 국가는 오직 바깥에서만 존재할 수 있었던 것이다." 해외의 한인공동체, 특히 샌프란시스코의 한인사회는 "오염된 한반도의 경계를 넘어선 또 다른 땅만이 국가가 생존할 수 있는 새로운 요소가 될 수 있다고 믿었다." 여기에서 오염되었다는 것은 전제왕권과 유교적 통치이념에 기반한 '구체제'와 일본 제국주의의 조선 침투를 말한다. 따라서 새로운 대한, 즉 신한국은 안이 아니라 밖에서 만들어질 수밖에 없다는 논리가 생성된다. 그것이 바로 외(外) 신대한이다.

6) 송호근, 『국민의 탄생: 식민지 공론장의 구조 변동』(민음사, 2020)에서는 대한제국의 해체를 전후한 시기 국외에서부터 형성된 '환상형 공화 네트워크'가 3·1운동과 '국민'의 탄생으로 연결되는 과정을 살핀다. '국가 없는 국민'의 탄생을 어떻게 볼 것인지, 3·1운동으로 탄생한 '국민'이 그 후 어떻게 성장하는지에 대한 분석은 숙제로 남겨져 있다.

7) 영국 태생의 지리학자 오스카 스페이트(Oskar H. K. Spate)는 그의 역저 *The Spanish Lake* (Minneapolis: University of Minnesota Press, 1979)에서 마젤란항해가 유럽인의 사고를 떠받쳐온 '프톨레믹 세계(Ptolemaic world)'—이것은 곧 '태평양이 없는 세계(The World without the Pacific)'를 의미한다—의 최종적인 종식을 가져왔다고 평가한다(57쪽).

해양학자 도널드 프리먼(Donald B. Freeman)은 유럽인이 태평양을 '발견'하기 전 이곳에 살던 원주민이나 그 주변 국가들은 태평양을 전체로서가 아니라 부분적으로만 알고 있었다는 점을 지적한다. 도널드 프리먼 지음, 노영순 옮김, 『태평양: 물리 환경과 인간 사회의 교섭사』(도서출판 선인, 2016), 21쪽.

지구적 차원의 공간혁명과 관련해서는 칼 슈미트 지음, 김남시 옮김, 『땅과 바다: 칼 슈미트의 세계사적 고찰』(꾸리에, 2016)이 참고할 만하다. 1942년 독일에서 처음 출간된 이 책은 유럽 중심의 세계사를 땅과 바다, 대륙과 해양 세력 간 힘의 투쟁으로 본다. 이 책이 나오게 된 배경과 저자에 대하여는 이진일, 「해양과 '공간혁명'—칼 슈미트(Carl Schmitt)의 <땅과 바다>를 중심으로」, 『(성대)사림』 63(2018) 참조.

8) 한국 근대사에서 태평양의 '발견'이 지니는 의미와 관련하여 필자는 다음 3편의 논문을 발표한 바 있다. 고정휴, 「태평양의 발견: 그 바다 이름의 생성·전파와 조선에의 정착」, 『한국근현대사연구』 83(2017); 「태평양의 발견: 그 바닷길의 개통

과 조선사절단의 세계일주 기록 검토」, 『한국사학보』 73(2018); 「태평양의 발견: 그 바다를 둘러싼 미·일 간 패권 경쟁과 한국 언론의 반응, 1905-1910」, 『역사연구』 37(2019).

9) 한국의 역사를 바다의 시각에서 바라보고 해석하려는 학계의 움직임은 1990년대 후반부터 활발해졌지만, 그 범주는 한반도 주변 해역에서부터 남중국해 또는 동아시아 해역으로 한정되었다. 일본 너머의 태평양, 중국해 너머의 인도양과 대서양은 연구대상에 들어가지 않는다. 이것은 한국학계의 해양사 연구가 아직 근대 이전의 시기에 머물러 있음을 보여준다. 윤명철, 『해양사연구방법론』(학연문화사, 2012); 하세봉, 「한국의 동아시아 해양사 연구-민족주의적 성과와 탈근대적 전망」, 『동북아 문화연구』, 23(2010); 강봉룡, 「해양인식의 확대와 해양사」, 『역사학보』, 200(2008); 한임선, 『한국해양사 연구의 현황과 전망』(동북아시아문화학회, 2009) 참조.

　　한편, 근대로의 전환기 '아시아지중해(Méditerranée asiatique)' 또는 '아시아 해역세계(maritime world)'에 대한 국외의 연구성과가 최근 국내에 소개되고 있는데, 한반도와 그 주변 해역은 이들 연구대상에서 빠져있다. 하네다 마사시 엮음, 현재열·김나영 옮김, 『17~18세기 아시아 해항도시의 문화교섭』(선인, 2012); 프랑수와 지푸루 지음, 노영순 옮김, 『아시아 지중해: 16~21세기 아시아 해항도시와 네트워크』(선인, 2014) 참조.

10) 국사편찬위원회 편, 『한국독립운동사』 자료2/임정편2(탐구당, 1971), 30쪽. 여기에서 인용한 문단은 대한민국 임시정부가 발표한 「건국강령」(1941.11.28)의 '총강'에 나온다. 이에 대한 해석으로는 한인섭, 『대한민국은 민주공화제로 함-대한민국 임시헌장(1919.4.11) 제정의 역사적 의의-」, 『법학』, 50-3(서울대학교 법학연구소, 2009), 181-182쪽.

11) 한국학계 일각에서는 대한민국을 대한제국의 계승이라든가 그 연장으로 보는 시각과 해석이 있는데, 이는 역사적인 사실을 제대로 반영한 견해라고 보기 어렵다. 이를테면 이태진은 고종을 '개명군주'로 보고, 그가 제시했던 '민국' 이념 속에 근대적인 공화제 지향성이 담겨 있었다고 본다. 황태연은 대한제국은 '근대국가' 이자 '백성의 나라'이며 '군사강국'이자 '경제대국'이었다고 말한다. 이태진, 『고종시대의 재조명』(태학사, 2000)과 「고종시대의 '민국(民國)' 이념의 전개: 유교 왕정의 근대적 '공화' 지향」, 『진단학보』, 124(2015); 황태연, 『백성의 나라 대한제국』

(청계, 2017) 참조.

한편, 강만길은 1978년에 발표한 「한국독립운동의 역사적 성격」이라는 논문에서 '군주주권'이 '국민주권'으로 바뀌어 나가는 과정을 처음으로 깊이 있게 다룬 바 있다. 그는 3·1운동을 분수령으로 하여 군주주권을 회복하려는 복벽주의는 청산되고 공화주의가 정착되며 이후 사회주의 노선을 추구하는 '좌익'과 민족주의 노선을 추구하는 '우익'으로 나뉜다고 본다(『아세아연구』, 통권 59호). 이 논문은 강만길, 『한국민족운동사론』(증보판, 서해문집, 2008) 제2부에 실려 있다.

12) 기왕의 우리 학계에서는 '제국'에서 '민국'으로의 이행이라는 역사적인 과제를 설명할 때에 대한제국에서 대한민국으로의 전환이라는 국가 형태와 헌정 체계에만 초점을 맞추어 왔다. 김육훈, 『민주공화국 대한민국의 탄생, 우리 민주주의는 언제 어떻게 시작되었나』(휴머니스트, 2012); 서희경, 『대한민국 헌법의 탄생: 한국 헌정사, 만민공동회에서 제헌까지』(창비, 2012); 박찬승, 『대한민국은 민주공화국이다: 헌법 제1조 성립의 역사』(돌베개, 2013); 김광재, 『대한민국 헌법의 탄생과 기원: 대한민국임시정부 헌법과 제헌헌법의 연속성』(윌비스, 2017).

이제는 식민지 시대에 이민족 지배와 통치의 대상이었던 '조선인'들이 해방 후 어떻게 근대적인 '국민'이자 '시민'으로 성장할 수 있었는가에 대한 깊이 있는 검토가 필요하다. 이 문제는 해방 후 민주공화제를 표방한 대한민국 정부가 수립됨에도 불구하고 그 후 반세기 가까이 민주화의 진통을 겪을 수밖에 없었던 시대적 배경을 이룬다는 점에서 중요하다. 이러한 문제의식과 관련해서는 정근식·이병천·강성현·고원·김근배 지음, 『식민지 유산, 국가 형성, 한국 민주주의』 2(책세상, 2012) 참조.

13) 소위 식민지 근대화론을 주장하는 이영훈은 일제 식민통치기에 '전통 조선 사람'이 '근대 문명인'으로 새롭게 태어나고 새로운 공동체적 집단의식을 형성하는바 바로 이들이 대한민국을 건설한 주체라는 점을 강조한다. 이는 역사 왜곡이라고 할 만큼 잘못된 해석이다. 이영훈, 『대한민국 이야기』(기파랑, 2007), 20-21쪽; 박지향·김철·김일영·이영훈 엮음, 『해방전후사의 재인식』 2(책세상, 2006), 9부 「대담」 중 이영훈 교수의 발언 참조.

14) 청일전쟁의 충격은 신해혁명(1911)에 의한 중화민국의 탄생으로 연결된다. 민두기, 『신해혁명사: 중국의 공화혁명(1903-1913)』(민음사, 1994)에서는 서양 열강과 일본의 중국 침탈로 말미암아 청국이라는 나라뿐만 아니라 역사적 공동체로서의

중국과 중화문명이 송두리째 사라질지도 모른다는 위기의식이 '공화혁명'을 통한 중국 민족의 '국민주의' 지향으로 나타났다고 본다. 3·1운동 후 대한민국 임시정부의 건립도 대외적인 측면에서 보면 신해혁명과 중화민국의 성립에서 영향받은 바 크다고 볼 수 있다. 배경한 엮음, 『동아시아 역사 속의 신해혁명』(한울아카데미, 2013) 참조. 요컨대 '제국'에서 '민국'으로의 전환은 오직 혁명에 의해서만 가능했던 것이다.

15) 한국 근대사에서 기독교(개신교) 수용이 갖는 의미는 각별하다. 중국이나 일본과는 달리 한국이 서양문명을 수용하는 과정에서 기독교의 역할과 비중이 유독 컸기 때문이다. 이 문제와 관련해서는 윤경로, 『한국근대사의 기독교사적 이해』(역민사, 1992)와 이만열, 『한국기독교와 민족의식』(지식산업사, 2014) 참조.

　　류대영, 『한국 근현대사와 기독교』(푸른역사. 2009)의 「머리말」에서는 다음과 같이 말한다. "개항기에 서구 문명의 전도사로 들어와서 해방 후 이데올로기 전쟁의 일선에 서게 된 한국 개신교의 역사는 가장 종교적으로 보이는 현상도 정치-사회적 차원을 가지며, 종교적 신념과 이데올로기적 신념은 놀라우리만치 친밀도가 높다는 사실을 잘 보여주었다." 이렇게 된 배경에는 개항기 한국에서의 기독교 수용이 문명개화와 정치변혁의 수단으로 활용된 데에서 비롯되었다고 볼 수 있다.

16) 세계 대공황이 한국의 지식인과 민족운동 세력에게 미친 영향에 대하여는 고정휴, 「1930년대 미주 한인사회주의운동의 발생 배경과 초기 특징 : 시카고의 재미 한인사회과학연구회를 중심으로」, 『한국근현대사연구』 54(2010); 임경석, 「세계 대공황기 사회주의·민족주의 세력의 정세인식」, 『역사와 현실』 11(1994).

17) 건국 이후 미국의 아시아와 태평양지역에 대한 전략적 인식과 변천 과정에 대해서는 Michael J. Green, *By More Than Providence: Grand Strategy and American Power in the Asia Pacific Since 1783* (New York: Columbia University Press, 2018); 장휘 옮김, 『신의 은총을 넘어서: 1783년 이후 미국의 아시아 태평양 대전략』(아산정책연구원, 2018) 참조.

　　저자 그린은 번역서 「한국어판 서문」에서 말하기를, 과거 한반도는 미국의 아시아·태평양 대전략에서 '일종의 맹점'이었지만, 이제 미국의 정치인들과 대중은 한미동맹이 더 이상 '책략의 동맹'이라고 생각하지는 않을 것이라고 말한다. 오늘날 한국은 전략적으로 핵심적인 반도이며 대한민국의 성공이 미국의 안보와 번영에 영향을 미친다는 것을 인식하기 때문이다(『신의 은총을 넘어서』, 9-11쪽).

18) 이승만과 근대 한미관계를 깊이 있게 연구해 온 유영익 교수는 한미동맹 성립의 역사적 의의를 다음 여섯 가지로 정리한 바 있다. (1) 한반도 및 그 주변의 장기적 평화, (2) 경제번영의 보장, (3) 군사강국으로의 발돋움, (4) 정치 민주화에 기여, (5) 외교망의 확대, (6) 해양 지향 국가로의 변신이다.「한미동맹 성립의 역사적 의의-1953년 이승만 대통령의 한미상호방위조약 체결을 중심으로」,『한국사 시민강좌』 36(일조각, 2005), 171-175쪽.

| 참고문헌 |

제1강 조선 지배층의 천하 인식과 문명관

1. 동양과 서양의 세계인식: 「혼일강리역대국도지도」와 프톨레마이오스의 지도

규장각한국학연구원 지음.『조선 사람의 세계여행』 글항아리, 2011.

김호동.『몽골제국과 세계사의 탄생』 돌베개, 2010.

미야 노리코 지음, 김유영 옮김.『조선이 그린 세계지도: 몽골제국의 유산과 동아시아』.
　　　소와당, 2010.

오길순.「<혼일강리역대국도지도> 모사 자료 보고」.『한국과학사학회지』 27-2, 2005.

오상학.『조선시대의 세계지도와 세계인식』. 창비, 2011.

오지 도시아키 지음, 송태욱 옮김.『세계지도의 탄생』. 알마, 2010.

제리 브로턴 지음, 이창신 옮김.『욕망하는 지도: 12개의 지도로 읽은 세계사』. 알에이치
　　　코리아, 2014.

최창모.「<혼일강리역대국도지도>(1402년)의 제작 목적 및 정치사회적 배경에 관한
　　　연구」.『한국이슬람학회 논총』 23-1, 2013.

KBS문명의기억지도 제작팀 지음.『문명의 기억, 지도』. 중앙북스, 2012.

페르낭 브로델, 강주헌 옮김.『지중해의 기억』. 한길사, 2012.

2. 동양과 서양의 만남: 「곤여만국전도」와 「천하도」

경기문화재단 실학박물관 편.『마테오 리치의 곤여만국전도와 조선 후기의 세계관』.
　　　경인문화사, 2013.

오상학.『한국 전통 지리학사』. 들녘, 2015.

_____.『천하도: 조선의 코스모그래피』. 문학동네, 2015.

이은상.『정화의 보물선: 중국의 대유럽 무역사 500년으로의 항해』. 한국학술정보, 2014.

정수일.『문명교류사 연구』. 사계절출판사, 2002.

조너선 D. 스펜스 지음, 주원준 옮김.『마테오 리치, 기억의 궁전』. 이산, 1999.

짜우전환 지음, 한지은 옮김.『지리학의 창으로 보는 중국의 근대, 1815~1911년 중국으로
　　　전파된 서양지리번역서』. 푸른역사, 2013

천기철.『직방외기: 17세기 예수회 신부들이 그려낸 세계』. 일조각, 2005.
海野一隆.『東西地図文化交渉史研究』. 大阪市: 清文堂, 2003.
Shirley, Rodney W. *The Mapping of the World: Early Printed World Maps, 1472-1700.*
London: The Holland Press Ltd., 1984.

3. 동양과 서양의 역전: 동서취사론과 「지구전후도」

권오영·손병욱 외 지음.『혜강 최한기, 동양과 서양을 통합하는 학문적 실험』. 청계, 2000.
노혜정.『<지구전요>에 나타난 최한기의 지리사상』. 한국학술정보, 2005.
박영한.「고산자 김정호의 생애 고찰」.『지리학논총』 42, 2003.
박천홍.『악령이 출몰하던 조선의 바다: 서양과 조선의 만남』. 현실문화, 2008.
박희병.『운화와 근대-최한기 사상에 대한 음미』. 돌베개, 2003.
이문기·장동익 외 지음.『한·중·일의 해양인식과 해금』. 동북아역사재단, 2007.
조영한·조영헌.『옐로우 퍼시픽: 다중적 근대성과 동아시아』. 서울대학교출판문화원.
2020.

제2강 태평양의 발견과 근대 세계로의 편입

1. 공간혁명: 태평양의 발견과 지구일주 시대의 도래

도널드 프리먼 지음, 노영순 옮김.『태평양: 물리 환경과 인간 사회의 교섭사』. 도서출판
선인, 2016.
서성철.『마닐라 갤리온 무역: 동서무역의 통합과 해상 실크로드의 역사』. 산지니, 2017.
조이스 채플린 지음, 이경남 옮김.『세계 일주의 역사』. 레디셋고, 2013.
칼 슈미트 지음, 김남시 옮김.『땅과 바다: 칼 슈미트의 세계사적 고찰』. 꾸리에, 2016.
三浦昭男.『北太平洋定期客船史』. 東京:出版協同社, 1994.
Dempsey, J. Maurice and Hughes, William eds. *Our Ocean Highways: a Condensed*
Universal Hand Gazetteer and International Route Book, by Ocean, Road, Or
Rail. London: E. Stanford, 1871.
Pigafetta, Antonio; translated and edited by R. A. Skelton. *Magellan's Voyage: A Narrative*
Account of the First Circumnavigation. New York: Dover Publications, INC, 1969.

Suarez, Thomas. *Early mapping of the Pacific: The Epic Story of Seafarers, Adventurers, and Cartographers Who Mapped the Earth's Greatest Ocean.* Singapore: Periplus, 2004.

2. 바다 밖에서 안으로: 서양 문물과 기독교의 유입

류대영. 『개화기 조선과 미국 선교사』. 한국기독교역사연구소, 2004.
브루스 커밍스 지음, 박진빈·김동노·임종명 옮김. 『바다에서 바다로, 미국 패권의 역사』. 서해문집, 2011.
송병기. 『개방과 예속-대미 수교 관련 수신사 기록(1880)초-』. 단국대학교출판부, 2000.
윌리엄 그리피스 지음, 이만열 옮김. 『아펜젤러: 조선에 온 첫 번째 선교사와 한국 개신교의 시작 이야기』. IVP, 2015.
이덕주. 『개화와 선교의 요람: 정동이야기』. 대한기독교서회, 2002.

3. 안에서 바다 밖으로: 조선사절단의 세계기행

강지혜. 「근대전환기 조선인의 세계기행과 철도 담론」. 『문화와 융합』 39-3, 2017.
김득련 지음, 허경진 옮김. 『환구음초』. 평민사, 2011.
김원모. 『한미수교사, 조선보빙사의 미국사행편(1883)』. 철학과 현실사, 1999.
_____. 「이종응의 <서사록>과 <셔유견문록> 자료」. 『동양학』 32, 2002.
민영환 지음, 조재곤 편역. 『해천추범, 1896년 민영환의 세계일주』. 책과함께, 2007.
박정양 지음, 한철호 옮김. 『미행일기』. 푸른역사, 2015.
손정숙. 「한국최초 미국외교사절 보빙사의 견문과 그 영향」. 『한국사상사학』 29, 2007.
스티븐 컨 지음, 박성관 옮김. 『시간과 공간의 문화사, 1880-1918』. 휴머니스트, 2006.

4. 바다를 품다: 『소년』과 신대한의 꿈

권동희. 「최남선의 지리사상과 '소년'지의 지리교육적 가치-'해상대한사'를 중심으로-」. 『한국지리환경교육학회지』 12-2, 2004.
류시현. 『최남선 연구: 제국의 '근대'와 식민지의 '문화'』. 역사비평사, 2009.
_____. 『동경삼재: 동경 유학생 홍명희 최남선 이광수의 삶과 선택』. 산처럼, 2016.
육당연구학회. 『최남선 다시 읽기』. 현실문화연구, 2009.
최재목. 「최남선 <소년>지의 '신대한의 소년' 기획에 대하여」. 『일본문화연구』 18, 2006.
함동주. 「일본제국의 성립과 박문관의 출판활동」. 『동양사학연구』 113, 2010.

제3강 한반도의 지정학

1. 반도와 섬나라의 '천직': 그들의 엇갈린 운명

김시덕.『동아시아, 해양과 대륙이 맞서다』. 메디치미디어, 2015.
목수현.「국토의 시각적 표상과 애국 계몽의 지리학-최남선의 논의를 중심으로-」.
　　　　『동아시아문화연구』 57, 2014.
양현혜.『우치무라 간조, 신 뒤에 숨지 않은 기독교인』. 이화여자대학교출판문화원, 2017.
팀 마샬 지음, 김미선 옮김.『지리의 힘(Prisoners of Geography)』. 사이, 2016.

2. 청일전쟁: 대륙 대 해양 세력의 충돌

만국보관 지음, 이창주 옮김.『갑오: 120년 전 뉴스 일러스트로 본 청일전쟁』. 서해문집,
　　　　2020.
박훈.『메이지 유신은 어떻게 가능했는가』. 민음사, 2014.
오타니 다다시 지음, 이재우 옮김.『청일전쟁, 국민의 탄생: 근대 일본의 첫 대외전쟁의
　　　　실상』. 오월의봄, 2018.
하라 아키라 지음, 김연옥 옮김.『일청·일러전쟁을 어떻게 볼 것인가』. 살림, 2015.
한상일·한정선 지음.『일본, 만화로 제국을 그리다: 조선병탄과 시선의 정치』. 일조각,
　　　　2006.
후지와라 아키라 지음, 서영식 옮김.『일본군사사』상, 전전편. 제이앤씨, 2013.

3. 러일전쟁: '승자의 비애'와 미일충돌설

니콜라이 레비츠키 지음, 민경현 옮김.『러일전쟁』. 살림, 2020.
석화정.『풍자화로 보는 러일전쟁』. 지식산업사, 2007.
야마다 아키라 지음, 윤현명 옮김.『일본, 군비확장의 역사』. 어문학사, 2019.
야마무로 신이치 지음, 정재정 옮김.『러일전쟁의 세기―연쇄시점으로 보는 일본과 세계
　　　　―』. 소화, 2010.
호머 리 지음, 한상일 역·해설.『무지의 만용(The Valor of Ignorance)』. 기파랑, 2012.
簑原俊洋.『アメリカの排日運動と日米関係』. 東京: 朝日新聞出版, 2016.
McWilliams, Carey. Prejudice: Japanese-Americans, Symbol of Racial Intolerance. Boston:
　　　　Little, Brown and Company, 1944.

4. 대한제국의 몰락: 무엇이 문제였는가?

강만길.『20세기의 우리 역사』. 창비, 2009.

구메 구니타케 지음, 정애영 옮김.『특명전권대사 미구회람실기』 1: 미국. 소명출판, 2011.

다나카 아키라 지음, 현명철 옮김.『메이지 유신과 서양 문명—이와쿠라 사절단은 무엇을 보았는가』. 도서출판 소화, 2013.

박노자·허동현.『열강의 소용돌이에서 살아남기』. 푸른역사, 2005.

이사벨라 버드 비숍 지음, 이인화 옮김.『한국과 그 이웃 나라들』. 살림, 1996.

제임스 브래들리 지음, 송정애 옮김.『임페리얼 크루즈: 대한제국 침탈 비밀외교 100일의 기록』. 프리뷰, 2010.

최덕수.『대한제국과 국제환경: 상호인식의 충돌과 접합』. 선인, 2005.

퍼시발 로웰 지음, 조경철 옮김.『내 기억 속의 조선, 조선 사람들』. 예담, 2001.

한영우.『다시찾는 우리역사』(전면개정판). 경세원, 2009.

한영우·서영희 외 지음.『대한제국은 근대국가인가』. 푸른역사, 2006.

호머 B.헐버트 지음, 신복룡 옮김.『대한제국멸망사』. 집문당, 1999.

제4강 한인 디아스포라와 외신대한의 건설

1. 경계를 넘다: 월경과 이주

김욱동.『한국계 미국 이민 자서전 작가』. 소명출판, 2012.

박진빈.『백색국가 건설사: 미국 혁신주의의 빛과 그림자』. 앨피, 2006.

박환.『사진으로 보는 러시아지역 한인의 삶과 기억의 공간』. 민속원, 2013.

안형주.『1902년, 조선인 하와이 이민선을 타다: 안재창의 가족 생애사로 본 아메리카 디아스포라』. 푸른 역사, 2013.

웨인 패터슨 지음, 정대화 옮김.『아메리카로 가는 길: 한인 하와이 이민사, 1896~1910』. 들녘, 2002.

유지원 외 지음.『이민과 개발: 한중일 3국인의 만주 이주의 역사』. 동북아역사재단, 2011.

이덕희.『하와이 이민 100년, 그들은 어떻게 살았나』. 중앙M&B, 2003.

이자경.『멕시코 한인 이민 100년사—에네켄 가시밭의 100년 오딧세이—』상. 혼맥문학출판부, 2006.

케빈 케니 지음, 최영석 옮김.『디아스포라 이즈(is)』. 앨피, 2016.

Charr, Easurk Emsen; edited and with an introduction by Wayne Patterson. *The Golden Mountain: The Autobiography of a Korean Immigrant, 1895-1960.* Urbana, IL: University of Illinois Press, 1996.

2. 이주소설: 육정수의 『송뢰금』

김형규. 「일제 식민화 초기 서사에 나타난 해외이주 형상의 의미」. 『현대소설연구』 46, 2011.
양진오. 「신소설이 재현하는 20세기 초반의 한반도 현실」. 『아시아문화』 21, 2004.
조경덕. 「초우당 주인 육정수 연구」. 『우리어문연구』 41, 2011.
_____. 「신소설에 나타난 미국 유학」. 『현대소설연구』 56, 2014.
최원식. 『한국근대소설사론』. 창작과비평사, 1986.

3. 체류기록: 현순의 『포와유람기』

고정휴. 『현순: 3 1운동과 임시정부 수립의 숨은 주역』. 역사공간, 2016.
김미정. 「하와이 견문록 포와유람기 고찰」. 『어문연구』 80, 2014.
한규무. 「현순, <포와유람기>」. 『한국사 시민강좌』 42, 일조각, 2008.
David Hyun & Yong Mok Kim eds. *My autobiography by the reverend Soon Hyun 1878-1968.* Seoul: Institute for Modern Korean Studies Yonsei University Press, 2003.

4. 대한인국민회와 무형정부 선포

방선주. 『재미한인의 독립운동』. 한림대학교출판부, 1989.
안형주. 『박용만과 한인소년병학교』. 지식산업사, 2007.
앙드레 슈미드 지음, 정여울 옮김. 『제국 그 사이의 한국, 1895-1919』. 휴머니스트, 2007.
윤경로. 『105인 사건과 신민회 연구』(개정증보판). 한성대학교출판부, 2012.
윤병석·윤경로 엮음. 『안창호일대기』. 역민사, 1997.
장태한. 『파차파 캠프, 미국 최초의 한인타운』. 성안당, 2018.

제5강 세계개조와 민족자결운동

1. '서구의 몰락': 대전쟁과 세계개조

오스발트 슈펭글러 지음, 박광순 옮김. 『서구의 몰락』 1-3. 범우사, 1995.

윤영실. 「우드로우 윌슨의 Self-determination과 nation 개념 재고」. 『인문과학』 115, 연세
　　　대학교 인문학연구원, 2019.

이리에 아키라 지음, 조진구·이종국 옮김. 『20세기의 전쟁과 평화』. 연암서가, 2016.

A. J. P. 테일러 지음, 유영수 옮김. 『지도와 사진으로 보는 제1차 세계대전: 유럽의 종말과
　　　새로운 세계의 탄생』. 페이퍼로드, 2020.

Herman, Arthur. *1917: Lenin, Wilson, and the Birth of the New World Disorder*. New York,
　　　NY: HarperCollins Publishers, 2017.

2. 3·1운동: 「선언서」와 「조선독립이유서」

고정휴. 「3·1운동의 기억-비폭력·평화의 관점에서 자료 다시 읽기-」. 『한국독립운동사
　　　연구』 66, 2019.

김광식. 『한용운 연구』. 동국대학교출판부, 2011.

박걸순. 「3·1독립선언 공약삼장 기초자를 둘러싼 논의」. 『한국근현대사연구』 46, 2008.

박노자. 『우승열패의 신화』. 한겨레신문사, 2005.

박명규·백지운. 「21세기 한반도발 평화인문학의 모색」. 『동방학지』 161, 2013.

오용섭. 「<3·1독립선언서>의 서지적 연구」. 『서지학연구』 71, 2017.

3. 전단정부의 출현과 통합정부 구성

고정휴. 「세칭 한성정부의 조직주체와 선포경위에 대한 검토」. 『한국사연구』 97, 1997.

반병률. 『통합임시정부와 안창호, 이동휘, 이승만: 삼각정부의 세 지도자』. 신서원, 2019.

오문환·정혜경 외 지음. 『의암 손병희와 3·1운동』. 모시는사람들, 2008.

4. 민국의 탄생: "우리나라, 우리의 정부"

고정휴. 「대한민국임시정부에 대한 미국 언론의 보도기사 분석: <뉴욕 타임스>를 중심
　　　으로」. 『한국독립운동사연구』 42, 2012.

권은혜. 「20세기 초 미국 서부의 반 일본운동과 아시아인 이민 배제 주장에서 드러나는
　　　초국적 반 아시아 인종주의」. 『서양사론』 120, 2014.

김희곤. 『임시정부 시기의 대한민국 연구』. 지식산업사, 2015.

대한민국임시정부기념사업회 엮음. 『사진으로 보는 대한민국 임시정부 1919~1945』.
　　　　한울, 2017.

송호근. 『국민의 탄생』. 민음사, 2020.

윤대원. 『상해시기 대한민국임시정부 연구』. 서울대학교출판부, 2006.

최룡수. 「조선 3·1운동과 중국 5·4운동의 비교」. 『국사관논총』 49, 1993.

Peter Hyun. *Man Sei! The Making of a Korean American*. Honolulu: University of
　　　　Hawaii Press, 1996.

제6강 태평양전쟁과 한반도의 분할

1. '구미태평양'과 일본의 도전

아리프 딜릭, 김영희 역. 「아시아·태평양권이라는 개념-지역구조 창설에 있어서 현실과
　　　　표상의 문제」. 『창작과비평』 79, 1993.

알프레드 세이어 마한 지음, 김주식 옮김. 『해양력이 역사에 미치는 영향』 1-2. 책세상,
　　　　1999-2006.

에드워드 S. 밀러 지음, 김현승 옮김. 『오렌지전쟁계획: 태평양전쟁을 승리로 이끈 미국의
　　　　전략, 1897-1945』. 연경문화사, 2015.

이리에 아키라 지음, 이성환 옮김. 『일본의 외교』. 푸른산, 1993.

헨리 J. 헨드릭스 저, 조학제 역. 『시어도어 루스벨트의 해군 외교: 미 해군과 미국 세기의
　　　　탄생』. 한국해양전략연구소, 2010

竹越与三郎. 『南國記』. 東京: 二酉社, 1910.

中尾祐次. 「帝國國防方針、國防ニ要スル兵力及帝國軍用兵綱領策定顚末」. 『戰史研究
　　　　年報』 第3号, (日本)防衛省防衛研究所, 2000.

Dirlik, Arif ed. *What Is in A Rim? Critical Perspectives on the Pacific Region Idea*. Lanham,
　　　　Md: Rowman and Littlefield, 1998.

2. 대공황과 '15년전쟁' : 누구를 위한 전쟁인가?

고야스 노부쿠니 지음, 이승연 옮김. 『동아 대동아 동아시아: 근대일본의 오리엔탈리즘』.
　　　　역사 비평사, 2005.

마리우스 B. 잰슨 지음, 김우영 옮김.『현대 일본을 찾아서』 2. 이산, 2006.

시라이 사토시 지음, 한승동 옮김.『국체론: 천황제 속에 담긴 일본의 허구』. 메디치미디어,
　　　2020.

쓰루미 순스케 지음, 최영호 옮김.『전향: 쓰루미 순스케의 전시기 일본정신사 강의,
　　　1931-1945』. 논형, 2005.

양동휴.『대공황 시대』. 살림, 2009.

에릭 홉스봄 지음, 이용우 옮김.『극단의 시대』 상. 까치, 2009.

이시와라 간지 지음, 선정우 옮김.『세계최종전쟁론』. 길찾기, 2015.

일본역사학연구회 지음, 아르고(ARGO)인문사회연구소 옮김.『태평양전쟁사』 1(만주사
　　　변과 중일전쟁)-2(광기와 망상의 폭주). 채륜, 2017-19.

임종명.「아시아-태평양 전쟁기, 식민지 조선의 인종 전쟁 담론」.『사총』 94, 2018.

허버트 빅스 지음, 오현숙 옮김.『히로히토 평전: 근대 일본의 형성』. 삼인, 2010.

3. 미국·소련의 등장과 38선 획정

구대열.『한국 국제관계사 연구』 2-해방과 분단-. 역사비평사, 1995.

그렉 브라진스키 지음, 나종남 옮김.『대한민국 만들기, 1945-1987』. 책과함께, 2011.

이완범.『삼팔선 획정의 진실』. 지식산업사, 2001.

이정식.『대한민국의 기원』. 일조각, 2006.

이주천.『루즈벨트의 친소정책, 1933~1945』. 신서원, 1998.

정병준·정용욱 외 지음.『한국현대사』 1―해방과 분단, 그리고 전쟁. 푸른역사, 2018.

제7강 이승만과 대한민국의 탄생

강정인.「서구중심주의를 넘어서」. 아카넷, 2004.

고정휴.『이승만과 한국독립운동』. 연세대학교출판부, 2004.

그레고리 헨더슨 지음, 이종삼·박행웅 옮김.『소용돌이의 한국정치』. 한울아카데미, 2013.

박찬표.『한국의 48년 체제: 정치적 대안이 봉쇄된 보수적 패권 체제의 기원과 구조』.
　　　후마니타스, 2010.

박태균.『우방과 제국: 한미관계의 두 신화』. 창작과비평사, 2014.

브루스 커밍스 지음, 조행복 옮김.『브루스 커밍스의 한국전쟁: 전쟁의 기억과 분단의

미래』. 현실문화, 2017.

손세일.『이승만과 김구』. 1-7권. 조선뉴스프레스, 2015.

송복 외 지음.『저서를 통해 본 이승만의 정치사상과 현실인식』. 연세대학교출판부, 2011.

심지연·김일영 편.『한미동맹 50년: 법적 쟁점과 미래의 전망』. 백산서당, 2004.

유영익.『이승만의 생애와 건국 비전』. 청미디어, 2019.

_____.「한미동맹 성립의 역사적 의의: 1953년 이승만 대통령의 한미상호방위조약 체결
을 중심으로」.『한국사 시민강좌』 36, 일조각, 2015.

이정식.『이승만의 구한말 개혁운동: 급진주의에서 기독교 입국론으로』. 배재대학교
출판부, 2005.

정병준.『우남 이승만 연구: 한국 근대국가의 형성과 우파의 길』. 역사비평사, 2005.

정용욱.『존 하지와 미군 점령통치 3년』. 중심, 2003.

초판 1쇄 인쇄일 | 2021년 07월 20일
초판 1쇄 발행일 | 2021년 07월 25일

지은이 | 고정휴
펴낸이 | 한선희
편집/디자인 | 우정민 우민지
마케팅 | 정찬용 김보선
영업관리 | 한선희 정구형
책임편집 | 김수미(디자인 숨)
인쇄처 | 신도인쇄
펴낸곳 | 국학자료원 새미(주)
　　　　등록일 2005 03 15 제251002005000008호
　　　　경기도 고양시 일산동구 중앙로 1261번길 하이베라스 405호
　　　　Tel 4424623 Fax 64993082
　　　　www.kookhak.co.kr
　　　　kookhak2001@hanmail.net

ISBN | 979-11-91440-25-6 *03910
가격 | 28,000원

* 잘못된 책은 구입하신 곳에서 교환하여 드립니다.
국학자료원 · 새미 · 북치는마을 · LIE는 국학자료원 새미(주)의 브랜드입니다.